Robert B. Oxnam
Ich bin Robert, Wanda und Bobby

Robert B. Oxnam

Ich bin Robert, Wanda und Bobby

Aus dem Amerikanischen von
Gabriele Köhler

Patmos

Inhalt

Gespaltene Seele, heiles Herz? 7

1 *Wir leben in der Welt und verstecken uns in einer Burg* 13
   Bob: »Ich dachte immer, ich sei ›echt‹.« 14
   Tommy: »Klar bin ich wütend. Und das ist deine Schuld!« 55
   Der kleine Bob: »Ich pfeife, und die Vögel zwitschern.« 69

2 *Die Burg ist echt, die Welt nicht* 75
   Robbey: »Ich bin die Geheimwaffe. Behalte das für dich!« 76
   Robert: »Was zählt, sind Werte! Aber niemand hört auf mich.« 82
   Bobby: »Warum ich eingesperrt bin? Weil ich böse bin.« 92
   Eine Burg und zwei Ritter 99
   Die große Fusion: Bob geht und Robert kommt 109

3 *Schwarze Burg auf dem Hügel* 127
   Hexe: »Du wirst den Tag verfluchen, an dem du
      mir begegnet bist.« 128
   Auge weiß alles, kann aber nicht sprechen 134
   Bibliothekarin: »Sie wollen an die Archive? Dann tun
      Sie mir einen Gefallen.« 139
   Babys Trauma 143

4 *Wenn die Wahrheit bekannt wird – was dann?* 149
  Robert: »Jetzt kennen wir das Geheimnis.
    Bin ich nun geheilt?« 150
  Robert: »Neue Besen kehren gut.« 163
  Robert: »Aus der Hölle in den Himmel.« 174
  Robert: »Neue Berufsperspektiven zur Heilung der
    multiplen Persönlichkeit.« 181
  Bobby: »Jetzt bin ich dran. Hier kommt der
    Flaschenmann!« 193

5 *Aus der engen Burg auf eine sonnige Wiese* 209
  Bobby: »Ich hab's getan! Wir sind draußen.
    Jetzt sind wir zu dritt.« 210
  Zusammen und doch jeder für sich 215
  Musik auf der grünen Wiese 222

6 *Jenseits von Burgen und Wiesen* 233
  Mühsam finden wir zusammen 234
  An welche Werte glauben wir? 243

Danksagung 259

Gespaltene Seele, heiles Herz?

Mein Leben lang, seit mehr als sechzig Jahren, fühle ich mich seelenverwandt mit Humpty-Dumpty, diesem unglücklichen vermenschlichten Ei, das von seiner Sitzstange fällt. Als Kind habe ich oft in meinem Buch mit Kinderreimen geblättert und gebannt auf Humpty gestarrt, wie er auf der Mauer herumtorkelt. Ein kleines, dickes, sorgloses Ei, gekleidet, als wolle es einen Männerclub im London des neunzehnten Jahrhunderts besuchen.

In meinem Buch gab es nur eine einzige Abbildung, ein »Vorher-Bild«. So blieb es mir selbst überlassen, mir Humpty-Dumptys Schicksal nach seinem Sturz auf die verkehrsreiche Straße vorzustellen. Vielleicht wollte die Geschichte hochnäsige englische Kaufleute auf den Arm nehmen oder uns an den Bibelspruch »Hochmut kommt vor dem Fall« erinnern?

Mich interessierte nicht so sehr das lustige Vorher-Bild, sondern ich stellte mir eher die schrecklichen Folgen des Sturzes vor: ein zermatschter Dotter, Eiweiß, das die Mauer hinunterrinnt, und überall Splitter von Eierschalen. Es schien unmöglich, Humpty-Dumpty wieder heil zu machen, dennoch fragte ich mich, ob nicht des Königs Pferde und Gefolgsleute, von denen in dem Reim die Rede war, einen Ausweg wüssten.

Ich meine es ernst. Ich habe lange und gründlich darüber nachgedacht, wie diese Heilung zu bewerkstelligen wäre. Schließlich braucht man das Eigelb und das Eiweiß nicht unbedingt. An Ostern hatte ich ausgeblasene Eier gesehen. Gab es keine Möglichkeit, die zerbrochene Eierschale zusammenzukleben und Humpty wieder zum Leben zu erwecken?

Heute ist mir klar, warum Humpty-Dumpty vor so vielen Jahren meine Aufmerksamkeit gefesselt hat: Man könnte die multiple Persönlichkeitsstörung auch einfach nur Humpty-Dumpty-Krankheit nennen, aber die Psychiater nennen sie neuerdings »Dissoziative Identitätsstörung«. Erst 1990, als mein Psychiater Dr. Jeffery Smith die Diagnose stellte, erfuhr ich, dass ich daran litt. Seither habe ich mit einigen Fachleuten gesprochen und mich als Patient an Fallstudien beteiligt. Ich bin weder ein Experte für diese Krankheit noch Psychiater. Alles, was ich darüber weiß, weiß ich aus eigener Erfahrung, aus Büchern, die ich seit meiner Diagnose gelesen habe, und aus den Erkenntnissen von Dr. Smith.

Ich heiße Robert. Ich bin eine der elf Persönlichkeiten, denen Sie in diesem Buch begegnen werden. Irgendwann waren alle elf Persönlichkeiten Teil eines einzigen Menschen, der offiziell Robert Bromley Oxnam heißt. Äußerlich hat Robert B. Oxnam sehr viel erreicht: Er ist Asien-Experte, Sachbuchautor und schreibt auch literarisch über China. Viele Jahre lang war er Präsident der amerikanischen Asien-Gesellschaft und Professor für Asienwissenschaften.

Aber darum geht es hier nicht. Ich betone ausdrücklich, dass dies keine Biografie von Robert B. Oxnam ist. Dieses Buch beschäftigt sich nur am Rande mit der Außenwelt – mit Beruf, Familie, Erfolg und Misserfolg. Wir haben es nicht geschrieben, um zu zeigen, wer was mit wem erlebt hat. Stattdessen soll dieses Buch unsere innere Erfahrung als multiple Persönlichkeit vermitteln. Es geht um überraschende Entdeckungen, anstrengende Therapiestunden und darum, wie wir mit dem Leben zurechtkommen.

Für Menschen mit einer gespaltenen Persönlichkeit sind die Pronomen »ich« und »wir« manchmal sehr verwirrend. Ich habe Ihnen erzählt, dass wir zwischenzeitlich zu elf waren. Heute sage ich Ihnen voller Stolz, dass wir die Anzahl in einem Integrationsprozess auf drei reduzieren konnten. Wir verbleibenden drei – Robert, Wanda und Bobby – haben gemeinsam beschlossen, dieses Buch zu schreiben, und uns dafür auf klare Regeln geeinigt:

Da ich am meisten nach außen agiere, habe ich, Robert, es übernommen, unsere Geschichte zu erzählen. Aber glauben Sie bloß nicht, dass Bobby oder Wanda keinen Einfluss hätten. Ganz im Gegenteil: Beide sind starke Persönlichkeiten. Wir haben vereinbart, dass jede Persönlichkeit mit ihrer eigenen Stimme sprechen soll, um unsere innere Spaltung klarzumachen.

So gesehen enthält unser Buch elf Autobiografien. Es versucht, die bei einer multiplen Persönlichkeit ständig auftretenden inneren Monologe und Dialoge festzuhalten. Wir streiten dauernd und führen Machtkämpfe, die nach außen von einer Persönlichkeit dominiert werden. Da nach und nach alle unsere Anteile mit Dr. Jeffery Smith ins Gespräch kamen, zeigt das Buch auch, wie hoch kompliziert die Therapiesitzungen waren.

Als Bobby und Wanda mich zum ersten Mal drängten, anderen unser Leben zu erzählen, zögerte ich gewaltig. Es ist eine beängstigende Vorstellung, Fremden zu erklären, wie elf Persönlichkeiten sechzig Jahre in einem Menschen zusammenleben können, ohne voneinander zu wissen. Wanda versuchte, mich mit ruhigem Nachdruck zu überzeugen: »Kein Anderer von uns ist Autor. Es ist eine Geschichte, die erzählt werden sollte. Es geht um elf Persönlichkeiten, die auf der Suche nach ihrer gemeinsamen Seele sind.« Ich glaube, es war Bobby, unser ungezogener Racker, der es mir schmackhaft machte: »Robert, du machst dir immer solche Sorgen«, sagte er lachend. »Es ist keine große Sache. Sieh's mal so: Du bist der Anführer auf dem Raumschiff Enterprise, das die hintersten Winkel unserer Innenwelt erkundet.«

Also haben wir – Robert, Wanda und Bobby – beschlossen, uns nicht in erster Linie auf die Außenwelt zu konzentrieren, die uns ohnehin ziemlich weit entfernt scheint, sondern auf unser gespaltenes Innenleben. Wir wollen mit diesem Buch nicht den Ruf lebender oder toter Personen da draußen zerstören oder schützen, sondern die von uns besetzte Seele eines psychisch kranken Menschen erkunden.

Doch werden unsere Leser die Geschichte glauben? Darüber haben wir uns eine Zeit lang große Gedanken gemacht. Wir haben geschworen, alles so genau wie möglich zu erzählen und jede innere Persönlichkeit für sich selbst sprechen zu lassen. Die Aufzeichnungen von Dr. Jeffery Smith, der während der langen Therapie viel zusammengetragen hat, untermauern unsere Aussagen. Menschen, die aus nächster Nähe Zeugen unserer multiplen Persönlichkeiten waren, haben unsere Erinnerungen geprüft. Mehr konnten wir nicht tun. Das abschließende Urteil, ob die Geschichte glaubwürdig ist, bleibt Ihnen überlassen.

Wenn dieses Buch mehr Fragen aufwirft als es beantwortet, finden wir das gut, sofern die Fragen gegen Ende des Buches differenzierter werden. Wir hoffen sogar, dass Sie Fragen stellen, und zwar nicht nur über uns und unsere Geschichte, sondern auch über sich selbst und die Gesellschaft, in der wir leben.

In den vergangenen sieben Jahren habe ich, Robert, diese Geschichte einzeln oder in kleinen Gruppen ungefähr hundert Leuten erzählt, immer in aller Vertraulichkeit. Von ein paar Ausnahmen abgesehen lauschten die Zuhörer stets aufmerksam und gebannt. Häufig sah ich die Leute zustimmend nicken, wenn ich die verschiedenen Persönlichkeiten oder ihre inneren Erlebnisse beschrieb.

Wenn ich nachfragte, warum sie so stark auf die Geschichte reagierten, bekam ich fast immer dieselbe Antwort: »Ich nicke, weil es auch meine Geschichte ist. Verstehen Sie mich nicht falsch. Ich habe keine multiple Persönlichkeitsstörung, aber ich habe auch verschiedene Anteile in mir. Im Unterschied zu Menschen mit dieser Krankheit gibt es bei mir keine Blockaden zwischen den einzelnen Rollen, aber ich verhalte mich völlig unterschiedlich, je nachdem, wo und wann ich wem begegne.« Einmal sagte ein Zuhörer: »Wenn ich eine schwierige Entscheidung treffen muss, halte ich immer eine innere Besprechung ab. Ich erlaube allen Teilen meines Selbst sich zu äußern. So weiß ich, dass ich ganz hinter der Entscheidung stehe.«

Ich bin zu der Ansicht gelangt, dass viele Menschen, vielleicht sogar alle, mehrere Persönlichkeiten in sich vereinen. Alle, die ich kenne, berichten, dass sie sich unterschiedlich fühlen und unterschiedlich handeln, je nach dem, wo sie sich aufhalten und mit wem sie zusammen sind. Viele beschreiben verschiedene Rollen oder Masken und sind der Meinung, dass meine Erfahrung möglicherweise eine extreme Übersteigerung dessen ist, was normales menschliches Verhalten ausmacht.

Der größte Unterschied zwischen normaler Vielfalt und einer multiplen Persönlichkeitsstörung liegt wahrscheinlich darin, dass es den meisten Menschen bewusst ist, wenn sie der Reihe nach ihre inneren Persönlichkeiten durchgehen. Im Gegensatz dazu ist bei einer multiplen Persönlichkeitsstörung das Gedächtnis wie von starren Mauern umgeben. Barrieren verhindern die Erinnerung, bis sie mit Hilfe einer Therapie durchbrochen werden. Normale Menschen tragen zwar verschiedene Persönlichkeiten in sich, aber sie leiden nicht an multiplen Identitäten. So gesehen ist die neue Bezeichnung »Dissoziative Identitätsstörung« für diese Erkrankung sogar zutreffender als die alte.

Wir geben zu, dass unser Fall äußerst selten ist, doch womöglich ist eine multiple Struktur bei allen Menschen angelegt. Wenn diese ungewöhnliche Geschichte dazu beiträgt, ein wenig Licht auf das zu werfen, was wir unter »normalem menschlichen Verhalten« verstehen, dann bin ich – sind wir – nicht nur erfreut, sondern, ehrlich gesagt, auch in gewisser Weise rehabilitiert.

Bei denjenigen, die Missbrauch und Persönlichkeitsspaltung kennen, findet diese Geschichte hoffentlich besonderen Widerhall. Das Schlimmste für mich war nicht, ein schweres Trauma erlitten zu haben, sondern ein ganzes Leben lang unter seinen Folgen zu leiden. Schlimm war herauszufinden, was tatsächlich geschehen ist, und die zerstörerischen Auswirkungen auf meine Seele zu verstehen. Am schwersten war, mein Leben neu zu gestalten auf der Grundlage von Hoffnung, Vertrauen und Liebe. Wir alle, die wir im Innern sind, reichen denen da draußen die Hand, die in ihrem Leben vor ähnlichen Herausforderungen stehen.

Allerdings haben wir im Innern nicht das letzte Wort, wenn es darum geht, wie nützlich die da draußen unsere Erfahrungen für ihr eigenes Leben finden. Keiner von uns ist Facharzt für Psychiatrie wie Dr. Smith, und wir alle achten nicht besonders auf die Außenwelt. Wir sind viel zu sehr damit beschäftigt, Humpty-Dumpty wieder zusammenzusetzen.

1   *Wir leben in der Welt und verstecken uns in einer Burg*

Bob: »Ich dachte immer, ich sei ›echt‹.«

Als ich an einem kalten, bewölkten Nachmittag im März 1990 in meinem schwarzen Honda auf den netzförmig angelegten Autobahnen im Norden von New York City unterwegs war, hatte ich keine Ahnung, dass dieser Tag mein Leben für immer verändern würde. Ich war ziemlich deprimiert, schlecht gelaunt und nervös und hatte überhaupt keine Lust auf die bevorstehende Sitzung mit meinem Psychiater. Als ich Dr. Jeffery Smith sieben Monate zuvor zum ersten Mal aufgesucht hatte, hatte ich wirklich gehofft, er könne meine immer schlimmer werdenden Depressionen und Wutausbrüche heilen. Nachdem ich zahlreiche therapeutische Sitzungen über mich ergehen lassen und einen Monat in einer Entzugsklinik verbracht hatte, fühlte ich mich jedoch schlechter als je zuvor. Es war höchste Zeit, bei Dr. Smith aufzuhören.

Die Therapie bei Dr. Smith abzubrechen, war eine Herausforderung, das war mir klar. Smith schien ein wirklich engagierter Psychiater zu sein, professionell und gleichzeitig sehr umgänglich. Es war schwer, ihn nicht zu mögen. Seine Praxis befand sich in einem bescheidenen, aber modern wirkenden Gebäude. Er war ganz bestimmt nicht der Typ Seelenklempner, der seinen Patienten das Geld aus der Tasche zog, um seine laufenden Geschäftskosten zu decken. Er trug legere Berufskleidung – ein Hemd mit verdeckter Knopfleiste, eine schlichte Krawatte, ein sportliches Jackett – und schien nie durch sein Äußeres beeindrucken zu wollen. Im Gegensatz zu jedem anderen Therapeuten, den ich bis dahin getroffen hatte, war er bei unseren Sitzungen stets ungezwungen und gleichzeitig sehr aufmerksam. Er hörte genau zu, sein Blick ruhte auf mir, er ließ mich ausreden und präsentierte dann überzeugende Einsichten und kein »Psychogeschwätz«.

Ich beschloss, sofort auf den Punkt zu kommen. »Hallo«, sagte ich so distanziert wie möglich, »ich muss Ihnen etwas sagen.«

»Ja, Bob«, sagte Smith ruhig, »was haben Sie auf dem Herzen?«

Ich schloss kurz die Augen und spürte, wie Wut und Frust in mir aufstiegen. Dann blickte ich meinen Psychiater zornig an. »Wissen Sie, ich habe wirklich an diesen Genesungskram geglaubt. Ich gehe täglich zu den Treffen der Anonymen Alkoholiker und zweimal pro Woche bin ich bei Ihnen. Ich weiß, es ist gut, dass ich mit dem Trinken aufgehört habe. Aber jeder andere Bereich meines Lebens fühlt sich noch genauso an wie vorher. Nein, schlimmer. Ich hasse mein Leben. Ich hasse mich selbst.«

Plötzlich spürte ich eine leichte Wärme in meinem Gesicht, blinzelte ein wenig mit den Augen und sah meinen Psychiater erstaunt an.

»Bob, ich fürchte, unsere Zeit ist um«, sagte Smith sachlich.

»Unsere Zeit ist um?«, stieß ich hervor. »Ich bin doch eben erst gekommen.«

»Nein.« Er schüttelte den Kopf und sah auf die Uhr. »Vor fünfzig Minuten. Erinnern Sie sich nicht?«

»Ich erinnere mich an alles. Ich habe Ihnen gerade gesagt, dass diese Sitzungen mir offensichtlich nichts bringen.«

Smith schwieg eine Weile, dann fragte er vorsichtig: »Kennen Sie einen furchtbar wütenden Jungen, der Tommy heißt?«

»Nein«, antwortete ich erstaunt, »außer meinem Cousin Tommy, den ich seit zwanzig Jahren nicht gesehen habe, kenne ich keinen Tommy.«

Dr. Smith entgegnete: »Nein, der Tommy, den ich meine, ist nicht Ihr Cousin. Die letzten fünfzig Minuten habe ich mit einem anderen Tommy gesprochen. Er ist zornig und er steckt in Ihnen.«

»Soll das ein Witz sein?«

»Nein, Bob. Ich brauche ein wenig Zeit, um darüber nachzudenken, was heute passiert ist. Machen Sie sich keine Sorgen. Wir setzen einen Notfalltermin für morgen fest und sprechen dann darüber.«

Robert

Hier spricht Robert. Zur Zeit bin ich die einzige Person, die draußen und drinnen agiert. Ich selbst nenne diese Rolle »die dominierende Persönlichkeit«. Vor fünfzehn Jahren habe ich mich nur selten draußen gezeigt, obwohl ich innen drin ziemlich einflussreich war. Damals hätte man mich als »rezessive Persönlichkeit« bezeichnen können. Mein Übergang von »rezessiv« zu »dominant« spielt eine Schlüsselrolle in unserer Geschichte. Haben Sie Geduld, Sie werden später noch viel mehr über mich erfahren.

Da Sie tatsächlich allen elf Persönlichkeiten, die mein Inneres bevölkern, begegnen werden, ist die erste Hälfte dieses Buches sehr vielschichtig. Keine Sorge, Sie müssen sich nicht alle Namen merken. In der zweiten Hälfte wird alles klarer. Vielleicht fragen Sie sich, wer, wenn nicht Robert, früher die dominierende Persönlichkeit war? Es war Bob. Er herrschte viele Jahre lang, von den frühen Sechzigern bis in die frühen Neunziger. Daran, dass Robert B. Oxnam 1942 geboren ist, können Sie ablesen, dass Bob von meinem jungen Erwachsenenleben bis in mein mittleres Alter nach außen dominierte.

Bob war zwar dreißig Jahre lang die dominierende Persönlichkeit, doch bis 1990, dem letzten Jahr seiner Außenherrschaft, hatte er keine Ahnung, dass er an einer multiplen Persönlichkeitsstörung litt. In dieses Jahr fiel der schicksalhafte Augenblick, in dem Bob zum ersten Mal erfuhr, dass er einen zornigen Jungen namens Tommy in sich trug. Wie kann das sein, werden Sie sich fragen, dass jemand sein halbes Leben lang an einer multiplen Persönlichkeitsstörung leidet, ohne davon zu wissen? Und selbst wenn er es nicht wusste, fiel es denn anderen Menschen, die mit ihm zu tun hatten, nicht auf?

Dies ist für Außenstehende einer der verblüffendsten Aspekte bei dieser Krankheit. Eine multiple Persönlichkeitsstörung geht mit völligem Chaos einher und trotzdem kann sie jahrzehntelang unentdeckt bleiben. Es kann sein, dass sie weder dem Patienten selbst noch seiner Familie, engen Freunden oder ausgebildeten Therapeuten auffällt. Die Erklärung dafür liegt zum Teil in der Natur der Störung: Eine multiple Persönlichkeit gedeiht im Verborgenen, weil der gespaltene Mensch ein schreckliches Geheimnis hat, das er verdrängt. Wer in sich gespalten ist, entwickelt so viel Routine darin, sich vor sich selbst zu verstecken, dass er – oft ohne es zu merken – auch ein Meister darin wird, sich vor anderen verborgen zu halten. Das gelingt deshalb so gut, weil sich eine multiple Persönlichkeitsstörung für Außenstehende meist nur darin zeigt, dass sich jemand plötzlich anders verhält, eine Sucht entwickelt oder sich emotional nicht im Griff hat. Fälschlich glaubt man dann, dies sei das Problem.

Bob sah sich keineswegs als die dominierende Persönlichkeit im Innern von Robert B. Oxnam. Ganz im Gegenteil: Er betrachtete sich selbst als ganze Person. Seiner Meinung nach war Bob die Abkürzung für Bob Oxnam alias Robert Oxnam alias Dr. Robert B. Oxnam.

Bob

Ein komisches Gefühl. Zum ersten Mal seit über zehn Jahren spreche ich mit Außenstehenden. Ich bin verlegen und bringe keinen Ton heraus. Früher fiel es mir leicht, vor Publikum zu sprechen – je mehr Zuhörer, desto besser. Wenn ich fürs Fernsehen arbeitete, blühte ich auf. Einmal moderierte ich eine Fernsehserie mit dem Titel *Asien: Die Hälfte der Menschheit*. Als Asien-Experte hatte ich mich auf die Geschichte und Gegenwart Chinas spezialisiert. Als China Thema Nummer eins in den Nachrichten wurde, war ich häufiger Gast in Talk-Shows ...

Oh, Entschuldigung, ich war schon damals ein ziemlicher Angeber. Aber ich konnte mich durchsetzen. Jetzt bin ich ziemlich nervös, wenn ich so mit Ihnen rede. Mir fehlt die Übung. Und Robert stellt mich Ihnen vor? Früher war ich es, der das Vorstellen übernahm. Ich habe schon Personen einander vorgestellt, lange bevor irgendjemand Robert kannte.

Früher, als ich draußen und er drinnen war, hat Robert mich ständig kritisiert. Sie werden nicht glauben, was er über mich gesagt hat. Er war wirklich gemein. Mal sehen, ob ich mich daran erinnern kann: Er hat mich zum Beispiel »Herr Rolodex und Herr Resümee« genannt. Oder er hat sich über mich lustig gemacht: »Für das kleinste Ziel setzt Bob alles aufs Spiel.« Später dann, 1990, schlug Robert einen freundlicheren Ton an und seine Äußerungen über mich wurden netter.

Wollen Sie wissen, was mich wirklich beschäftigt? Raten Sie mal, wer das Ei war, das in dem bekannten Kinderreim von der Mauer herunterfällt? Ja, genau, Bob, Ihr Humpty-Dumpty, der Eierkopf. Die meiste Zeit habe ich mich als ganzes Ei gesehen. Als ich dann die Sache mit der multiplen Persönlichkeitsstörung herausfand, zersprang das Ei auf dem Bürgersteig.

Als ich jung war, war ich ziemlich gut drauf. Erst gegen Ende der siebziger und noch stärker in den achtziger Jahren zogen dunkle Wolken auf. Ich will versuchen, ein ehrliches Bild zu zeichnen, Ihnen zu zeigen, wie ich nach außen war und wie es in meinem Inneren aussah. In Wahrheit – aber das wusste ich damals nicht – hatten beide Seiten direkt mit der multiplen Persönlichkeitsstörung zu tun.

Ich habe nur sehr vage Erinnerungen an früher, aber ich habe meine Kindheit in den vierziger Jahren als durchaus glücklich empfunden. Während des Zweiten Weltkriegs wohnte ich mit meiner Mutter und ihren Eltern in einem kleinen, gemütlichen Haus im

Süden Kaliforniens. Mein Großvater arbeitete als Monteur bei Con Edison, und meine Großmutter war eine der ersten Tupperware-Verkäuferinnen. Ich kann mich an Bilder aus diesen frühen Tagen meiner Kindheit erinnern: ein Klavier, auf dem mein Großvater spielte, Sonnenstrahlen, die den Hinterhof erhellten, Kolibris, die um blühende Pflanzen herumschwirrten, ein Gummibaum, dessen klebriger Saft an den Händen haften blieb, der Ausblick von unserer Frühstücksecke auf eine verschneite Bergspitze.

Meine Mutter beschrieb meine Beziehung zu ihren Eltern immer als warmherzig und liebevoll, aber soweit ich weiß, war es eine Mischung aus Sonne und Wolken. Meine Großeltern gingen beide gern fischen, und es machte mir Spaß, sie zu begleiten. Ich beobachtete, wie sie selbst Köder vorbereiteten und Dutzende Forellen fingen. Sie brachten mir das Angeln bei, und obwohl das Herumplanschen im Wasser mir mehr Spaß machte, fing ich einmal tatsächlich eine hübsche Regenbogenforelle. Ich erinnere mich, dass vor dem Haus meiner Großeltern ein kleiner Wohnwagen stand – ein wunderbarer Ort, um zu spielen, und ein sicheres Plätzchen, um sich vor den Erwachsenen zu verstecken.

Eines Tages nahmen mich meine Großeltern auf eine Hühnerfarm mit. Ich sehe noch mit Schrecken vor mir, wie die Hühner mit abgeschnittenen Köpfen weiter herumliefen. Meine Großmutter hatte ein Huhn im Genick gepackt und es auf der Stelle mit einem fachmännischen Griff getötet. Ich kann mich nicht genau erinnern, wann ich anfing, den Humor meiner Großeltern ziemlich seltsam zu finden. Einmal sagte meine Großmutter: »Oui, oui, oui ... das sagen die Franzosen beim Pissen«. Mein Großvater übertraf sie nur noch mit der Frage: »Was ist das längste Stück bei einer Giraffe? ...« Antwort: »Nicht der Hals.«

Die Familie meines Vaters hätte nicht unterschiedlicher sein können. Sein Vater war Bischof G. Bromley Oxnam, der Vorsitzende der Methodistischen Kirche in den USA und der erste Präsident des Weltkirchenkonzils. Opa Oxnam war berühmt dafür, dass er liberale Anliegen unterstützte. In der McCarthy-Ära wurde er landesweit bekannt, als er vor dem Komitee für unamerikanische Aktivitäten aussagte. Nach einer nervenaufreibenden Befragung sprach man ihn zwar von »kommunistischen Neigungen« frei, aber in den Köpfen einiger amerikanischer Konservativer blieb er der »rote Bischof«.

Ich sagte Opa, ich fände es cool, dass er auf der Titelseite des *TIME Magazine* abgebildet sei. Seine Antwort habe ich nie vergessen: »Ja, Robbey, mag sein, dass es ziemlich cool ist. Du siehst diese Zeitschrift jede Woche bei dir zu Hause. Wer war letzte Woche auf der Titelseite?« Ich konnte mich nicht erinnern. Er lächelte weise. An diesem Tag hatte ich eine wichtige Lektion über die Flüchtigkeit von Ruhm gelernt.

Mein Vater war für seine Verdienste als Hochschuldirektor bekannt; er war Dekan der Universität Syracuse, Vizepräsident der Universität Boston, Präsident des Pratt Instituts und schließlich Präsident der Universität Drew. Obwohl ich oft gespürt habe, dass es ihn frustrierte, nicht ganz so viel erreicht zu haben wie Opa, blieb Papa in meinen Augen immer ein Held. Er war mein Vorbild als Professor und als Intellektueller. Ich wollte unbedingt so werden wie er. Papa besaß auch ein herrliches Lachen und eine innere Wärme, durch die sich andere Menschen zu ihm hingezogen fühlten. In meinen Augen war er beides gleichzeitig: ein Held und eine sehr reale Person.

Papa hatte auch eine wilde Seite. Einmal besuchte mein Großvater stolz ein Football-Heimspiel an der Universität Depauw, deren Präsident er war. Da sauste sein Sohn in seinem Doppeldecker im Tiefflug über das Fußballfeld, sodass die Spieler mitten im Spiel schutzsuchend auseinanderstieben. Diesen Mann mit seinem merkwürdigen Humor musste man einfach mögen, selbst dann, wenn er auf eiserne Disziplin pochte und mich mit einem dicken Ledergürtel schlug, weil ich seiner Ansicht nach frech geworden war oder die Regeln verletzt hatte.

Mit Anfang zwanzig ging Papa nach Hollywood an die Schauspielschule. Laut meiner Mutter war er »zu studiert«, um ein guter Schauspieler zu sein, aber er sah immerhin wie einer aus mit seinem Clark-Gable-Schnurrbart, seinem dunklen Rudy-Valentino-Teint und seinem tiefschwarzen, wallenden Haar. In Hollywood begegnete er meiner Mutter, Dalys Houts. Sie war blond und schön – so sieht sie jedenfalls auf ihren Werbefotos aus.

Meine Eltern heirateten 1939, und ich kam 1942 auf die Welt. Ende der dreißiger Jahre fing meine Mutter an zu studieren, mit finanzieller Unterstützung der Großmutter meines Vaters. Mein Vater ging ebenfalls wieder zur Uni, um einen Abschluss zu machen. Sie besuchten beide die Universität von Südkalifornien. So beendeten sie ihre Laufbahn als Schauspieler und begannen ein erfolgreicheres Leben in der Welt der Akademiker.

Mama, die im Sommer 2004 gestorben ist, war eine komplizierte Frau. Sie hatte viele Anhänger, aber ebenso viele Kritiker. In Connecticut, wo sie nach Vaters Tod lebte, erfüllte sich schließlich doch noch ihr Traum: Als Schauspielerin trat sie in einer Reihe von Laienproduktionen und in einem Eine-Frau-Stück auf. Sie spielte verschiedene Charaktere, die man an ihren unterschiedlichen Hüten erkennt.

Ihre Vorliebe für die Schauspielerei löste auch Kritik aus. Als Papa noch lebte, nannte sie sich selbst oft »First Lady der Universität Drew« oder bezeichnete sich als »schärfste Puppe«. Papas Familie ärgerte sich gewaltig über ihr Getue. Es gab beinahe eine kleine Fehde zwischen dem kosmopolitischen Oxnam-Clan und den derberen Houts.

Ich fühlte mich meiner Mutter am nächsten, als sie schwach und hilfsbedürftig war. Als Papa starb, brauchte sie meine Hilfe, um die Finanzen zu klären und um sich in Connecticut an ihr neues Leben als Witwe zu gewöhnen. Ich war gerührt, als sie schwor, im Esszimmer immer ein Gedeck mehr aufzulegen, sodass sie Papas Anwesenheit spüren konnte. Als sie in den neunziger Jahren schwer krank wurde und im Krankenhaus fast gestorben wäre, eilte ich an ihr Krankenbett. Sie griff nach meiner Hand, bedankte sich, dass ich gekommen war und sagte: »Ich liebe dich.« Ich freute mich so sehr über die emotionale Nähe, dass ich ihr im nächstbesten Geschäft Luftballons und ein Stofftier kaufte. Endlich zeigte sie die Mutterliebe, nach der ich mich mein ganzes Leben lang gesehnt hatte.

Wenn ich ihr Leben Revue passieren lasse, spüre ich Dankbarkeit für diese liebevollen Momente, aber auch Mitleid. Es schien meiner Mutter so viel besser zu gelingen, die Familienfassade aufrechtzuerhalten, als mit ihren eigenen Gefühlen zurechtzukommen. Als sie schon älter war und ich mich einmal über ihr ständiges Theaterspielen lustig machte, stand sie auf und zeigte auf den Platz, an dem sie gesessen hatte. Ihre Stimme veränderte sich und sie krächzte: »Ich hasse diese Person und alles, was sie tut.« Dann, als ihr klar wurde, was für eine seltsame Enthüllung dies war, setzte sie sich schnell wieder hin und tat so, als sei nichts geschehen. Meine Frau und ich starrten sie verblüfft an.

Ich begriff früh, dass Mama und Papa hohe Erwartungen in mich gesetzt hatten. Wenn Mama sich mit Verwandten oder Freunden unterhielt, sagte sie oft zu ihnen: »So ist Robbey. Er liest Bücher, während andere Kinder spielen. Weißt du, er ist ein sehr guter Schüler.« Ich hatte den Eindruck, Mama und Papa wollten der Familie meines Vaters etwas beweisen – vielleicht, dass ihr Sohn auch ein Superstar werden konnte. Schließlich trug ich die Vornamen meines Vaters und Großvaters. Der Druck war nicht offenkundig, jedenfalls nicht die ganze Zeit. Doch das Bild des erfolgreichen Sohnes entsprach der Ethik einer europäischstämmigen, weißen protestantischen Familie in den USA. Erfolge quittierten sie mit einem Lächeln, bei Misserfolgen runzelten sie die Stirn. Das genügte, um mich anzutreiben. Ich passte mich dem System vorbehaltlos an.

Ich war wie besessen von dem Drang, erfolgreich zu sein. War ich es, freute ich mich kurz und suchte direkt nach der nächsten Herausforderung. Der kleinste Misserfolg erfüllte mich dagegen mit Schuldgefühlen und Selbsthass. Erfolge blieben mir nicht lange präsent. Aber an jeden einzelnen Fehler und an jedes Defizit erinnere ich mich heute noch schmerzlich. Diese schrecklichen Momente kann ich in allen Einzelheiten aus meinem Gedächtnis abrufen.

Mein ganzes Leben lang – von der Zeit als Teenager bis ins Erwachsenenalter – habe ich mich für alles, was ich als Scheitern ansah, selbst bestraft. Ich habe mich in der Dachkammer oder in einem abgelegenen Waldstück versteckt und mich selbst als blöden Idioten beschimpft. Ich habe die Fäuste geballt, auf meinen Körper eingeprügelt und meinen Kopf gegen einen Baum oder eine Wand geschlagen. Tagelang saß ich missmutig herum, rief mir das schreckliche Ereignis immer wieder in Erinnerung und schrieb »Du bist blöd!« auf irgendein Stück Papier, das gerade herumlag. Der Druck, erfolgreich sein zu müssen, war riesig.

Dann entdeckte ich das Bogenschießen für mich. Papa sorgte sich, ich könnte mit meinem selbst gebastelten Pfeil und Bogen jemanden verletzen. Er erklärte feierlich: »Junge, wenn Du eine Waffe benutzt, dann lerne, sie richtig zu gebrauchen.« Während des Krieges hatte er Soldaten im Schießen ausgebildet. Einmal wurde er fast getötet, als ein Soldat in der Kaserne versehentlich eine Seitenwaffe entlud. Vater bestand darauf, systematisch vorzugehen. Er kaufte sich Bücher über das Bogenschießen und fertigte ein paar Bögen an. Dann trat er den Newton Archers bei, einer Sportgruppe für Bogenschießen in der Nähe von Boston. Er erfand für das Bogenschießen ein eigenes Lernsystem nach Zahlen, das er sich von einem militärischen System abgeguckt hatte, und wurde selbst ein sehr guter Schütze. Ich, fast noch ein Kind, wurde sein Schüler. Vaters Umgang mit Pfeil und Bogen lehrte mich dreierlei: Diszipliniert zu üben, war der Schlüssel zum Erfolg – also übte ich mehrere Stunden täglich. Eine hochwertige Ausrüstung war entscheidend für eine herausragende Leistung – also kaufte mein Vater die besten Bögen und Aluminium-Pfeile. Und, wenn ich Wettbewerbe gewann, machte ich meinen Vater glücklich.

Zwischen elf und fünfzehn startete ich tatsächlich eine kurze Karriere im Bogenschießen und gewann oft. Meine Eltern waren begeistert. In der Juniorenklasse wurde ich bereits im ersten Jahr

Club-Meister. Im darauf folgenden Jahr führte ich die Regionalliga im Osten der USA an und danach war ich amerikanischer Meister in der Juniorenklasse. Ich bin stolz auf meine vielen Siege, die Medaillen und Trophäen. Meine Mutter schickte Meldungen über meine Siege im Bogenschießen an die Lokalpresse und an überregionale Zeitungen, weil dies, wie sie sagte, ihre Aufgabe als PR-Managerin der Newton Archers sei. Mir war das peinlich. Ein Misserfolg, der dritte Platz bei den Landesmeisterschaften der Junioren 1956, bleibt mir für immer ins Gedächtnis gebrannt. Wütend riss ich meinen Köcher auf, packte eine Hand voll Aluminiumbögen und verbog sie zu einem nicht mehr verwendbaren Metallknäuel.

Später begriff ich, dass man aus Misserfolgen viel lernen kann, aber in den Jahren, in denen ich mich dem Bogenschießen verschrieben hatte, blieb mir diese Lektion verschlossen. Einmal verlor ich in der Regionalmeisterschaft gegen einen wirklich guten Bogenschützen namens Lloyd Corby. Er schoss bei einem heftigen Gewitter einfach weiter und ignorierte Wind und Regen. Wir andern hatten uns untergestellt und sahen ihm verwundert zu. Er erzielte ein sehr gutes Ergebnis. Ich war erstaunt, wie unbeeindruckt Lloyd vom Wetter blieb. Als der Sturm abflaute, schnitt ich viel schlechter ab und verlor die Meisterschaft. Wie hatte Lloyd das bloß geschafft? »Mit Zen«, erklärte er später mit einem leisen Lächeln.

Heute glaube ich, was Lloyd Corby damals zum Meister gemacht hat, war seine innere Haltung. Das Wetter interessierte ihn nicht; er war perfekt, weil er nicht perfekt sein wollte. Schade, dass diese einfache Wahrheit meine Seele vierzig Jahre lang nicht erreichte. Ich hielt mich weiterhin an meine Methode: Hartes Training führt zum Erfolg und konsequentes hartes Training zu noch größerem Erfolg. Ich hatte nicht vor, das zu ändern. Es schien verrückt und geradezu unamerikanisch, eine so hoch geschätzte Formel für einen abenteuerlichen Begriff wie *Zen* aufzugeben. Ich hielt es eher mit Vince Lombardi von den Green Bay Packers: »Gewinnen ist nicht nur das Ziel. Gewinnen ist alles.«

1957 gewann ich schließlich die Landesmeisterschaften. Das Internationale Olympische Komitee beriet in jenem Sommer darüber, ob Bogenschießen als olympische Disziplin zugelassen werden sollte. Im Geiste sah ich mich bereits als Mitglied der Olympia-Mannschaft von 1960 und trainierte auf dieses Ziel hin. Doch eines Tages kam heraus, dass Bogenschießen zwar als Disziplin zugelassen war, der erste Wettbewerb jedoch nicht vor 1970 stattfinden würde. Auf keinen Fall wollte ich weitere fünfzehn Jahre acht Stunden pro Tag trainieren, um als alter Mann mit dreißig an den Olympischen Spielen teilzunehmen! So beendete ich mit fünfzehn meine Karriere im Bogenschießen.

Mein nächstes Schlachtfeld war die Schule. Ich kam mühelos durch die Grundschule und die Unterstufe der Highschool und hatte bis zum achten Schuljahr immer Traumnoten. Dann, eines Tages, mussten wir einen fünfseitigen Aufsatz über ein Thema zur Geschichte Amerikas im 20. Jahrhundert schreiben. Für mein ausgearbeitetes Konzept erhielt ich eine schockierende Note: ein C für »einen nachlässigen Schreibstil und mangelndes Hintergrundwissen«. Ich kann mich noch gut erinnern, wie mein Vater die Stirn gerunzelt hat, als er mein chaotisches Konzept las. Er kniff seine Augen zusammen und signalisierte damit, dass er der gleichen Meinung wie mein Lehrer war. Ich erinnere mich an seinen durchdringenden Blick, der mich mehr verletzte als eine Tracht Prügel.

An den folgenden drei Tagen hatte ich unter strenger Aufsicht meines Vaters Lehrstunden im Aufsatzschreiben: einen Tag in der Bibliothek, um das Katalogsystem zu verstehen und zu lernen, wie man sich Notizen macht; einen Tag zuhause, um herauszufinden, wie man einen Entwurf anfertigt und ein Konzept schreibt; einen weiteren Tag, um zu verstehen, wie man die gesammelten Daten aufbereitet, Fußnoten und eine Bibliografie erstellt und einen perfekten Aufsatz ausarbeitet. Als das Werk fertig war und dem Lehrer in einem sauberen grünen Hefter vorlag, entdeckte ich voller Freude, dass Aufsatzschreiben wie Bogenschießen war, nur anders hieß. Für

Admiral Mahan und die moderne amerikanische Marine bekam ich die Note A+.

Ich war ein totaler Streber. Meine Mutter riet mir, alle Mitschriften aus dem Unterricht zu ordnen und abzutippen, um damit für Prüfungen zu lernen. Ich war wohl der einzige Schüler an meiner Highschool und vielleicht sogar in den Vereinigten Staaten, der Ringbücher voller getippter Unterrichtsnotizen hatte. Auch als ich auf eine Privatschule in Brooklyn wechselte, wirkten die Lerntipps meiner Eltern Wunder.

Am Williams College, Anfang der Sechziger, funktionierte meine Methode immer noch, aber sie nahm viel Zeit in Anspruch. Ich verbrachte meine Jahre im College nur mit Unterricht, Selbststudium in einer versteckten Lese-Ecke in der Bibliothek, gelegentlichen Essenspausen und hin und wieder einer Runde Squash, um fit zu bleiben. Am gesellschaftlichen Leben nahm ich nicht teil. Ich hatte nur wenige Verabredungen während meiner Highschool-Zeit und drei Rendezvous in meinen ersten beiden Jahren an der Uni.

Einmal kam spät abends ein Kommilitone in mein Zimmer, sah meine akribisch abgetippten Notizen und sagte: »Ox, du bist so ein verdammter, ehrgeiziger Idiot.« Ich war nicht wütend – er hatte ja Recht. Vielmehr fühlte ich mich schuldig, bei einer Heimlichkeit entdeckt worden zu sein. Ich war davon überzeugt, dass meine Erfolge an der Uni einzig und allein auf mein besessenes Arbeiten und nicht auf meine intellektuellen Fähigkeiten zurückzuführen waren. Ich sah mich selbst als erfolgreichen Betrüger; meine Lernmethode hielt ich für einen aufwändigen Trick, der mir half, über das akademische System zu triumphieren. Es war mir immer unangenehm, gelobt zu werden, weil ich glaubte, es nicht zu verdienen.

Das reiche Angebot an Vorlesungen und Seminaren am Williams College überwältigte mich. Ich hatte Unterricht bei Koryphäen und lernte, analytisch zu denken und mich präzise auszudrücken. Neue Welten eröffneten sich mir, als ich Platon, Immanuel Kant, Paul Tillich, Mircea Eliade, Joseph Conrad und Jean-Paul Sartre las. Ich fing an, mich an den Diskussionen im Unterricht zu beteiligen, und meine schriftlichen Arbeiten wurden kreativer, nicht mehr nur methodisch korrekt.

Zum Hauptstudium ging ich an die Yale Universität. Ich wählte »Asien« als Schwerpunkt und begann Bücher über China und Japan zu lesen. In meiner Kindheit hatte ich Geschichten über diese Länder gehört und Kunstgegenstände gesehen, die mein Großvater von Reisen mitgebracht hatte.

Ich vermutete, dass China mit seiner großartigen Geschichte und seinem außergewöhnlichen kulturellen Erbe eines Tages größeren Einfluss entwickeln würde. Damals war dies ein ziemlich radikaler Gedanke; die meisten Leute hatten noch die Vorstellung von Rotchina und Bilder vom Koreakrieg im Kopf. Mein Vater drängte mich zu internationalen Studien. Er fragte mich zum Spass: »Worin unterscheiden sich ein Optimist und ein Pessimist?« Die richtige Antwort lautete: »Optimisten lernen Russisch, Pessimisten Chinesisch.« Mein optimistischer Vater nahm bereits Russischunterricht, und ich – kein Pessimist, aber vielleicht ein vorsichtiger Optimist – entschied mich daher für Chinesisch.

Das entscheidende Argument für die Wahl meines Studienschwerpunkts war Geld: Aufgrund eines nationalen Gesetzes, das Studien fördert, die sich mit »kritischen Ländern«, befassen, erhielt ich eine großzügige finanzielle Unterstützung von der Abteilung für Asien-Studien. Mit »kritischen Ländern« waren feindliche Staaten wie China und die Sowjetunion gemeint. Das gleiche Argument, nämlich »den Feind zu studieren«, veranlasste übrigens die Musterungskommission dazu, mir als Student im Vietnamkrieg einen Aufschub zu gewähren. Ich werde nie den Kommissionsvorsitzenden vergessen, der im barschen Ton sagte, er wolle mir, bevor er mich freistellen könne, noch eine letzte Frage stellen, um zu sehen, ob ich ein echter Asien-Experte sei: »Wurde Chow mein oder Chopsuey in China erfunden?« Das ist kein Witz! Die richtige Antwort lautete Chow mein. Chopsuey wurde in Amerika erfunden. Meine Antwort ersparte mir

Vietnam. An diesem schicksalhaften Tag dankte ich Gott für mein streberhaftes Gedächtnis für Triviales.

Das Studium in Yale von 1964 bis 1969 schärfte meinen Blick für chinesische und asiatische Kunst, Geschichte, Politik und Wirtschaft, und zwar zu einem Zeitpunkt, als sich nur wenige Studenten für solche Themen interessierten. Meine erste Chinesischlehrerin wurde später meine Assistentin bei der Asien-Gesellschaft und ist mittlerweile eine meiner besten Freundinnen.

Mein gutes Kurzzeitgedächtnis ließ mich beim Chinesischlernen im Stich: Ich bestand zwar die Prüfungen problemlos, aber ich konnte mir die Vokabeln und die vertrackten Schriftzeichen nicht lange genug merken, um über einen soliden Grundwortschatz zu verfügen. In guter Roboter-Manier arbeitete ich mich von den ersten Worten meines Chinesisch-Studiums im Frühjahr 1964 bis zur Promotion 1969 vor – sozusagen in Rekordzeit, wenn man die Schwierigkeit des Faches bedenkt. Die wissenschaftliche Arbeit machte mir keinen Spaß. Ich lernte zwar gern etwas über die Geschichte und Kultur Asiens, aber die anspruchsvolle Forschung in Bibliotheken war nicht mein Ding. Ich setzte die Maschine in meinem Innern in Gang, führte sterile Recherchen durch, zerschliss chinesische Quellen und Wörterbücher und spuckte eine Doktorarbeit aus.

Warum, so werden Sie sich fragen, habe ich so viele Jahre auf eine Arbeit verwandt, die mir nicht am Herzen lag? Die ehrliche Antwort ist, dass ich den Doktortitel haben wollte. Ich konnte es kaum erwarten, die dunkelblaue Robe und den Doktorhut zu tragen, die mich zu Dr. Robert Oxnam machten. Ich wollte in jeder Hinsicht erfolgreich sein und Lob für meine akademischen Anstrengungen ernten. Aber wie die berühmte Zwillingsmaske im griechischen Drama strahlte eines meiner Gesichter Zuversicht aus, während das andere – für keinen sichtbar – schmerzhaft verzerrt war.

In den siebziger Jahren stand ich auf der Sonnenseite des Lebens, sodass ich die dunklen Wolken, die in meinem Innern aufzogen, ignorieren konnte. Doch mit der Zeit änderte sich das Gleichgewicht. Immer mehr drängte sich die Frage auf: Was stimmt mit mir nicht?

Es hatte alles so gut angefangen. Nach meinem Abschluss in Yale fand ich direkt eine Stelle als Dozent für Asiatische Geschichte am Trinity College in Hartford, Connecticut. Der Institutsleiter nannte mich in seiner väterlichen Art stolz »Ox«.

Ich wollte meinen Unterricht abwechslungsreich gestalten und erfand eine neue Lehrmethode für chinesische Geschichte. Spielerisch simulierten wir China im achtzehnten Jahrhundert. Studenten des Grundstudiums spielten einen ganzen Tag lang verschiedene Rollen – Kaiser, Richter, Zensor, Adlige. Das Fakultätsgelände verwandelte sich in Peking und verschiedene chinesische Provinzen. Das Spiel, das meine Studenten höherer Semester entwickelt hatten, sollte das Interesse der Studenten niederer Semester an chinesischer Geschichte fördern. Das Ch'ing-Spiel wirkte nicht nur im Unterricht Wunder, sondern sorgte auch für Aufsehen in der Tagespresse und im Lokalfernsehen.

Beruflich kam ich schnell voran. Ich wurde planmäßig außerordentlicher Professor für Geschichte mit Aussicht auf eine volle Professur nach drei Jahren und assistierte dem Fakultätsvorsitzenden bei der Curriculumplanung. Gleichzeitig engagierte ich mich politisch gegen den Vietnamkrieg und gegen die Einmischung Amerikas in diesen Konflikt.

1964 hatte ich eine attraktive und liebevolle Frau geheiratet, die mein akademisches Wirken unterstützte, aber auch ihren eigenen Interessen nachging und Englisch unterrichtete. 1969 wurde unser Sohn geboren, 1972 unsere Tochter. Wir reisten nach Europa und verbrachten die Sommer bei den Großeltern Oxnam am Winnipesaukee-See in New Hampshire. Es ging uns gut. Ich hielt mich für einen prima Vater, denn ich verbrachte viel Zeit mit den Kindern, nahm sie huckepack, ging mit ihnen wandern oder langlaufen, brachte ihnen die Flora und Fauna des Waldes und verschiedene Felsformationen näher und erzählte ihnen Gutenachtgeschichten. Doch ohne jeden

Zweifel hat meine frühere Frau mehr dafür getan, dass aus unseren Kindern liebevolle und erfolgreiche Erwachsene geworden sind.

1974 erhielten wir die schreckliche Nachricht, dass mein Vater, lebenslang ein starker Raucher, an Lungenkrebs erkrankt war. Es ging überraschend schnell mit ihm bergab. Die Diagnose wurde am 1. Mai gestellt, am 19. Juli war er tot. Ich war bei ihm, als er starb und werde seinen verstummenden Schrei »Nein, nein«, als er zum letzten Mal nach Atem rang, nie vergessen. Ohne Papa als Rollenvorbild schien mein inneres Licht gedämpft. Er und ich hatten eine Reise nach China geplant. Als ich im darauf folgenden Jahr allein nach China fuhr, vergrub ich einen kleinen Umschlag mit Erinnerungen an meinen Vater unter einem Felsen in einem Suzhou-Garten.

Nach Vaters Tod suchte ich fieberhaft nach neuen Ideen – vielleicht, weil ich wie er immer besser sein wollte als andere. Papa wusste, dass ich aufblühte, wenn ich asiatische Geschichte unterrichtete, und dass ich die Vorstellung hasste, jemals wieder eine historische Abhandlung schreiben zu müssen. Er wäre bestimmt einverstanden gewesen, als ich 1975, anstatt ein Sabbatjahr zu nehmen, bei der Asien-Gesellschaft in New York die Aufgabe übernahm, eine landesweite Bildungsinitiative über China auszuarbeiten. Der neu gegründete China-Rat brachte unterschiedliche Experten zusammen – nicht nur Wissenschaftler, sondern auch Geschäftsleute, Journalisten, Pädagogen und frühere Regierungsbeamte. Er sollte auf nationaler Ebene Projekte entwickeln, die ein ausgewogenes, korrektes Bild von China vermittelten.

Es war die Zeit nach der Nixon-Mao-Détente und vor der Carter-Deng-Normalisierung. Wir versuchten, den seit langem bestehenden China-Lobbys aus der rechten Ecke in der McCarthy-Tradition der fünfziger und sechziger Jahre und später aus der linken Ecke unter den Neo-Maoisten der siebziger Jahre etwas entgegenzusetzen.

Es war spannend, eine neue Organisation für einen guten Zweck aufzubauen. Ich gründete über die USA verteilt fünfzehn regionale China-Räte, leitete Untersuchungen, war Mitherausgeber von zwei

Büchern über die Beziehungen zwischen den USA und China und stand den Medien Rede und Antwort. Das war »Unterricht«, wie er mir gefiel.

Doch von Außenstehenden unbemerkt wurden meine Probleme immer größer. Ich war depressiv und unruhig. Mit mehreren Gläsern Scotch oder Bourbon trank ich mich abends in den Schlaf. Ich suchte einen klassisch nach Freud arbeitenden Psychiater auf, der nur »Aha« antwortete, Pfeife rauchte und mir sagte, dass ich seiner Meinung nach Schwierigkeiten mit Vorgesetzten hätte. Dann wies er mich darauf hin, dass ich gelächelt hatte, als ich vom Tod meines Vaters erzählt hatte. Ich wurde wütend. Wie konnte er so über Papa sprechen? Rückblickend bin ich mir sicher, dass er richtig beobachtet hat. Aber damals war es eine gute Entschuldigung, nicht mehr zu ihm zu gehen.

In den späten Siebzigern entwickelte ich eine Sucht, die häufiger bei Frauen als bei Männern auftritt. Damals kannte ich den Namen nicht, aber es war Bulimie. Ich aß gern fettige Dinge und liebte Eis. Als ich mit dem Bogenschießen anfing, war ich ein stämmiger, kleiner Junge. Einmal, als unser Team fotografiert werden sollte, drängte Mama mich, einen Gürtel zu tragen, damit ich nicht so dick wirkte. Zu Hause gab es immer reichlich zu essen. Häufig stibitzte ich mir noch etwas aus dem Kühlschrank – kalte Hotdogs waren mein Leibgericht. Als ich für den China-Rat arbeitete, entdeckte ich die Freude an Geschäftsessen, bei denen ich alles kostenlos in mich hineinschlingen konnte. Mein Gewicht stieg auf über 113 Kilogramm – das ist selbst bei einer Größe von 193 Zentimetern viel. Auf einer China-Reise wurde ich krank und nahm eine Menge ab, hegte aber immer noch einen großen Hang zur Völlerei.

Eines Tages, es war 1979 nach meinem Umzug nach Washington, wurde mir schlecht, nachdem ich fünfhundert Gramm Erdnüsse und eine Familienpackung Vanilleeis hinuntergeschlungen hatte. Da ging mir ein Licht auf: Wenn ich mich anschließend übergab, konnte ich essen, was ich wollte, ohne zuzunehmen. So entwickelte ich eine

Bulimie, die ich erst Ende der Neunziger überwand. Ich zahlte einen hohen Preis für meine Sucht, war antriebslos, litt unter Gewichtsschwankungen, und meine Zähne nahmen Schaden. Magensäure greift die Zähne schnell an. Mit Ende vierzig bekam ich ein künstliches Gebiss. Ich war erstaunt, dass diese Art der Gewichtskontrolle nicht meine eigene Erfindung war. Ein Freund vom Fernsehen sagte mir, dass Bulimie übersetzt bedeutet »Fressen wie eine Kuh«.

Ich machte mir selbst etwas vor und versteckte meine Probleme auch vor anderen. Zum Glück wirkte sich mein Verhalten nicht auf meine Karriere aus. Der Präsident der Asien-Gesellschaft baute mich zu seinem Nachfolger auf. 1979 wurde ich Vizepräsident und Direktor der Washingtoner Zentrale, und der China-Rat folgte mir in die Hauptstadt. Mit achtunddreißig wurde ich 1981 Präsident der Asien-Gesellschaft und war plötzlich für den Bereich »Länder und Kulturen der asiatischen Pazifik-Region« einer führenden amerikanischen Bildungseinrichtung verantwortlich. Ich übernahm einen millionenschweren Geschäftsbereich in einem nagelneuen Gebäude an der Park Avenue, das von Edward Barnes entworfen worden war und ehemals John und Blanchette Rockefeller gehört hatte. In meinen neuen Anzügen mit Krawatte sah ich ziemlich gut aus und ich machte mich daran, eine neue Programmreihe zu asiatischer Kunst, Bildung und zu gegenwartsbezogenen Themen zu entwickeln. Ich steckte meine gesamte Energie in die Asien-Gesellschaft.

Klar, dass ich nach einigen Monaten unsanft erwachte. Für das neue Gebäude und seine höheren Betriebskosten mussten Millionen von Dollar aufgebracht werden. John Rockefeller III., der Ende der siebziger Jahre bei einem Autounfall ums Leben gekommen war, konnte uns nicht mehr finanziell unterstützen. Seine Witwe, Blanchette, und ihre Geschäftspartnerin, Elizabeth McCormack, wollten uns keine Zuschüsse mehr gewähren. Wir waren gezwungen, diese hohe Summe möglichst schnell über andere Quellen aufzubringen. Alles wurde noch schwieriger, als der Bürgermeister von New York beschloss, der Asien-Gesellschaft Steuern aufzuerlegen, weil sie keine Bildungseinrichtung sei, die Kurse und Studienabschlüsse anbiete.

Über Nacht war ich vom Asien-Experten zum Krisenmanager geworden. Alle beobachteten mich. War der junge Präsident der Aufgabe gewachsen? Ich dachte lange darüber nach, ob ich kündigen sollte, aber dies hätte beruflichen Selbstmord bedeutet. So nahm ich all meinen Mut zusammen und beschloss, mich der Herausforderung zu stellen. Ich schränkte alle Ausgaben ein und entließ mehr als zwanzig der insgesamt einhundert Angestellten. Das sorgte für einen ziemlichen Aufruhr unter den Mitarbeitern; das Arbeitsklima verschlechterte sich. Einen Teil unseres neuen Gebäudes vermietete ich. Die verbleibenden Mitarbeiter zogen in kleinere Räume um. Wir arbeiteten Tag und Nacht, und es gelang uns tatsächlich, Kapital in Höhe der ausbleibenden Rockefeller-Zuschüsse aufzubringen und so das erste Stiftungsvermögen zu schaffen. Drei Jahre später war der Haushalt zum Ende meiner Amtszeit ausgeglichen. Wir taten uns mit anderen bedrängten Einrichtungen zusammen, um vor Gericht und in der Presse gegen die Besteuerungspläne vorzugehen; schließlich brachten New Yorks gemeinnützige Organisationen auf dem Kultur- und Bildungssektor der Stadt jährlich Einkünfte in Milliardenhöhe ein.

1984 hatte die Asien-Gesellschaft den Kampf gewonnen, aber innerlich hatte ich das Gefühl, verloren zu haben. Meine Arbeit, früher eine aufregende Herausforderung, erschien mir nun sinnlos. Es gab einen Haufen Ärger, das Arbeitspensum war enorm und zwischenmenschlich hatten wir viele Probleme. Doch ich hielt bis zum Schluss durch und organisierte sogar Umstrukturierungen: Ich gründete regionale Asien-Gesellschaften in den USA und in Asien selbst, schuf ein neues Bildungsprogramm, organisierte gut besuchte Mitgliederkonferenzen und initiierte Studien über die Beziehungen zwischen den beiden Kontinenten. Dabei achtete ich darauf, dass unter den Mitarbeitern und auf Leitungsebene viele Asiaten und asiatischstämmige Amerikaner waren.

Aber die Arbeit machte keinen Spaß mehr. Anstatt zu führen, hatte ich oft das Gefühl zu betteln, dass mich einer mitnahm. Mein strahlendes Selbstbild verlor an Glanz und begann zu rosten. Kleinere Fehler, die ich bisher zu ignorieren versucht hatte, wurden zu ernsten Problemen. Wenn ich mich aufregte, geriet ich oft in Rage und verstörte alle um mich herum mit meinen Ausbrüchen. Beruflich konnte ich meine Wut unter Kontrolle halten. Aber im Familien- oder Freundeskreis brach ich alle paar Monate in eine wahre Raserei aus. Jede kleine Provokation brachte mich zur Weißglut und war Anlass für wilde Beschimpfungen. Ich marschierte tobend im Raum auf und ab, bis ich vor Wut etwas kaputt machte – eine Tür, ein Möbelstück, meine Brille oder eine Uhr. Wenn ich wieder zu mir kam und begriff, dass ich im Unrecht war, war ich am Boden zerstört und voller Reue. Ich nahm die gesamte Schuld auf mich und versprach, mich nie wieder so zu benehmen. Ich spürte, wie ich die Menschen um mich herum vertrieb. Ein Freund sagte, das Leben mit mir gliche einem Tanz auf Eierschalen.

Einmal hatte ich einen Wutausbruch auf dem Boot eines sehr guten Freundes, den ich über die Arbeit kennen gelernt hatte. Während eines Dreitagerennens war ich als erfahrenster Skipper an Bord die meiste Zeit am Ruder geblieben und hatte auf Schlaf verzichtet. Ich wollte unser Boot, das für diesen Wettbewerb eigentlich nicht gerüstet war, im Rennen halten. Gegen Ende der Regatta warf mir mein Freund vor, aufgrund meiner Navigation lägen wir im Windschatten, während die anderen Boote von einer frischen Brise ins Ziel getrieben würden. Ich konnte meinen Zorn nicht kontrollieren; es brach aus mir heraus, er sei unsensibel und inkompetent. Ich schrie ihn an, dann verzog ich mich in die Kabine und schmollte. Später versuchte ich mich zu entschuldigen. Er gab vor, mir verziehen zu haben, aber ich begriff, dass ich großen Schaden angerichtet hatte. Später erfuhr ich, dass er die Geschichte vom »Höllenrennen« noch lange weitererzählt hat.

Ich redete mir weiterhin ein, dass die Asien-Gesellschaft schuld an meinem Zustand sei. Es war ein harter Job, ich hatte viel Stress und jeder in meiner Situation wäre frustriert. Viele bemerkten, ich sähe müde aus, und warnten mich vor einem Burn-out. Verzweifelt versuchte ich ihnen zu beweisen, dass ich standhielt.

Trotz meiner Probleme erledigte ich meine beruflichen Aufgaben immer noch sorgfältig und gut. Wenn es um politische Themen ging, war ich wie eh und je voller Energie und zeigte meine Abneigung gegen jede Form von Unterdrückung. Im Juni 1989 tötete die Regierung in Peking mehrere hundert Demonstranten auf dem Platz des Himmlischen Friedens. Ich hatte bereits Wochen zuvor geahnt, dass es zu so einem schrecklichen Ereignis kommen würde, doch das machte es nicht einfacher, als ich die furchtbaren Bilder im Fernsehen sah. Ich verurteilte das Massaker aufs Schärfste – in Fernsehinterviews, in einer Ansprache vor vierhundert Zuhörern, die anlässlich meines fünfundzwanzigsten Vortrags ins Auditorium des Williams College gekommen waren, und vor tausend Menschen beim jährlichen Festessen der Asien-Gesellschaft. Gleichzeitig vertrat ich die Meinung, dass wir mit China verbunden bleiben und die Handelsprivilegien nicht aussetzen sollten. Wir mussten darauf hinarbeiten, durch harte Verhandlungen gezielt auf die Einhaltung der Menschenrechte zu drängen.

Innerlich jedoch zerbrach ich in dieser Zeit. Ich fiel mit schockierender Geschwindigkeit gleichsam auseinander. Bei den Abendessen und Partys, die ich als Präsident der Asien-Gesellschaft aus »Repräsentationsgründen« regelmäßig besuchte – das bedeutete, dass ich auf die eine oder andere Art um Spenden werben musste –, trank ich nie viel. Aber wenn ich nach Hause kam, kippte ich einen Drink nach dem anderen hinunter, bis ich das Bewusstsein verlor. Mein Konsum an Hochprozentigem betrug schließlich jeden Abend einen viertel bis halben Liter. Ich fing an, heimlich Alkohol zu kaufen und ihn zu verstecken, damit niemand in der Familie sehen konnte, wie viel ich trank.

Die Situation verschlimmerte sich Ende der Achtzigerjahre. Meine

Frau und ich beschlossen uns zu trennen. Ich zog in eine winzige Wohnung in New York City, wo ich an mindestens zwei oder drei Abenden pro Woche einem Ritual nachging, für das folgende Zutaten nötig waren: zwei Päckchen Zigaretten, polnische Wurst, eine Vier-Liter-Packung Speiseeis, zwei Tütchen Erdnüsse, eine Flasche Scotch und ein Pornofilm. Heute befremdet es mich selbst, wenn ich daran zurückdenke, aber damals schien es mir die richtige Entspannung zum Ende eines anstrengenden Arbeitstages zu sein. Mithilfe riesiger Mengen Koffein – Kaffee und Cola Light – schaffte ich es irgendwie, tagsüber klar genug zu denken, um die Arbeit zu erledigen, die von mir erwartet wurde.

Die Leute fingen an zu reden. Sie bemerkten, dass ich regelmäßig mit mir selbst sprach. Einmal fragte mich jemand bei der Arbeit: »Habe ich Sie richtig verstanden? Sagten Sie: ›Bob ist so müde. Er ist einfach erschöpft.‹ Sprechen Sie von sich selbst?« Ich erinnere mich nicht, was ich geantwortet habe. Ich wusste nicht einmal, dass ich etwas gesagt hatte.

Da war noch etwas anderes. Eine seltsame Sache, die sich schon lange bemerkbar machte und die in den achtziger Jahren immer schlimmer wurde: Ich hatte Gedächtnisausfälle und konnte mich öfter nicht erinnern, was ich gemacht hatte. Manchmal, wenn jemand eine Verabredung zum Essen absagte, verließ ich trotzdem mittags das Büro und kam erst um drei Uhr wieder zurück, ohne dass ich hätte sagen können, wo ich gewesen war oder was ich getan hatte. Ich war dann müde und ein wenig verschwitzt, duschte kurz und machte mich wieder an die Arbeit. Einmal, auf einer Reise nach Taiwan, wurden mehrere Besprechungen wegen eines Feiertags abgesagt; ich habe keinerlei Erinnerung daran, was ich drei Tage lang gemacht habe. Ich kann mich nur daran erinnern, dass ich starke Kopfschmerzen hatte. Auf meinem Arm entdeckte ich Brandwunden, die aussahen, als rührten sie von ausgedrückten Zigaretten.

Hinzu kamen selektive Gedächtnislücken. Beim Segeln wusste ich zum Beispiel keine intelligente Antwort, wenn mich jemand etwas über China fragte. Einmal wollte ein Mitsegler wissen: »Bob, was denkst du über die Menschenrechtslage in China?« Ich lenkte vom Thema ab und gab einen völlig zusammenhanglosen Kommentar zu einem neuen Ausrüstungsgegenstand für Segelboote. Glücklicherweise sind Segler meist von technologischen Neuerungen fasziniert, und ich konnte das Gespräch über China abwenden. Es war erschreckend zu sehen, dass mir mein Fachwissen über China und Asien tatsächlich nicht zur Verfügung stand, wenn ich segelte oder etwas am Boot reparierte. Ich war dann ein völlig anderer Mensch.

Es kam mir vor, als lebte ich um des Segelns willen. Es war, als ob es »Klick« machte, wenn ich aus dem Büro kam und zum Boot fuhr. Meine Arbeit erschien mir völlig unwirklich. Auf dem Boot arbeitete ich genauso verbissen wie im Büro. Auch wenn kein Boot perfekt ist – meines sollte es sein. Es sollte perfekt funktionieren. Ein kaputtes Knotenmessgerät konnte mir den ganzen Tag verderben. Ich wollte das Gerät unbedingt reparieren, was mir oft nicht gelang. Wenn ich auf dem Boot Urlaub machte, zählte ich die Tage, bis ich wieder zur Arbeit musste, wie jemand, der im Todestrakt auf seine Hinrichtung wartet.

Zwangsläufig wirkte sich diese Häufung seltsamen Verhaltens allmählich auf meine Arbeit aus. Ende der achtziger Jahre meldete ich mich krank, wenn ich meinte, im Yachthafen bleiben zu müssen. In den Wintermonaten fing ich mit Eiskunstlauf an. Das wurde schnell zu meiner neuen Leidenschaft.

Eines Tages wurde ich auf der Herrentoilette des Eisstadions ohnmächtig und schlug mit dem Kopf auf. Ich kam sofort auf die Intensivstation. Drei Tage lang machten die Ärzte eine Menge Tests. Mein Krankenhausaufenthalt fiel mit dem berühmten Börsencrash von 1987 und – wohl nicht ganz zufällig – mit einer Vorstandssitzung der Asien-Gesellschaft zusammen.

Als ich aus dem Krankenhaus entlassen wurde, sagte die Ärztin: »Wir können nichts finden, was bei Ihnen nicht in Ordnung sein könnte – überhaupt nichts. Die Blutwerte sind gut, das Herz ist auch in Ordnung. Der Echo-Stresstest war prima. Ich glaube, Sie sollten einen Psychiater aufsuchen.« Sie muss das Entsetzen in meinen Augen gesehen haben. Glücklicherweise war sie humorvoll genug, um die Situation zu retten. »Kennen Sie den Witz über den Börsencrash? Wer ist besser dran – ein Yuppie oder eine Taube? Antwort: Eine Taube – weil es ihr egal ist, ob sie auf BMW sitzen bleibt.«

Ein guter Witz, aber die Situation war alles andere als lustig. Es war klar, dass meine Eiskunstlauferei nicht nur ein Zauber war, dem ich verfallen war, sondern wieder eine dieser Gedächtnislücken. Was war eigentlich tatsächlich geschehen? Mein Leben geriet außer Kontrolle. Ich hasste mich. Ich hasste, was ich tat. Ich hasste das Leben selbst. Zweimal versuchte ich Selbstmord zu begehen. Einmal hinderte mich jemand aus der Familie, einmal ein Freund. Einmal hörte jemand, wie ich die Luger, die ich von meinem Vater geerbt hatte, entsicherte. Ein anderes Mal zog man mich aus dem Auto, nachdem ich deprimiert und betrunken nach Hause gekommen war und den Motor in der geschlossenen Garage hatte laufen lassen. Ich verdanke denen mein Leben, die mich gerettet haben und die darunter gelitten haben, Zeuge eines Selbstmordversuchs gewesen zu sein. Lebenslang stehe ich in ihrer Schuld.

Ende 1989 nahm schließlich ein naher Angehöriger allen Mut zusammen und mischte sich ein: »Ich habe mit einem Arzt gesprochen. Er sagt, es höre sich nach schwerer Alkoholabhängigkeit an. Du solltest zu Dr. Jeffery Smith gehen. Und er sagt, dass dein Leben davon abhängt. Frag jetzt nichts. Tu einfach, was ich dir sage.«

Dr. Smith, ein leger gekleideter Mann in den Vierzigern mit schütterem Haar, verströmte Professionalität und Wärme hinter seinem mit Akten beladenen Schreibtisch. Zunächst entspannte ich mich bei seiner sanften und beruhigenden Stimme, doch seine Fragen strengten mich an und sein durchdringender Blick forderte die Wahrheit.

»Ich trinke nur abends. Nur ein paar Drinks – hauptsächlich um einzuschlafen. Ich würde sagen, ungefähr eine Flasche pro Woche.

Oder eher in drei Tagen. Ich trinke, bis ich zusammenbreche. Tagsüber trinke ich Kaffee, um klar denken zu können. Mit Alkohol gehe ich sehr vorsichtig um – nie im Büro, auch nicht bei gesellschaftlichen Anlässen. Ich kann auch ganz auf Alkohol verzichten. Das habe ich schon oft gemacht, einmal länger als ein halbes Jahr. Innerlich fühle ich mich schrecklich. Ich glaube, ich bin ein schlechter Mensch.

Ich erzählte Dr. Smith von meinen Gedächtnisausfällen und von den Wutausbrüchen. Er zeigte keine besondere Reaktion. Weder lächelte er noch runzelte er die Stirn, er hörte einfach nur aufmerksam zu und kniff hin und wieder die Augen zusammen. Als er mit seinen Fragen durch war, nahm er sich die Zeit und las den Fragebogen auf seinem Clipchart nochmals durch. Dann sah er mich streng an. »Ich kann kaum glauben, dass Sie noch keine therapeutische Hilfe gesucht haben. Sie haben kein kleines Alkoholproblem. Es ist viel schlimmer. Sie sind ein Alkoholiker ersten Grades. Sie zeigen sämtliche Symptome einer ernsten Alkoholkrankheit: unkontrollierte Gefühlsausbrüche, häufige Blackouts, trinken, um betrunken zu werden, Zeiten stolzer Abstinenz, bevor Sie rückfällig werden.«

Ich war sprachlos. Ich versuchte, mir nicht anmerken zu lassen, dass ich innerlich zitterte. »Ist es wirklich so ernst?«

»So ernst, dass ich Ihnen genau sagen werde, was Sie tun müssen. Sie müssen in eine Entzugsklinik. Und zwar auf der Stelle. Sie müssen dort mindestens einen Monat bleiben. Nicht nur, um trocken und gesund zu werden, sondern um Ihr Leben wieder in den Griff zu bekommen. Und dann werden Sie zu den Treffen der Anonymen Alkoholiker gehen, um clean zu bleiben.«

Ich fuhr mir ungläubig über die Stirn. »Aber ich leite eine wichtige Einrichtung. In zwei Wochen haben wir eine Vorstandssitzung. Wir haben nur knapp den Haushaltsplan ausgleichen können. Dann muss ich nach Hongkong. Nach jahrelanger Vorbereitung eröffnen wir dort eine neue Niederlassung. Ich kann nicht einfach einen Monat frei nehmen. Was soll ich den Kuratoriumsmitgliedern sagen?«

Dr. Smith stand auf und sah mich freundlich und fest an: »Sie können zwar so tun, als hätten Sie nur ein kleines Problem und noch eine Weile so weitermachen. Aber was Sie tun, ist tödlich. Es wird Sie mit Sicherheit umbringen, wahrscheinlich früher, als Sie glauben. Außerdem schaden Sie anderen damit – vielleicht können Sie vermeiden, jemanden mit dem Auto zu überfahren, aber Sie fügen Ihrer Umgebung schlimmen psychischen Schaden zu. Sie sind nicht allein auf der Welt. Es gibt viele so genannte erfolgreiche Menschen, die Alkoholiker sind, und niemandem fällt es auf. Die Meisten bringen nicht den Mut auf, sich ihrer Krankheit zu stellen.«

Ich spürte, dass ich keine andere Wahl hatte. Dr. Smith wartete, bis ich begriffen hatte, dann wurde er konkret. »Ich kann sofort einen guten Freund von mir anrufen, der früher selbst alkoholkrank war und jetzt die Edgehill-Klinik in Newport, Rhode Island, leitet. Vielleicht hat er ein Zimmer für Sie frei. Was meinen Sie?«

Ich schloss die Augen und zitterte innerlich, als ich über die Konsequenzen nachdachte. Als ich aufsah, hatte sich Dr. Smith keinen Millimeter bewegt. »Okay«, seufzte ich, »rufen Sie an«. Zwanzig Minuten später rief er mich wieder zu sich ins Zimmer: »Ich habe alles für Sie arrangiert. Sie müssen heute Abend noch vor Mitternacht dort eintreffen.«

Ich nickte resigniert. »Noch etwas«, fuhr Dr. Smith fort, »ich möchte Sie sehen, wenn Sie zurückkommen. Nicht nur wegen des Alkoholproblems. Psychologisch betrachtet, sind Sie ein ziemlich seltener Fall, wissen Sie. Sie sind ein hysterischer Mann und brauchen eine Behandlung.«

In meinem Kopf drehte sich alles, als ich nach Hause fuhr. Hatte ich richtig gehandelt? Konnte ich es rückgängig machen? Nein, ich hatte mich entschieden, jetzt musste ich alles gut organisieren. Ich musste im Büro Bescheid sagen und den Vorstandsvorsitzenden anrufen. Ich hatte keine andere Wahl, als ehrlich zu sein. Was ist eigentlich ein hysterischer Mann? Oh verdammt, warum musste das ausgerechnet mir passieren?

Zwölf Stunden später kam ich völlig betrunken in der Klinik an; ich hatte eine Flasche Bourbon geleert, während ich mein Segelboot winterfest gemacht hatte. Die Edgehill-Klinik bestand aus neuen Backsteingebäuden inmitten eines hübschen Anwesens mit einem wunderbaren Blick auf den Hafen von Newport. Der Ort war mir vertraut, weil ich auf meinen Segeltouren oft dort anlegte. Ich hätte nie geglaubt, dass ich ihn einmal im Krankenhaus-Nachthemd von dieser Seite zu Gesicht bekäme. Meine Kleidung wurde konfisziert, meine Sachen nach Alkohol, Drogen und Waffen durchsucht. Der Schwester in der Aufnahme gestand ich, was ich an jenem Abend getrunken hatte; sie nickte nur und murmelte: »Typisch«. Ich lief hinaus in die sternenklare Nacht, betrachtete die glitzernden Lichter von Newport und weinte, bis keine Tränen mehr kamen und ich um Luft ringen musste.

Auf meinem Stockwerk waren zwanzig Alkoholabhängige untergebracht. Der Entzug war schwer. Jeder Gruppe waren zwei professionelle Therapeuten zugeordnet, weitere ausgebildete Fachkräfte waren jede Nacht anwesend. In meiner Gruppe gab es Menschen aus verschiedenen gesellschaftlichen Schichten: ein Lehrer, ein Zahnarzt, ein Investment-Banker, einige ältere Studierende, eine Hausfrau, ein Rentner, ein Bauarbeiter, ein Umweltexperte, ein Zimmermann. Mit meinen siebenundvierzig Jahren lag ich altersmäßig in der Mitte der Gruppe. Die Jüngsten waren Ende zwanzig, die Ältesten Ende sechzig.

In der ersten Sitzung wurden uns die strengen Vorschriften mitgeteilt: Wir würden aus Edgehill rausgeworfen, wenn wir Alkohol oder Drogen anrührten, das von einer Mauer umgebene Gelände verließen oder gewalttätig wurden. Wir hatten eine »ernste Erkrankung«, und die Entziehungskur würde uns zu »genesenden Alkoholikern« werden lassen – es hieß nie »gesund«. Wir lernten das Zwölf-Schritte-Programm in allen Einzelheiten kennen, und ich begann die Sitzungen mit den Worten: »Hallo, ich bin Bob. Ich bin Alkoholiker.« Der Tag bestand von morgens bis abends aus strengen Gruppen- und

Einzeltherapiesitzungen, dazwischen Gestalttherapie und Sport. Alles wurde kontrolliert. Man konnte nicht einmal Aspirin bekommen, ohne in die Arztsprechstunde zu gehen. Koffeinhaltige Getränke waren verboten. Nur Rauchen war erlaubt, aber ich beschloss, die Gelegenheit zu nutzen, sowohl das Trinken als auch das Rauchen aufzugeben.

Zunächst verhielt ich mich den anderen Gruppenmitgliedern gegenüber sehr reserviert. Ich hatte das Gefühl, eigentlich nicht nach Edgehill zu gehören. Ich war doch kein gewöhnlicher Trinker, ich war ein besonderer Trinker, ein Trinker, der es zu etwas gebracht hatte. Ich war wie die Berühmtheiten, die nach Edgehill kamen: die Ehefrau eines bedeutenden Politikers, ein international bekannter Schauspieler. Als ich an der Reihe war, meine Geschichte vor der Gruppe zu erzählen, beschloss ich, ehrlich zu sein und alles zu erzählen. Das war ein fataler Fehler. Meine Erfolge beeindruckten die meisten überhaupt nicht; ich schien ihnen ein elitärer Angeber zu sein. Und als ich von meinen anderen gesundheitlichen Störungen erzählte, machte ich mich zum Gespött der Gruppe. Einige hielten mich für den Kränksten von allen – ein Lästermaul nannte mich »Kotz-Bob«. Ich hatte keine Möglichkeit, meinen Frust loszuwerden. Eines Tages formte ich in der Gestalttherapie eine Möwe aus Ton mit ausgestreckten Flügeln, die ein wenig Jesu Armen am Kreuz ähnelten. Der Therapeut sagte: »Hey, das ist sehr schön.« Ich betrachtete die Möwe, zerquetschte sie mit der Hand und stürzte aus dem Zimmer.

In den ersten beiden Wochen fühlte ich mich sehr einsam und hatte Angst, doch dann veränderte sich etwas. Okay, dachte ich, was passiert ist, ist passiert. Wenigstens kenne ich jetzt mein Problem. Ich werde, verdammt nochmal, der beste »genesende Alkoholiker« sein, den man sich vorstellen kann. Ich werde mein Leben wieder ins Lot bringen. Ich werde zurückkehren und ehrlich mit meinem Problem umgehen. Ich habe Chaos aus meinem erfolgreichen Leben gemacht, jetzt werde ich Erfolg aus diesem Chaos machen.

Nach einem Monat in der Entzugsklinik kehrte ich mit der Inbrunst und Reue eines wahrhaft Bekehrten nach Hause zurück. Ich würde ein neues Leben beginnen, voller Ehrlichkeit und Reinheit. Ja, ich hatte ernste Probleme, aber ich hatte mich ihnen gestellt. Ich war zwar nicht geheilt, aber ich wusste, ich hatte wieder Boden unter den Füßen. Das Schlimmste war bestimmt vorüber.

Mit dieser Einschätzung lag ich völlig daneben – das Schlimmste lag noch vor mir. Im folgenden Jahr, 1990, erlebte ich einen Riesenschock. Er traf mich wie mit einem Vorschlaghammer. Aber vor diesem gigantischen Erdbeben gab es zunächst eine Reihe kleinerer Erschütterungen. Warnungen, dass meine offensichtlichen Leiden – Alkoholismus, Bulimie, Wutausbrüche, Gedächtnislücken, Suizidneigung – nicht mein Hauptproblem waren. Das eigentliche Problem lag sehr viel tiefer, als ich jemals gedacht hätte.

Auf einer Personalversammlung informierte ich die gesamte Asien-Gesellschaft über meine Alkoholabhängigkeit und die Behandlung und versuchte dabei, so ruhig und ehrlich wie möglich zu sein. Ich werde nie vergessen, wie warmherzig einige Mitarbeiter, die mich schon länger kannten, reagierten. Einige kamen nach der Versammlung auf mich zu und umarmten mich. Mit der Zustimmung des Vorstandsvorsitzenden beschloss ich, nicht nach Hongkong zu fliegen. An meiner Stelle eröffnete John Whitehead selbst die Niederlassung in Hongkong. Er begrüßte Henry Kissinger und andere Berühmtheiten und vertrat die Asien-Gesellschaft. Am selben Abend als die Niederlassung in Hongkong eingeweiht wurde – ein Traum, der nun Wirklichkeit wurde, auf den ich so lange hingearbeitet hatte –, ging ich zu meiner ersten Sitzung der Anonymen Alkoholiker in White Plains. In den darauf folgenden Monaten nahm ich allabendlich an diesen Treffen teil, erzählte von mir und meinen Sorgen und wurde von anderen »genesenden Alkoholikern«, einschließlich meinem »Paten«, ermutigt.

Ich bemühte mich zu zeigen, dass ich wieder zurechtkam. Trotzdem machte sich in meinem Innern eine düstere Vorahnung breit.

Dazu kam der Flop meines ersten Romans, *Cinnabar*, den ich in diesem ereignisreichen Jahr 1989 veröffentlicht hatte. *Cinnabar* ist ein Mystery Thriller über einen Professor an der Columbia Universität, der von seiner verstorbenen Frau eine rätselhafte rot lackierte Kiste erbt. Sie lockt den Ahnungslosen in die pulsierende Welt des modernen China, Hongkong und Taiwan.

Den Roman zu schreiben, fand ich eine gute Idee, um eine Erholungspause von meinem anstrengenden Berufsalltag einzulegen. Es war eine Gelegenheit, China in unkonventioneller Weise lebendig werden zu lassen, doch im Nachhinein kann ich mich kaum daran erinnern, wie das Buch entstanden ist. Alles, was ich noch weiß, ist, dass ich mich im Urlaub und an einigen langen Wochenenden an den Computer gesetzt und aufgeschrieben habe, was ich im Kopf bereits erdichtet hatte. *Cinnabar* ist in einem Zustand der Benommenheit entstanden. Ich schrieb *Cinnabar* wohl in Zeiten, in denen ich meine rätselhaften Gedächtnisausfälle hatte. Ich fand das seltsam, aber nicht Besorgnis erregend.

Darauf, was das Buch bei Erscheinen auslöste, war ich nicht vorbereitet. Die Rezensionen waren lauwarm bis geradezu feindselig. *Cinnabar* war peinlicher Sprengstoff trotz meiner besten Absichten. Kurz nach der Entziehungskur und nach meiner schwierigen Rückkehr in den Beruf musste ich mit einer nur kurz währenden Karriere als Kriminalautor zurechtkommen. Ich griff zwar nicht mehr zur Flasche, aber meine Depressionen waren so stark wie in der Zeit vor Edgehill. Ich fing auch wieder an zu rauchen. Nach dem Essen wurde mir wieder übel. Und ich hatte wieder Gedächtnisausfälle. Die Stimmen schrien: »Du bist blöd! Du bist böse! Du bist ein schlechter Mensch!«

Ich entwickelte ein neues Ritual: Auf meinem täglichen Rundgang versteckte ich mich in einer abgelegenen Ecke des Hauptbahnhofs und beobachtete die Massen der Berufspendler, die aus den Schächten quollen. Ich versuchte, einen Sinn in meinem Leben zu finden.

»Nein, ich bin nicht böse«, sagte ich mir immer wieder leise. »Es muss einen Sinn geben, aber wo zum Teufel ist er?« Ich atmete heftig, dann ruhiger und leichter; meine Augen schweiften hin und her, und meine Gedanken schwebten über dem geschäftigen Treiben und dem Lärm. Ich fühlte mich, als hätte ich eine gerechte Strafe für meine Sünden erhalten und warte nun auf ein Zeichen göttlicher Fügung. Ich wollte mich von all diesen schmerzlichen Erinnerungen befreien, wollte Erleichterung und einen Neuanfang. Eine Renaissance.

So nannte ich meine elf Meter lange Sabre-Segeljacht, die ich mir 1989 als Symbol dafür zulegte, »Renaissance«. Ich plante einen langen Segeltörn, um meinen Seelenfrieden wiederzufinden. Gemeinsam mit einem netten Segelkameraden stellten wir die Route zusammen. Wir würden nach Neufundland segeln, die Südküste erkunden, und ich würde das Boot dann allein in den westlichen Long-Island-Sund zurückführen; insgesamt über zweitausend Meilen. Es schien das perfekte Projekt für mich zu sein. Zu einer Zeit, die durch gespenstische Umbrüche in meinem Leben geprägt war, konnte ich mir einen lange gehegten Traum erfüllen. Und so stürzten wir uns in die zweimonatige Vorbereitungszeit für diesen Segeltörn. Wir erstellten endlos lange Checklisten, die wir alle paar Tage überarbeiteten, und kamen gut mit unseren Reisevorbereitungen voran.

Als wir schließlich bei Tagesanbruch lossegelten, fühlte sich die »Renaissance« um einige Tonnen schwerer an, doch sie glitt sanft in die helle Morgensonne. Ihr blauer Rumpf lag freundlich in den ruhigen Gewässern des Long-Island-Sund. Ihr wohlgeformter Bug zeigte nach Osten zum offenen Atlantik, am Horizont sah man die kanadischen Seeprovinzen. Wir unterhielten uns ein wenig, dann versank jeder in seine Gedanken; mein Freund sah nach vorn in Fahrtrichtung, ich nach hinten, in die Richtung, aus der wir kamen. Ich fröstelte in der frühmorgendlichen Kühle, zog den Reißverschluss meines Fleece-Pullovers bis zum Hals und versuchte, die Müdigkeit aus den vielen zu kurzen Nächten während der letzten Woche der Reisevorbereitung abzuschütteln. Ich war aufgeregt und freute mich zugleich, dass Dr. Smith mein Vorhaben trotz anfänglicher Besorgnis, weil ich mein Anti-Alkohol-Programm unterbrechen musste, gebilligt hatte. Während ich meinem acht Tonnen schweren Boot zusah, wie es am Heck eine Spur im blauschwarzem Kielwasser hinterließ, umfing mich eine kühle Wolke mit Erinnerungen, die meine freudige Abreise dämpfte und die ich verzweifelt zu unterdrücken versuchte.

Die Neufundland-Tour war für mich sowohl eine Flucht als auch eine wunderbare Erfüllung. Ich floh vor einem Berufsleben, das mich nur noch frustrierte, und vor schrecklichen Erinnerungen an einen Roman, von dem ich wünschte, dass ich ihn nie veröffentlicht hätte. Ich spürte, dass mich ein altes bedrohliches Muster fest im Griff hatte. Die große Neufundland-Reise bewies wieder einmal mein Streben nach Perfektion. Das Boot musste perfekt aussehen und perfekt im Wasser liegen. Und, wenn ich es mir genau überlege, frage ich mich, ob ich nicht unbewusst Neufundland wählte, weil ich an die Entdeckung einer perfekten, neuen Welt dachte.

Bedenklich war auch, dass ich sogar während ich die »Renaissance« startklar machte, an Gedächtnisausfällen litt. In der hektischen Zeit vor Reiseantritt, als wir unsere Aufgabenlisten abarbeiteten, fuhr ich häufig zum örtlichen Händler für Seeausrüstung. Er hat hervorragende Verkäufer angestellt, die ich schon seit Jahren kenne und duze. Der ganze Vorgang wurde zur Routine – Bedarfslisten schreiben, Ausrüstung kaufen, vom Konto abbuchen lassen, zum Boot zurückfahren – ganz so, wie zügig nebenbei die Hausarbeit zu erledigen. Eines Tages kamen, während ich gerade einkaufte, zwei Angestellte die Treppe herunter. Einer der beiden sagte zu mir: »Wir haben Sie auf unserem Überwachungsmonitor beobachtet. Wir haben gesehen, wie Sie all diese Gegenstände in Ihren Seesack gepackt haben. Ich nehme an, Sie hatten vor, sie zu kaufen?« Ich war wirklich schockiert. »Natürlich kaufe ich sie, wie immer«, wehrte ich mich, als sie mich unverzüglich zur Kasse drängten. Dort legte ich alles vor, was in meinem Sack war, und sie sortierten die Sachen der Reihe nach, wie ich es sonst auch immer getan hatte.

Anstatt zornig zu werden, weil man mich wie einen Dieb behandelte, verließ ich das Geschäft mit einem seltsam schuldbewussten Gefühl und duckte mich wie ein echter Krimineller, der auf frischer Tat ertappt worden ist. Als ich wieder zu Hause war, prüfte ich genau, was ich in den vergangenen zwei Monaten in dem Geschäft gekauft hatte und was ich davon tatsächlich bezahlt hatte. Oh Gott, ich hatte mehrere hundert Dollar weniger bezahlt, als ich gedacht hatte. Konnte das sein?

Hatte ich alles in meinen großen Leinensack gesteckt und dann nur einige Teile an der Kasse vorgezeigt? Hatte ich ein Geschäft bestohlen, in dem ich schon so lange zuvorkommend bedient wurde? Warum sollte ich so etwas tun?

Der Gedanke, die Polizei könnte bald vor meiner Tür stehen, veranlasste mich, Dr. Smith um einen Notfall-Termin zu bitten. Der Klang seiner Stimme beruhigte mich sofort: »Es ist unwahrscheinlich, dass sie Sie anzeigen werden. Es hört sich so an, als ob Sie tatsächlich gestohlen hätten und das Ganze dadurch gedeckt haben, dass Sie einen Teil der Sachen kauften. Starker Stress in Verbindung mit Ihrer Alkoholabhängigkeit erklärt dieses Verhalten und auch die Gedächtnislücken. Es gibt aber auch noch andere mögliche Erklärungen, die ich später untersuchen möchte. Versuchen Sie jetzt nicht, die Sache im Geschäft zu erklären – was könnten Sie überhaupt sagen? Bezahlen Sie später, wenn etwas Zeit vergangen ist.«

Smith fuhr fort: »Als ich Sie fragte, ob Sie träumen, sagten Sie, dass Sie sich nicht erinnern können, außer an Träume, in denen Sie sich plötzlich ›erwischt‹ und ›sehr schuldig‹ fühlen. Ich glaube, heute haben wir des Rätsels Lösung gefunden.«

Ich verließ Smith im Vertrauen darauf, dass ich nicht eingesperrt würde, machte mir aber große Sorgen, was in den Zeiträumen, an die ich mich nicht erinnern konnte, wirklich passiert war. Einige Monate später schickte ich einen Umschlag mit Bargeld – mehr als genug, um ihren Verlust zu decken – und eine Notiz ohne Unterschrift an das Geschäft mit den Worten: »Zum Ausgleich überfälliger Rechnungen«.

Jetzt waren wir also nach Neufundland unterwegs – eine Gelegenheit, Vergangenes zu vergessen und mich über die Gegenwart zu freuen. Ich rieb mein Gesicht, um den Kopf frei zu bekommen, schlang ein zweites Stück Plundergebäck hinunter – und stürzte zur Toilette. Mir war speiübel. Mein Frühstück kam mir hoch und gleichzeitig eine schreckliche Erinnerung. Das war nicht gerade ein viel versprechender Anfang der Reise, auf der ich mein Leben wieder in Ordnung bringen wollte. Bereits in den ersten Stunden unserer Fahrt zeigte sich das Muster der kommenden sieben Wochen. Es wurde eine unglaubliche Erfahrung auf See mit gespenstischen Erinnerungen an die Vergangenheit und angsterfüllten Grübeleien über meine Zukunft.

Irgendwie war es die Reise meines Lebens. Wir segelten bei starkem Sturm und es gelang uns, den Kurs in Richtung Cape Breton und weiter in Richtung Neufundland zu halten. Delfine begleiteten uns auf der gesamten Strecke. Sie kamen so nah, dass wir sie genau erkennen konnten und fast als Haustiere betrachteten. Wir segelten über den Rücken eines schlafenden Buckelwals, der doppelt so groß war wie unser Boot. Er schnaubte nur ein wenig, stieß eine übel riechende Wasserfontäne aus und verschwand leise in die Tiefe. Wir freundeten uns mit einer Familie von »Newfies« an, wie sich die Neufundländer selbst nennen, und staunten über ihre Gastfreundschaft und ihren befremdlichen Dialekt; später erfuhr ich, dass er dem Englischen ähnelt, das die Arbeiterklasse in England vor drei Jahrhunderten so gesprochen hat. Wir gingen in den schmalen Fjorden im Süden Neufundlands mit dreihundert Meter hohen Klippen und herabstürzenden Wasserfällen vor Anker und sahen in sechs Wochen nur ein anderes Segelboot. Nachdem mein Freund von Bord gegangen war, segelte ich allein von Nova Scotia nach New York zurück. In Halifax ging ich vor Anker, um den Friedhof zu besuchen, auf dem viele Opfer der Titanic begraben sind – ich war ein Titanic-Fan lange bevor der berühmte und oft ungenaue Film gedreht worden ist. Mit Gottes Hilfe wurde ich von einem leichten Ostwind – im Gegensatz zu dem hier üblicherweise anzutreffenden Südwestwind – in den Long-Island-Sund zurückgetragen.

Allein zu segeln ist eine große Herausforderung. Man muss sich anstrengen, um das Boot auf Kurs zu halten und nicht in Gefahr zu bringen. Im Grunde ist man gleichzeitig Kapitän und Mannschaft, man arbeitet fast ununterbrochen und hält nur kurze Schläfchen, nicht länger als zwei Stunden. Ich ließ mich immer wieder wecken, um sicher zu gehen, dass alles in Ordnung war. Das Radargerät war mit einem Signal ausgestattet, das ankündigte, wenn nachts ein anderes Boot oder Objekt innerhalb eines Radius von sechzehn Meilen auftauchte. Wie die meisten Alleinsegler hörte ich seltsame Geräusche auf See. Nachts lauschte ich den Gesängen der Wale, dem Pfeifen des Windes in der Takelage und eingebildeten Stimmen. Einmal glaubte ich felsenfest, dass eine Gruppe Jugendlicher Bier trinkend in einem kleinen Außenborder auf mich zukam, aber das kann hundert Meilen von der Küste entfernt eigentlich nicht sein. Abgesehen von diesen seltsamen Vorkommnissen bewies ich, dass ich glücklich und sicher allein segeln konnte, und das war ein Erfolg. Wie die Mount Everest-Bezwinger war der einzige Grund, warum ich es tat, »weil es möglich war«.

Allein im unheimlichen roten Licht des Führerhäuschens konnte ich das Boot zwar nachts leicht auf Kurs halten, aber ich war besorgt, was »da draußen« sein könnte. Das Radargerät würde zwar Schiffe orten, aber was war mit im Wasser treibenden Gegenständen wie zum Beispiel den gefährlichen Containern, die manchmal von Frachtschiffen ins Meer geworfen werden? Was war mit dem toten Wal, über den der Radiosender der Küstenwache berichtete? Mit Sicherheit könnte er ein Segelschiff, das eine Geschwindigkeit von über acht Knoten hatte, beschädigen. Was gab es da draußen noch? Alle paar Minuten flackerten im Wasser um das Boot herum lange, grüne Blitze auf, die mir selbst dann noch Angst einjagten, als ich erkannte, dass es die niedlichen Delfine waren, die durch den Phosphorgehalt im Meer leuchteten. Ich erinnerte mich an meine höllische Angst ein paar Jahre zuvor, als unsere idyllische Fahrt von Montauk nach Block Island von einer ohrenbetäubenden Explosion aus Luft und Wasser hinter unserem Boot unterbrochen wurde. Damals tauchte ein Nuklear-Unterseeboot eine Viertelmeile vom Heck entfernt auf. Konnten irgendwelche Seemonster – natürliche oder auch von Menschenhand gemachte – die »Renaissance« plötzlich verschlingen?

Allmählich wurde mir klar, dass ich nicht wirklich vor dem Angst hatte, was »da draußen« war, sondern vielmehr davor, was tief in meinem Innern geschah. Nachts zwangen mich die völlig Dunkelheit des Ozeans und die unausweichliche Stille, mich mit meinen Gefühlen und Erinnerungen auseinanderzusetzen.

Ich konnte mich nicht mehr mit Alkohol betäuben, um meine nächtlichen Gedanken zu verdrängen. Mir fielen Sprüche meiner Familie ein: »Sei stark, Junge… Wo ein Wille ist, ist auch ein Weg… Verschaffe dir Klarheit… Ehrlichkeit währt am längsten… Hilf dir selbst, so hilft dir Gott… Wenn du es nicht deiner Familie schuldig bist, dann dir selbst.« Stimmt: Wir waren typische WASPs, weiße amerikanische Protestanten angelsächsischer Herkunft, lange bevor der Begriff erfunden wurde.

»Was zum Teufel ist das Problem?« rief ich in die Dunkelheit des nordatlantischen Ozeans. »Was ist das *eigentliche* Problem?« Ein paar Monate zuvor war ich mir sicher gewesen, die Erklärung dafür gefunden zu haben, warum mein erfolgreich kultiviertes Selbstbild Schiffbruch erlitten hatte. Klar, es war die Alkoholabhängigkeit. Aus bitterer Erfahrung hatte ich gelernt, dass bei Abhängigen wie mir der Alkohol alles zerstört, was ihm begegnet.

Ich war das beste Beispiel für einen Alkoholiker in Schlips und Anzug und der lebende Beweis für die zerstörerische Auswirkung von Abhängigkeit. Ich hatte den Sinn und Zweck meines Berufes völlig aus den Augen verloren und sogar meine Suche nach einer alternativen beruflichen Laufbahn vermasselt. Mein Zorn und meine Wutausbrüche hatten bei Freunden und Verwandten riesigen Schaden angerichtet. Jetzt rang ich darum, abstinent zu bleiben, und ich wusste, dass ich es als Erfolg betrachten sollte, wie gut es mir gelang. Durch die Erfahrung meines Entzuges und durch die ausgiebige Lektüre entsprechender Bücher wusste ich, dass die Genesung ein Leben lang dauern würde und kein Instant-Glück versprach. Meine anfängliche Sicherheit, ich sei auf dem richtigen Weg, trocken zu werden, war schon Monate zuvor abgeebbt. Meine glorreiche Flucht nach Neufundland entschwand im Kielwasser meines Segelboots und die düstere Realität von New York City tauchte schemenhaft hinter dem Bug auf.

Ich wollte, dass alles in Ordnung war und dass ich alles unter Kontrolle hatte, doch ich musste einsehen, dass ich immer noch sehr krank war, kränker als jeder andere genesende Alkoholiker, den ich kannte. Während der ganzen Reise litt ich an Bulimie; ich erbrach absichtlich mindestens einmal pro Tag. Manchmal zeigte sich auch mein Zorn wieder. Einmal, im Hafen, prügelte ich mich fast mit dem Kapitän eines Schleppnetzfischers, der längsseits so nah an die »Renaissance« herankam, dass ich sein Boot mit aller Kraft wegstoßen musste. Ich glaube, ich nannte ihn einen »verfickten, besoffenen Idioten« und verließ aus Angst vor Rache die Pier noch am selben Abend. Nein, ich kehrte nicht erholt von der Neufundland-Reise zurück, sondern war völlig erschöpft von meiner, wie ich heute weiß, typischen Flucht.

Es war komisch, nach fast zwei Monaten auf See wieder an Land zu sein. In der ersten Nacht wachte ich wie gewohnt um zwei Uhr morgens auf, um den Kurs zu prüfen, und als ich mit verschlafenem Blick aus dem Fenster schaute, sah ich Felsen und Bäume. Ich schrie: »Oh, Gott, wir laufen auf Grund.« Einige Tage lang fühlte es sich seltsam an, auf festem Boden zu gehen; meine Beine suchten den Wellengang des Meeres. Merkwürdigerweise kam mir das unvermittelte Ruckeln der U-Bahn normaler vor.

Mein Alltag, in den ich zurückkehren musste, war ernüchternd. Als ich von der U-Bahn-Haltestelle an der achtundsechzigsten Straße zu

Fuß zum Büro der Asien-Gesellschaft ging, wollten meine Beine plötzlich nicht mehr. Es war, als sei ich am Boden festgewachsen, und ich musste mich eine Viertelstunde hinsetzen, ehe ich mich zwingen konnte weiterzugehen. In den folgenden Wochen wiederholte sich dieses Ereignis: Ich musste mich setzen und murmelte dann vor mich hin: »Du musst weiter. Los, beweg dich.« »Nein, ich bin zu müde. Ich bin einfach völlig erschöpft«, bis ich schließlich genügend Willenskraft aufbrachte, ins Büro zu gehen. Nach einer Weile entwickelte sich daraus ein Ritual. Wenn ich in einer Ecke unter einer Treppe saß und mit leerem Blick vor mich hin starrte, murmelte ich etwas über mich in der dritten Person: »Bob ist zu müde. Er ist erschöpft. Bob stirbt.« Nur einmal bemerkte mich jemand, eine Studentin; sie muss sich gewundert haben, was für ein merkwürdig überfein gekleideter Obdachloser ich war: »Sind Sie krank? Kann ich irgendetwas für Sie tun?« Ich sprang schnell auf und antwortete: »Es ist alles in Ordnung, ich bin nur ein wenig müde.«

Müde oder nicht, bei der Arbeit zeigte ich es jedenfalls nicht. Der Bob, der jeden Morgen zur Asien-Gesellschaft ging, rotierte tagsüber wie ein aufgepumpter Reifen, war voller Kraft und immer am Laufen. Ich musste Besprechungen leiten, Fördermittel anwerben, bei gesellschaftlichen Anlässen anwesend sein, Briefe verfassen und Telefonate führen. All dies erledigte ich mit fast dem gleichen Eifer wie vor zehn Jahren, als mir die Leitung der Gesellschaft übertragen wurde. Ich gab vor, noch ebenso viel Energie wie damals zu besitzen. Doch die Nächte waren anders. Nachts war ich kraftlos und konnte mich nicht rühren.

Ohne großen Enthusiasmus setzte ich mein Genesungsprogramm fort: tägliche Treffen bei den Anonymen Alkoholikern und zweimal wöchentlich Sitzungen bei Dr. Smith. Mein Heilungsprozess schien mir so vorhersehbar und verkam zu einer langweiligen Routine. Dr. Smith versuchte mich aufzumuntern. Er bemerkte: »Genesung ist kein Spaß, und doch halten Sie durch. Im Moment ist es das Wichtigste für Sie, wieder gesund zu werden.« Er weigerte sich, mir Medikamente zu verschreiben, obwohl ich darauf bestand, dass ich Antidepressiva und Schlafmittel brauchte. Seine Begründung war, dass meine Krankengeschichte von Abhängigkeit geprägt war und viele Medikamente zu gefährlich seien. Außerdem behauptete er: »Es gibt da wahrscheinlich noch viel mehr, worüber Sie sich im Moment weigern zu sprechen.«

Ich reagierte gereizt und defensiv: »Weigern? Was meinen Sie damit? Ich habe Ihnen alles erzählt. Alkohol, Zigaretten, Bulimie, Wutausbrüche, schreckliche Müdigkeit, Gedächtnislücken, Unfähigkeit zur Arbeit zu gehen, ein Gefühl von Hoffnungslosigkeit.« Während ich Dr. Smiths ruhige Antwort hörte – »Ich weiß, es ist manchmal hart, geben Sie sich noch etwas Zeit« – beschloss ich im Hinterkopf, dass die nächste Sitzung bei meinem Psychiater die letzte sein würde.

Eine Woche später wankte ich aus Dr. Smiths Behandlungszimmer und versuchte, seine verrückte Behauptung zu verstehen, er sei soeben auf einen zornigen Jugendlichen namens »Tommy« in mir gestoßen. »Machen Sie sich deswegen keine Sorgen«, hatte er gesagt, offensichtlich weil er mich trösten wollte.

»Machen Sie sich deswegen keine Sorgen.« Ich wiederholte seinen Satz noch ein paar Mal fassungslos vor mir selbst, als ich schon im Auto saß. Sollte das ein Witz sein? Ich sah auf meine Uhr. Er hatte Recht: Eine volle Stunde war seit Beginn der Sitzung vergangen. Ich sah auf die Uhr am Armaturenbrett – sie zeigte genau dieselbe Zeit wie meine Armbanduhr.

Was zum Teufel war in dieser Stunde passiert? Ach was, es musste eine bessere Erklärung geben. Das war doch völliger Schwachsinn! Nach Jahren, in denen ich mein Innerstes nach außen gekehrt und ein Problem nach dem anderen zu Tage gefördert hatte, erfuhr ich nun, dass noch jemand anderes in meinem Inneren steckte? Was sollte das – war es nur ein blöder Science-Fiction-Film? Hatte Smith den Verstand verloren? War mein Seelenklempner übergeschnappt?

Tommy, wer war Tommy? Lassen Sie mich nachdenken, vielleicht jemand vom Büro? Nein, ich kannte beruflich niemanden, der Tommy hieß. Vielleicht privat, im Segelclub? Nein, da war kein Tommy dabei.

Ich hatte oft Gedächtnisausfälle gehabt, doch bisher war nie jemand anderes dabei gewesen. Spielte Smith vielleicht mit mir? Dachte er sich Geschichten aus, um einen vergraulten Patienten zurückzugewinnen? Ja, so musste es sein. Dr. Smith war wohl ein Quacksalber, der Dinge erfand, um schwache Seelen dazu zu bringen, immer weitere Schecks auszustellen.

Spät abends rief Dr. Smith an: »Alles okay? Machen Sie sich bitte keine Sorgen. Ich habe eine Erklärung. Können Sie morgen Abend vorbeikommen?« Ich wusste nicht, was ich sagen sollte, war aber mit dem Termin einverstanden. Smith klang professionell und zugleich tröstlich – keineswegs wie ein Betrüger.

Tommy: »Klar bin ich wütend.
Und das ist deine Schuld!«

Die intensive Therapie, die ich Mitte der Neunzigerjahre begann, fand nicht wie bisher in Dr. Smiths Praxis im Cortland-Center statt, sondern in seinem Büro in Scarsdale, im ersten Stock eines unscheinbaren Wohnhauses. Das Büro war relativ klein, ungefähr dreizehn Quadratmeter. An einer Wand stand ein Regal voll mit psychiatrischer Fachliteratur, an der gegenüberliegenden Seite befand sich ein Fenster mit heruntergelassenen Jalousien. Dr. Smith saß auf einem Stuhl und hörte meist aufmerksam zu. Allerdings unterbrach er häufiger, als Bob es aus seinen früheren Erfahrungen mit einem Therapeuten kannte. Bob saß Dr. Smith gegenüber, auf einem bequemen Stuhl an der Stirnseite eines Tisches. Darauf stand eine Lampe und eine Packung Papiertaschentücher lag bereit – vermutlich für besonders emotionale Momente. Es gab auch eine Couch im Behandlungszimmer, die wir in dieser Therapie aber nicht benutzten.

Bob

Für meinen Abendtermin bei Dr. Smith hatte ich meine Garderobe sorgfältig ausgewählt: ein hübscher Pullover, ein Hemd mit verdeckter Knopfleiste und knopflosem Kragen, eine kurze Khaki-Hose, leichte Halbschuhe – also ein legerer Freizeitlook. »Entspann dich«, sagte ich zu mir selbst. »Es gibt bestimmt eine vernünftige Erklärung für diesen Tommy-Schwachsinn. Smith irrt sich bestimmt. Bleib ruhig und hilf ihm, seinen Fehler zu erkennen.«

Dr. Smith begrüßte mich wie üblich herzlich und erklärte mir, dass er dieses Büro für seine Privatpatienten nutze, die sich oft in einer anderen Verfassung befänden als seine Klienten, die er in der Praxis im Cortland-Center behandle. Dort gehe es vor allem um Alkohol- und Drogenabhängigkeit. Seine Worte machten mich nervös.

Dann beugte er sich auf seinem Stuhl vor: »Ich möchte Ihnen erklären, was gestern passiert ist, als Sie bei mir waren. Lassen Sie mich bitte ausreden, ohne zu unterbrechen. Ich will Ihnen erläutern, was meiner Meinung nach mit Ihnen los ist.« Ich atmete tief durch und schwor wortlos, meinen Mund zu halten.

Smith begann an dem Punkt, an den auch ich mich erinnern konnte: dass ich meine Verärgerung über die Therapiesitzungen zum Ausdruck gebracht hatte, dass ich vorhatte, die Behandlung abzubrechen, und dass meine Augen nervös hin und her gezuckt waren. »Plötzlich schienen Sie sich komplett zu verändern. Sie kauerten sich auf dem Stuhl zusammen. Sie sahen angespannt aus und Ihre Augen blickten streng und verärgert. Ihre Hände verkrampften sich zu gefährlich wirkenden Klauen.«

Smith klang ernst. Er hielt einen Augenblick inne, um sicher zu gehen, dass ich verstanden hatte, was er sagte.

Dann fuhr er fort: »In diesem Moment fragte ich Sie ›Was ist los? Was passiert mit Ihnen? Sie reden wie ein wütender Teenager.‹«

Tommy

»Ich mag Sie nicht. Ich hasse Sie!« Ich war richtig sauer. Und musste hier auf diesem blöden Stuhl, in diesem blöden Büro sitzen! Das sagte ich, und so meinte ich es auch.

Da kam dieser doofe Psychiater zu mir herüber, als wolle er mich auch noch mit seinem Psychoschrott umarmen. Ich fühlte mich in die Ecke gedrängt. »Kommen Sie ja nicht näher«, schrie ich. »Wagen Sie es ja nicht, mich anzufassen.« Ich hätte ihn sonst geschlagen. Er wusste, ich würde zuschlagen, wenn er näher käme. Ich konnte die Angst in seinen Augen sehen.

»Okay«, antwortete der Seelenklempner. »Ich komme nicht näher. Versprochen.« Er sagte es in diesem super-ruhigen Psychoton. Aber ich wusste, dass er in Wirklichkeit Angst hatte.

Wenn ich wütend werde, sage ich nicht viel. Aber ich kann anderen ziemlich gut Angst einjagen. Ich starrte den Psychofritzen lange an, ohne zu blinzeln. Wenn ich wütend bin, bin ich wie ein angriffslustiger Hund. Ich versuchte, ihn mit meinen Blicken zu töten. Ich war sauer, und meine Zähne wollten schon zuschnappen. Ich zischte wie eine Schlange. Er versuchte, mich mit seinem Blick zu bezwingen. Aber ich gab nicht auf. Einen Zentimeter näher und ich hätte ihn angesprungen. Er durfte sich nicht bewegen. Zwischendurch sagte ich immer wieder: »Ich hasse Sie!«

Ha, sagte ich zu mir selbst, wir wollen mal sehen, wer hier der Boss ist. Der Seelenklempner starrte mich an. Er hatte Angst, sich mir zu nähern, wollte aber auch nicht klein beigeben. Ewig konnte er da nicht stehen bleiben. Schließlich sagte er: »Wie heißen Sie?« Ha, dachte ich, ich habe ihn gezwungen, etwas zu tun. Ich überraschte ihn damit, dass ich aufhörte, ihn wütend anzustarren. Und ich überraschte ihn sogar noch etwas mehr mit einem kleinen Lächeln. Mit so einem gekünstelten Lächeln, das andere nervös machen kann.

»Wie ich heiße? Raten Sie mal«, sagte ich schnell.

»Bob?«

Mein Gott, ist dieser Seelenklempner doof. Wie kann er nur denken, ich sei Bob? Er muss noch viel lernen.

Ich setzte mich aufrecht hin und sah ihn eine Weile an. »Ich bin nicht Bob.« Ich lachte ihn aus. »Wie können Sie mich für Bob halten? Bob ist alt. Bob ist müde. Ich glaube, Bob stirbt.«

»Wenn Sie nicht Bob sind, wer sind Sie dann?«
»Wissen Sie das wirklich nicht?«
»Nein.«
»Ich bin Tommy.«
»Tommy, gibt es noch etwas, was du mir sagen willst?«
»Nein, außer dass ich Sie hasse.« Gab es »noch etwas«, was ich ihm hätte sagen können? Was für ein Blödmann! Es gab noch alles Mögliche, was ich ihm hätte erzählen können. Aber wie kann man jemandem etwas erzählen, wenn er von nichts eine Ahnung hat? Wir starrten uns wieder wortlos an. Aber dieses Mal hatte es keinen Sinn, wütend zu sein. Ich schaute ihn einfach nur mit einem Blick an, der besagte »Sie sind ein Idiot«. Ich schüttelte den Kopf, blickte hin und wieder zur Zimmerdecke, damit er sich wie ein Niemand fühlte. So ging das eine ganze Zeit lang. Schließlich sah er auf die Uhr und sagte: »Die Zeit ist um.«

Bob

Nachdem Smith seine Schilderung beendet hatte, fragte er: »Bob, erinnern Sie sich wirklich an gar nichts?«
Ich hielt mir einfach nur den Kopf. Ich stand unter Schock und wollte eine Möglichkeit finden, das, was Dr. Smith gesagt hatte, zu leugnen. Ich hatte keinerlei Erinnerung an diese Episode. Aber mein Psychiater sprach so ruhig und überzeugend, und er schilderte so viele Details, dass es absurd gewesen wäre, aufzuspringen und zu schreien: »Lügner, das denken Sie sich doch nur aus.« Ich saß einfach nur da und schüttelte den Kopf. Ich erinnerte mich, dass jedes Mal, wenn ich in Wut geriet, kurz bevor ich ausrastete, genau das passierte, was Smith über Tommy gesagt hatte: stechender Blick, fest zusammengebissene Zähne, Finger wie Krallen.
»Wollen Sie wissen, was ich glaube?«, fragte Smith. Ich sah auf.
»Ich glaube, Sie sind ein Fall von multipler Persönlichkeit. Haben Sie

schon einmal etwas darüber gehört?« Ich schüttelte einfach weiter den Kopf. »Nein?«, fragte er.

»Ja. Selbstverständlich habe ich davon gehört. Jeder hat schon mal was davon gehört. Ich habe auch den Film *Three Faces of Eve* gesehen. Aber so bin ich nicht. Ich bin kein Außenseiter der Gesellschaft. Ich habe schon viel im Leben erreicht.«

»Ich weiß, dass Sie viel erreicht haben. Nicht jeder, der MPS hat, ist handlungsunfähig.«

»Wofür steht das ›S‹?«

»Das ›S‹ steht für Störung. Multiple Persönlichkeitsstörung.«

»Das ist doch nicht möglich. Wie kann das sein? Glauben Sie wirklich, dass ich eine multiple Persönlichkeitsstörung habe? Gibt es keine andere Erklärung?«

»Ich habe lange darüber nachgedacht, was gestern passiert ist. Heute Morgen habe ich einem Fachkollegen von Ihnen erzählt – streng vertraulich natürlich. Er ist derselben Meinung. Außerdem hatte ich schon mit ähnlichen Fällen zu tun. Es passt alles.«

»Andere ähnliche Fälle?« Ich zog die Augenbrauen hoch. »Ich dachte, eine multiple Persönlichkeit ist sehr selten.«

»Es ist tatsächlich relativ selten. Ein Mensch unter zehntausend entwickelt diese Störung. Aber auffällig oft überschneidet sich diese Krankheit mit Alkoholabhängigkeit oder dem Missbrauch von anderen Drogen. Ich arbeite schon jahrelang mit einem Patienten, der eine multiple Persönlichkeitsstörung hat, und ich gehöre einem Berufsverband an, der sich mit dissoziativen Störungen beschäftigt.«

»Wenn ich so etwas habe, können Sie mich also behandeln?«

»Ich könnte es versuchen, wenn Sie wollen. Ich kann Ihnen aber auch andere Therapeuten nennen, die sich darauf spezialisiert haben. Es ist wichtig, dass Ihnen Ihr Therapeut sympathisch ist. Ich weiß, dass Sie diese Sache wie eine Bombenexplosion empfinden. Sie müssen keine schnelle Entscheidung treffen. Versuchen Sie einfach, sich zu entspannen und am Wochenende darüber nachzudenken. Wie wäre es, wenn wir für Dienstagabend eine weitere Sitzung anberaumten? Auf diesem Zettel steht die Nummer meines privaten Piepsers. Rufen Sie mich an, wenn Sie reden möchten. Egal wann.«

Das Wochenende verbrachte ich im Schock. Ich erzählte niemandem von Tommy oder von Smiths Diagnose. Stattdessen tat ich, was ich immer tat und versuchte, meine Angst auf dem Wasser zu kurieren. Ich bastelte an meiner »Renaissance« herum und machte aus der Langstrecken-Jacht eine leistungsstarke Handicap-Rennjacht für den Herbst.

Ich fand keine Möglichkeit, Smiths Erklärung zu leugnen. Die Sache mit der multiplen Persönlichkeit erschien mir zwar seltsam, aber in gewisser Hinsicht auch logisch. Ließen sich damit auch die Gedächtnisausfälle erklären? Waren meine Wutausbrüche vielleicht lauter kleine Gedächtnislücken? War das Stehlen eine Art Wutausbruch? War dieser Tommy vielleicht die Erklärung dafür? Wenn wir irgendwie mit Tommy zurechtkämen, dann... Lass es, Bob, ermahnte ich mich selbst, du bist dabei unterzugehen. Lass einfach den verdammten Wassertank auslaufen. Weiter nichts. Besprich alles am Dienstag mit Smith.

Am Montag konnte ich eine Stunde frei nehmen und kaufte mir einige Bücher über Dissoziation und multiple Persönlichkeitsstörung, einschließlich des bekannten Bestsellers *Sybil*, den ich nicht gelesen hatte. Lesen war noch nie mein Hobby, aber wenn ich mich auf ein Projekt konzentriere, kann ich umfangreiche Lektüre in relativ kurzer Zeit bewältigen. Dieses Mal faszinierte mich das »Projekt« besonders: Ich wollte herausfinden, was mit mir nicht stimmte. Nachdem ich auszugsweise verschiedene psychiatrische Abhandlungen gelesen hatte, verschlang ich *Sybil* in nur sechs Stunden. Seite um Seite fand ich Details, die sich genau mit meiner Geschichte deckten. Selbstverständlich hatte ich anders als Sybil nur eine »Subpersönlichkeit«, wie die Fachliteratur eine abgespaltene Persönlichkeit nennt. Aber Dr. Smiths Beschreibung von Tommy, ja sogar die Art, wie Tommy in der Praxis aufgetaucht war, entsprach genau Sybils Muster. Und auch vieles an Sybil selbst kam mir bekannt vor: durchorganisiert bis ins kleinste Detail, Streben nach Perfektion, zwanghafte Pünktlichkeit, Selbstverletzung, das ständige Gefühl, böse zu sein, eingeschränkte Kindheitserinnerungen, ein tiefes Verlangen nach kreativen Ausdrucksmöglichkeiten und plötzliche Wutausbrüche. Schnell verlor ich meine Skepsis und war bald davon überzeugt, an einer multiplen Persönlichkeitsstörung zu leiden.

Wie ein übereifriger Student im höheren Semester, der seinen Professor zu beeindrucken versucht, berichtete ich am Dienstagabend Dr. Smith von meiner Lektüre, die seine Einschätzung bestätigte. Er schüttelte den Kopf und bremste mich. Das Schlimmste, was ich tun könne, sei, mein eigener Psychiater zu werden. Smith war nicht überrascht, dass ich bei meiner Lektüre so viele Ähnlichkeiten mit Sybil entdeckt hatte, allerdings, fügte er warnend hinzu, sei das Fachgebiet Dissoziation eine sehr junge Disziplin und die Anzahl der bekannten Fälle gering.

Dr. Smith bestätigte, das Ziel der Therapie liege darin, »Integration« zu erreichen. Das bedeutet, die Subpersönlichkeiten sollen wieder in einer Person mit denselben Wertmaßstäben und einem gemeinsamen Erinnerungsvermögen vereint werden. Dies war ein langer und schwieriger Prozess, sowohl für den Patienten als auch für den Therapeuten, weil immer tiefer nach vergangenen Erfahrungen gebohrt wird. In jedem Fall, den Dr. Smith kannte, wurde die multiple Persönlichkeitsstörung durch traumatische Kindheitserlebnisse ausgelöst. Sie führten dazu, dass die Seele zerbrach und einige Teile der Persönlichkeit den Schmerz absorbierten. Die anderen überlebten, indem sie sich abspalteten und ein eigenes Leben mit unterschiedlichen Erfahrungen und Erinnerungen führten. Alle Menschen wollen schmerzliche Erfahrungen vergessen. Eine multiple Persönlichkeit zu entwickeln, ist die letzte Überlebensstrategie intelligenter Kinder, deren Erinnerungen unerträglich sind. Kurz gesagt: Die Therapie würde jahrelange Arbeit bedeuten. Zu Beginn waren zwei bis drei Sitzungen pro Woche nötig. Um die Einzelteile der Persönlichkeit wieder zusammenzufügen, musste ich die ursprünglichen traumatischen Erfahrungen noch einmal durchleben und zum schwierigen Ursprung meiner misslichen Lage vordringen, erklärte mir Dr. Smith.

»Aber ich habe gar keine schlechten Erinnerungen an meine Kindheit. Da ist nicht viel, woran ich mich erinnere. Ich erinnere mich hauptsächlich an Warmherzigkeit und, ja klar, auch an ein paar schlimme Momente. Ist das nicht normal? Wollen Sie mir wirklich erzählen, dass ich das nicht richtig sehe?«

»Ich versuche nicht, Ihnen irgendetwas zu erzählen. Was Sie in der Therapie erwartet, sind Ihre eigenen Erinnerungen. Ich sage nur, dass Sie ein ernstes Problem haben, das letztlich zur Dissoziation geführt hat. Die gute Nachricht ist, dass eine multiple Persönlichkeitsstörung nicht wie andere psychische Störungen, zum Beispiel manische Depressionen, auf eine genetische Veranlagung zurückzuführen ist. Die Muliplizität kommt von außen, von schrecklichen Dingen, die Menschen einander antun. Das ist der Grund dafür, warum jemand sein Ich in einzelne, manchmal sogar in sehr viele Subpersönlichkeiten aufspaltet. Ich habe von Fällen mit über fünfzig Subpersönlichkeiten gehört.«

»Wollen Sie damit sagen, dass noch mehr Persönlichkeiten existieren könnten? Ich meine, mehr als Tommy?«

»Ich weiß es nicht. Vielleicht sollte ich nochmal mit Tommy sprechen. Wäre das möglich?«

Ich hatte keine Chance zu antworten. Plötzlich wurde mir warm und schwindlig, meine Augen schienen sich nach innen zu drehen und ich spürte, wie sich mein Gesicht und meine Hände verspannten.

Tommy

Ich wusste, dieser Smith, dieser Seelenklempner, würde wiederkommen. Er wollte mehr. Okay, dachte ich mir, gib ihm noch ein bisschen

Futter. Er braucht mich. Gib ihm nicht zu viel. Das ist ein lustiges Spiel. Es heißt »Quäl den Dummkopf.«

»Tommy?«, sagte Smith, »Tommy, bist du das?«

Ich verdrehte die Augen. »Was denken Sie, wer ich sein könnte? Gerade haben Sie mit Bob gesprochen. Ich kann also jetzt nicht Bob sein. Ist doch klar, dass ich das bin, oder.«

»Ich wollte nur sichergehen. Wie geht es dir, Tommy?«

Ich hatte genau hingesehen. Ich war nicht so schwach wie der alte Bob. Dieser blöde Seelenklempner hatte keine Chance; er würde keine Kontrolle über mich bekommen. Ich wusste genau, was ich sagen musste. »Wie es mir geht? Ich bin sauer.« Ich knurrte den Seelenklempner an und versuchte wieder, ihn mit Blicken zu töten. »Ich bin sauer auf dich. Ich hasse dich!«

»Ich bin nicht sauer auf dich, Tommy. Ich hasse dich nicht. Warum hasst du mich?«

»Warum sollte ich dir das sagen?«

»Hasst du Bob auch?«

Damit hatte ich nicht gerechnet. »Nein, ich hasse Bob nicht. Er tut mir leid. Er arbeitet so viel, dass ihn das noch umbringen wird. Aber es bleibt ihm nichts anderes übrig.«

»Warum bleibt ihm nichts anderes übrig?«

Mein Gott, wie konnte er nur so blöd sein? Wenn er nicht wusste, warum Bob nichts anderes übrig blieb, war er es auch nicht wert, dass ich mich mit ihm unterhielt. Außerdem stellte er zu viele Fragen. Das mochte ich nicht. Also kauerte ich mich auf meinem Stuhl zusammen, verkrallte meine Finger wie Tigerklauen und fauchte den Seelenklempner an. Danach starrte ich ihn einfach nur an. Es war mir egal, wie lange es dauerte. Er würde jedenfalls nichts aus mir herausbekommen.

Ich wusste, dass er zuerst aufgeben würde. Nach einer Weile lächelte der Typ ein wenig.

»Tommy, du weißt, ich hasse dich nicht. Ich glaube sogar, dass ich dich mag.«

»Macht nichts. Ist mir egal. Ich hasse dich trotzdem.«
»Warum?«
»Sag ich nicht. Hör auf, so blöde Fragen zu stellen.«
»Okay, Tommy. Nichts mehr zum Thema ›hassen‹. Wie wäre es mit einer anderen Frage? Kannst du mir sagen, wo du wohnst?«

Ich gebe zu, diese Frage hat mich überrascht. Er war immer noch ein Idiot. Aber auch Blödmänner haben manchmal Glück. Ich konnte ihm antworten und gleichzeitig sauer auf ihn bleiben. Außerdem ... da er keine Ahnung hatte, konnte ich *ihn* nun überraschen. Also würde ich reden, und er musste zuhören.

»Klar«, sagte ich. »Ich wohne in einer Burg.«
»In einer Burg?«

Wie ich vermutete, hatte der Seelenklempner keine Ahnung. Also erzählte ich ihm alles über die Burg. Er hörte aufmerksam zu, als wolle er sich im Kopf Notizen machen. Ich sah, dass er wirklich scharf war auf diese Informationen, aber ich wusste auch, dass er noch mehr wollte. Würde er aber nicht bekommen!

Ich erzählte ihm die Wahrheit. Die Burg im mittelalterlichen Stil stand auf einem hohen Berg. Sie war aus grauen Steinen gebaut, von langen Gängen durchzogen und an den Ecken standen Türme. Vor der Burg war eine Zugbrücke über einen kleinen Fluss gespannt. Der Fluss mündete in einen großen See, auf dessen anderer Seite ein hoher Gebirgszug aufragte. Oberhalb der Zugbrücke stand ein Glockenturm mit einer großen Uhr, die goldene Zeiger und römische Ziffern hatte. Darüber wehten Fahnen.

»Da wohne ich. Und Bob selbstverständlich auch.«

Es konnte nicht schaden, dem Seelenklempner zu erzählen, dass Bob immer draußen blieb. Er marschierte den vorderen Burggang auf und ab, ruhte sich manchmal kurz in einem seitlichen Schlafzimmer aus, betrat aber nie die Burg. »Bob ist ständig in Bewegung. Er schreibt oft etwas auf einen Notizzettel und verzieht dabei das Gesicht. Er lächelt nur, wenn er mit Leuten von unten redet.«

»Und du, Tommy? Wo wohnst du in der Burg?«

»In einem schmalen Raum direkt hinter dem Burggang. Ich und mein Bett passen gerade so hinein. Der Raum hat eine Holztür, durch die man in die Burg hineingelangt.«

»Gehst du manchmal durch diese Tür?«

»Nicht oft. Aber wenn, dann fürchten sich alle.«

»Warum?«

»Wenn du's nicht selbst herausfindest, sag ich's dir auch nicht.«

»Okay. Wie sieht die Burg innen aus? Gibt es noch andere Räume?«

»Mein Gott, es ist eine Burg! Selbstverständlich gibt es noch andere Räume!«

Ich erzählte ihm, dass die Burg innen groß, aber wegen der kleinen Fenster dunkel war. Im geräumigen Salon gab es einen eingebauten Kamin; ein Ledersessel und ein Sofa standen darin. An der Stirnseite des schweren Tisches, auf dem sich in Leder gebundene Bücher stapelten, stand eine Öllampe. An der vorderen Wand aus dicken Steinen befand sich auf halber Höhe ein durch Träger gestützter Gang mit einem schmiedeeisernen Geländer. Er war mit dem nächsten Stockwerk durch eine Wendeltreppe verbunden und führte zur Vorderseite der Burg. Entlang des inneren Gangs führten mehrere Eichenholztüren zu einer Reihe kleiner Schlafzimmer.

An der hinteren Wand des Salons befanden sich zwei massive Türen, die zur Schlossbibliothek führten. Ich erzählte dem Seelenklempner, dass sich niemand dort hineinwagte. Der Typ wollte tatsächlich wissen weshalb, aber ich brachte ihn mit einem wütenden Blick zum Schweigen. Dann erzählte ich ihm von dem Drachen im Keller. Der Schlüssel zum Drachen lag am Tischende neben dem großen Ledersessel. Ich grinste. »Natürlich führt auch ein Geheimgang von meinem Schlafzimmer zu dem Drachen.«

Der Seelenklempner behielt seine naheliegende Frage für sich. Ich schüttelte nur leicht den Kopf. Ich hatte ihn gut erzogen. Er war frustriert. Dann versuchte er es mit einem Trick und stellte mir die entscheidende Frage:

»Tommy, nur noch eine letzte Frage. Leben noch andere in der Burg? Ich meine, außer dir und Bob.«

»Klar«, sagte ich in einem Tonfall, der vermuten ließ, dass ich ihm alles anvertrauen würde. »Selbstverständlich wohnen noch andere in der Burg.«

»Wer?«

»Du sagtest ›eine letzte Frage‹. Ich habe sie beantwortet. Wer im Innern wohnt? Ich weiß es, und du musst es erst noch herausfinden. Ich muss jetzt gehen.«

Bob

Smith machte eine Handbewegung, um anzudeuten, dass ich jetzt alles wusste, was er wusste. »Bob, haben Sie zufällig Tommys Auftritt mitbekommen?« Ich schüttelte den Kopf. Smith machte eine Pause, damit ich etwas sagen konnte, aber mein vernebelter Verstand brachte nichts zustande.

»Okay«, fuhr Smith fort, »so viel steht fest: Es handelt sich zweifelsfrei um eine multiple Persönlichkeitsstörung. Tommy mag mich zwar hassen, aber mit seiner Hilfe gelangen wir zum Wesen Ihrer Person. Ich habe keinen Zweifel daran, dass es noch weitere Subpersönlichkeiten gibt, aber ich weiß nicht, wie viele es sind. Die Burg ist eine Organisationsstruktur; viele Menschen mit einer multiplen Persönlichkeitsstörung haben so etwas. Es kann auch ein Haus, ein Garten oder ein Labyrinth sein.«

Smith zögerte. »Ich möchte mit meiner therapeutischen Arbeit wirklich keinen Schritt weitergehen, solange Sie sich noch nicht entschieden haben, bei wem Sie die Therapie machen wollen. Jeder Therapeut muss sich die verschiedenen Persönlichkeiten merken, denn sie zusammen bilden das gemeinsame Gedächtnis und stellen eine Verbindung dar zwischen dem, was in Ihrem Inneren vor sich geht, und Ihnen selbst.«

Mir wurde schwindlig. Ich war total schockiert und wünschte mir nichts sehnlicher, als endlich mein zentrales Problem anzugehen. Seltsamerweise empfand ich eine zunehmende Erleichterung, als Smith mir Tommys Geschichte erzählte. Endlich gab es eine Erklärung dafür, was womöglich mein *wirkliches* Problem war. Endlich bestand eine reelle Chance, aus der Sackgasse herauszukommen, als die sich die Überwindung meiner Alkoholabhängigkeit erwiesen hatte. Smith war der Ansicht, mein Problem sei nicht genetisch bedingt und könne mit intensiver psychotherapeutischer Arbeit angegangen werden. Obwohl Tommys Geschichte, milde ausgedrückt, skurril klang, ließ sie hoffen, dass es einen Weg gab, mich heil werden zu lassen.

Ich brach in unkontrolliertes Schluchzen aus. Zum ersten und wohl nicht letzten Mal schrie ich: »Verdammt! Warum bin ich nicht echt? Warum kann ich nicht wie ein ganz normaler Mensch sein? Ich scheiß' auf dieses blöde Leben!«

Smith sagte nichts, er deutete nur auf die am Tischende liegenden Taschentücher. Ich trocknete meine Augen, putzte mir die Nase und atmete tief durch. Gib jetzt nicht auf, Bob, tröstete ich mich selbst. Denn eines wusste ich genau: »Ich bin bereit, mit Ihnen als Therapeut weiterzumachen. Sie brauchen mir keine anderen Therapeuten zu empfehlen. Ich möchte mit Ihnen arbeiten. Sie kennen mich und meine Situation. Ich arbeite gern mit Ihnen.«

»Ich möchte wirklich sichergehen, denn die Therapie kann sehr lange dauern ... Monate, vielleicht Jahre. Es gibt auch andere gute Therapeuten...«

»Ich bin mir absolut sicher.«

»Okay, dann beginnen wir mit drei Sitzungen pro Woche. Mein Terminkalender ist ziemlich voll. Wir werden die Sitzungen daher auf den späten Abend legen. Sie müssen diesen Terminen oberste Priorität einräumen. Ich versichere Ihnen, ich werde sie ebenfalls sehr ernst nehmen. Ich möchte Ihnen raten, in diesem Stadium niemanden ins Vertrauen zu ziehen. Aus Erfahrung weiß ich, dass man Ihnen kein Verständnis entgegenbringen wird. Alles klar?«

»Ja.«
»Sie haben heute eine wichtige Entscheidung getroffen. Sie wollen ein besseres Leben führen. So schrecklich eine multiple Persönlichkeitsstörung auch scheinen mag – es ist eine Störung, die durch Integration geheilt werden kann. Das ist viel mehr, als manche Ärzte ihren Patienten sagen können. Aber vergessen Sie nie, dass noch eine andere Gefahr lauert.«

»Welche Gefahr?«

»Sie sind immer noch ein genesender Alkoholiker. Mit Ihrer psychischen Erkrankung fertig werden zu müssen, darf nicht als Entschuldigung herhalten, dass Sie wieder anfangen zu trinken. Wenn Sie rückfällig werden, wird es fast unmöglich, mit den multiplen Persönlichkeiten umzugehen. Sie sind eine Kämpfernatur, und diese Sache braucht Ihre ganze Kraft. Sie kämpfen in der Tat um Ihr Leben.«

Der kleine Bob:
»Ich pfeife, und die Vögel zwitschern.«

Eines Abends, nach mehreren Wochen intensiver therapeutischer Arbeit, staunte Dr. Smith nicht schlecht: »Tommy, bist du das?«

Bisher war Tommy immer wie eine zusammengekauerte Hyäne aufgetreten – zwar mit eingeklemmtem Schwanz, aber jederzeit bereit zuzubeißen. Doch heute bot sich Dr. Smith ein völlig anderes Bild: ein offener Blick, ruhige Augen, ein sanftes Lächeln, die Hände ruhten entspannt im Schoß. Hatte sich die Hyäne über Nacht in ein sanftes Rehkitz verwandelt? »Tommy?«

Der Jugendliche schüttelte schüchtern den Kopf und verbarg sein Gesicht plötzlich in seinen Händen. Schließlich sprach er stockend mit sanfter Kinderstimme, ohne jeglichen Zynismus.

Der kleine Bob

»Ich bin nicht Tommy.«

Ich konnte sehen, dass Dr. Smith abwartete. Er wollte, dass ich mehr sagte.

»Ich bin der kleine Bob.«

Dr. Smith wartete noch immer.

»Nicht der Bob, den Sie kennen. Ich mache nichts von dem, was er tut. Sie wissen schon … reden und schreiben. Ich sitze meistens nur so da. Und manchmal«, sagte ich mit einem kleinen Lächeln, »spiele ich Flöte.«

»Schön, dich kennen zu lernen, kleiner Bob. Ich mag Flötenspiel sehr gern.«

»Es ist keine besondere Flöte. Sie ist einfach nur aus Holz und hat ein paar Löcher. Ich kann auch nicht besonders gut spielen. Ich bringe nur ein paar Töne heraus. Wie Vogelgezwitscher.«

»Das ist schön. Ich glaube, Bob hat mir mal erzählt, dass er am See in New Hampshire den Vögeln früh morgens etwas vorgeträllert hat.«

Ich schüttelte den Kopf. »Das stimmt nicht. Hat er nicht gemacht. Wenn alte Leute gesagt haben, dass sie es gern hören, hat er nur gelächelt. Vielleicht glaubt er, er hätte es im Schlaf getan. Irgendwie lustig.«

»Und was machst du?«

»Ich mache gar nichts. Ich sitze einfach nur auf der Burgmauer und spiele Flöte. Und beobachte, was passiert.«

»Weißt du, dass ich mit Tommy gesprochen habe?«

Ich mochte diese Frage nicht. Sie machte mich nervös. »Weiß ich. Alle wissen es. Ich habe aber nicht gehört, was Sie gesagt haben. Ehrenwort. Alle haben Angst vor Tommy.«

»Warum?«

»Tommy ist meistens still, aber wenn er wütend wird, brüllt er alle an und macht Sachen kaputt. Er verletzt alle mit dem, was er sagt. In der Außenwelt schlägt er niemanden. Aber drinnen, in der Burg …«

»Was passiert in der Burg?«

Ich hatte Angst, es auszusprechen. Ich flüsterte, sodass mich niemand hören konnte: »Ich kann nicht sehen, was im Schloss passiert. Aber ich kann es hören. Wenn Tommy wütend wird, schreit immer irgendjemand. Manchmal ist es sehr laut. Ich glaube, Tommy verhält sich da drin am schlimmsten von allen.«

»Verstehe«, sagte Dr. Smith, aber ich hätte schwören können, dass er es nicht wirklich verstand. Ich setzte ein sanftes Lächeln auf, weil ich hoffte, er würde das Thema wechseln. Er verstand. »Dann erzähl mir mal«, sagte er ruhig, »warum du nichts machst?«

»Ich dachte immer, ich könnte mich mit vielen Dingen beschäftigen. Musik oder vielleicht Lesen. Nichts Langweiliges für die Schule. Ich wollte etwas für mich machen. Aber ich glaube nicht, dass die Erwachsenen mich mochten.«

»Ich mag dich. Warum sollten sie dich nicht mögen?«

»Eines Tages hörte ich, wie sie über mich redeten. Sie sagten, es sei niedlich, wie ich den Vögeln etwas vorzwitscherte. Aber sie hätten es lieber, wenn ich mich mit etwas Richtigem beschäftigte, anstatt auf einem Felsbrocken herumzusitzen.«

»Mit etwas Richtigem? Womit?«

»Mit Bogenschießen oder Lesen oder Segeln. Aber wenn ich nichts tue, komme ich immer auf gute Ideen. Ich meine, nichts, was man von außen sehen könnte… Ich glaube, sie mochten Robbey am liebsten. Ich musste für Robbey Platz machen.«

»Robbey? War das nicht Bobs Spitzname, als er klein war?«

Ich schüttelte nur den Kopf und lächelte. Ich traf Dr. Smith nie wieder.

Bob

»Was bedeutet das?«, fragte ich, nachdem ich Smiths Schilderung über den kleinen Bob gehört hatte. »Und wer ist Robbey?«

»Immer mit der Ruhe", ermahnte mich Smith freundlich. »Wir fangen gerade erst an. Wir müssen Vertrauen aufbauen. Der kleine Bob ist ein kluger, lieber Junge. Vielleicht ist auch Tommy besser, als wir glauben. Und Robbey? Er wird sich wahrscheinlich im richtigen Moment zeigen.«

»Wenn Sie das sagen, hört es sich an, als ginge es um echte Personen. Sie sind doch nur Strichmännchen. Teile meines Ichs.«

»Genau das« – Smith wies mahnend mit dem Zeigefinger in meine Richtung – »ist das Problem. Sie müssen Ihre Subpersönlichkeiten als reale Personen anerkennen. Sie haben ihre eigenen, einzigartigen Erfahrungen, Fähigkeiten und Erinnerungen. Und sie können sehr verschieden sein. Sie sprechen mit verschiedenen Stimmen, verhalten sich anders, haben einen unterschiedlichen Bildungsstand und sogar einen anderen Herzschlag. Und vor allem hat jeder seine Identität und seine Gefühle. Wenn Sie diese Realität leugnen, bleibt die Therapie erfolglos.«

Ich sagte eine Weile nichts, um das alles zu begreifen. »Aber wer bin *ich* dann? Bin ich immer nur derjenige, der gerade spricht? Oder bin ich eine Sammlung von Personen, die einander nicht kennen?«

Dr. Smith lächelte verständnisvoll. »Ich weiß, es ist sehr verwirrend. Eigentlich sind die Subpersönlichkeiten ein Teil von Ihnen. Alle sind ein Teil von Robert B. Oxnam. Und wenn wir schaffen, was wir uns vorgenommen haben, nämlich alle zu integrieren, dann ist das Problem gelöst. Dann gibt es nur noch eine Person. Das bedeutet nicht, die anderen loszuwerden, sondern sie in einem Individuum zu vereinen, das die Fähigkeiten und Erinnerungen aller Subpersönlichkeiten besitzt. Zur Zeit scheint mir, dass Sie die dominierende Persönlichkeit sind und hauptsächlich mit der Außenwelt in Beziehung treten. Sie können also ›Ich‹ sagen, obwohl Sie eigentlich ›Ich, Bob‹ meinen und wissen, dass es mindestens noch zwei weitere Persönlichkeiten gibt.«

»Dominierende Persönlichkeit? Kann sich das ändern? Kann jemand anderer diese Rolle einnehmen?«

»Das wäre nicht ungewöhnlich. Manchmal gibt es Machtkämpfe wie in der Politik oder in der Wirtschaft.«

»Und dann verlagert sich das ›Ich‹ auf einen anderen?«

»Das kann vorkommen. Aber eins nach dem anderen. Zur Zeit ist es mir ein Rätsel, wie es Ihnen gelingen konnte, trotz dieses Durcheinanders so erfolgreich zu sein. Ich weiß, Sie glauben, Sie seien ein schlechter Mensch. Das ist typisches Schulddenken. Aber Sie haben sehr viel erreicht. Können wir uns nächstes Mal darüber unterhalten?«

Bis zum nächsten Mal vergingen drei Wochen. Bis dahin musste ich nach Südostasien und Australien reisen und Vorträge in Hongkong, auf Bali, in Indonesien und in Canberra halten. Angesichts meines Zustands machte ich mir große Sorgen. Dennoch war dies eine meiner schönsten Reisen nach Asien. Mit Begeisterung sprach ich vor mehreren hundert Leitern, die zum Jahrestreffen ins neue Haus der Asien-Gesellschaft nach Hongkong gekommen waren. Das Programm war gut angelaufen und stellte einen Meilenstein für die Asien-Gesellschaft dar.

Über tausend Geschäftsleute besuchten die erste Gesellschafterversammlung in Asien. Sie fand auf Bali statt. In der Einleitung zu meiner Rede erläuterte ich das Problem, dass sich in Amerika kaum jemand mit Asien auskennt. Ich gab meine private Umfrage unter New Yorker Taxifahrern zum Besten: »Wissen Sie, wo Indonesien liegt?«, hatte ich sie gefragt. Meine Lieblingsantwort stammt von einem mürrischen Kerl, der brummte: »Sehen Sie nicht, dass es regnet? Wenn es regnet, fahre ich nur bis zur Stadtgrenze.«

In Canberra nahm ich an der Jahreskonferenz der asiatischen und amerikanischen Leiter der Gesellschaft teil. Cyrus Vance, der ehemalige Staatssekretär, saß im Leitungsgremium der Konferenz und bat mich, das dreitägige Treffen vor unserer Abreise zusammenzufassen. Als ich meine zehnminütige Rede beendet hatte, klopfte mir Vance freundlich auf den Rücken und sagte: »Gut gemacht, Bob.«

Ein Kompliment von jemandem, den ich so sehr bewunderte wie Vance, gab mir Auftrieb. Versehentlich ließ ich meine Unterlagen im Konferenzraum liegen und lief zurück, um sie zu holen. Als ich die Papiere an mich nahm, fiel eine Seite heraus. Es war die Skizze einer Burg. Ich konnte mich nur dunkel daran erinnern, dass ich sie während der Konferenz gezeichnet hatte. An den vorderen Gang hatte ich »Bob« geschrieben, auf der Mauer stand »kleiner Bob«, dahinter »Tommy« und an einer Seite der Burg »Robbey« mit Fragezeichen.

2　*Die Burg ist echt, die Welt nicht*

Robbey: »Ich bin die Geheimwaffe. Behalte das für dich!«

Es war im Spätherbst 1990. Bob hatte bereits einige Monate intensiver Therapie mit zwei, manchmal auch drei Sitzungen pro Woche hinter sich. Nach seiner Rückkehr aus Asien füllte sich die Burg, die, soweit Dr. Smith und Bob wussten, früher kaum bewohnt war, mit neuen Persönlichkeiten und viel Lärm.

In der ersten Sitzung nach Bobs Rückkehr trat Dr. Smith einer fremden Persönlichkeit gegenüber. Ihr Gesicht strahlte Selbstvertrauen aus; mit verschränkten Armen, einem selbstgefälligen Lächeln und strengem Blick musterte die Subpersönlichkeit den Psychiater. Das war eindeutig nicht der schüchterne kleine Bob und auch nicht der wütende Teenager Tommy. Es war ein selbstbewusster Erwachsener, ein erfahrener Geschäftsmann, der irgendwie wie ein halbseidener Diamantenhändler aussah.

Robbey

»Du kommst schon noch drauf, wer ich bin, Smitty. Du bist ein kluger Kerl.«

Ich spürte, dass der Psychiater keinen Fehler machen wollte. »Mal sehen: Ich bin dir bisher noch nicht begegnet, richtig?«

»Eins plus bis jetzt, Smitty.«

»Ich kenne nur den Namen einer Person, der ich noch nicht begegnet bin. Bist du Robbey?«

»Klassenbester. Das überrascht mich nicht. Ich habe dich beobachtet. Du tust so sanft. Du bist der Clark Kent unter den Seelenklempnern. Okay, Smitty, soll ich dir einen Deal vorschlagen?«

»Kommt darauf an, was für einen.«

»Der Deal ist folgender: Du möchtest wissen, wie ein Verrückter so erfolgreich sein kann. Wenn ich dir die Antwort verrate, dann darf Bob nächste Woche drei Tage frei nehmen, okay? Zeitlich passt es. Er braucht Erholung.«

»Okay. Der Deal gilt. Aber nur, wenn Bob zu unseren Sitzungen kommt.«

»Ganz schön verhandlungsstark. Okay, abgemacht. Dann kannst du jetzt deinen Notizblock vorholen. Sag mir, wenn ich zu schnell bin.«

Das konnte lustig werden. Ich hatte die Geschichte noch nie erzählt, aber sie stand schon fertig geschrieben in meinem Kopf. Ich hielt kaum inne, um Luft zu holen. Robbey war Mutters und Vaters Liebling, zumindest ab dem Ende der Grundschule bis zum ersten Semester an der Uni. Warum? Die Antwort war leicht. »Ich war in vielem der Beste… Ich konnte am schnellsten Notizen machen, am schnellsten etwas auswendig lernen, am schnellsten einen Aufsatz schreiben. Man trug mir etwas auf, und ich erledigte es immer zügig und gut.«

Ich erzählte Smith, dass ich über lange Zeiträume Tag und Nacht arbeiten konnte. Außerdem erzählte ich ihm von meiner inneren Uhr. Auf der Highschool waren meine Mitschüler immer erstaunt, dass ich die genaue Zeit wusste, ohne auf meine Uhr zu sehen. Wie das ging? Ganz einfach: Ich hörte nur auf die Glocken des Burgturms, die alle fünfzehn Minuten läuteten. Der Rest war simpel.

»Ich wette, Sie haben noch nie von Lawrence gehört«, sagte ich beiläufig zu Smith. Der schüttelte den Kopf. »Er ist auch innen drin.

Er hat ein kleines Antiquitätengeschäft, das sich auf alte Uhren spezialisiert hat. Er sorgt dafür, dass die Uhr auf der Burg richtig geht.« Kurz darauf begegnete Dr. Smith Lawrence, den er als »ruhig und schüchtern, aber ziemlich professionell, was sein Wissen über Uhren angeht« beschrieb. Lawrence war die unbedeutendste unserer inneren Persönlichkeiten, und Dr. Smith traf ihn auch nur ein einziges Mal.

»Wer hat dir diese Aufgaben gegeben?«, fragte Smith. »Wer war dafür zuständig?«

»Unterschiedlich«, antwortete ich. »Manchmal war es ein Lehrer oder ein Trainer im Bogenschießen. Und sehr häufig Mama und Papa.«

»Wurde es dir mit der Zeit nicht zu viel?«

»Sicher. Wenn eine Aufgabe erledigt war, brach ich zusammen. Oft mehrere Tage lang.« Ich erzählte Smith von meinem kleinen Schlafzimmer direkt über dem Salon der Burg. Ich gelangte entweder über eine Wendeltreppe vom Wohnzimmer aus dorthin oder durch die Tür, die zum Gang des Wachpersonals führte. »Es sieht aus wie eine mittelalterliche Studierstube – mit einer Öllampe, einem Tisch, einem Stuhl und einer kleinen Strohmatratze. Überall stapeln sich Bücher und Blätter. Die Tür verstelle ich mit Papierstapeln, damit ich nicht mitbekomme, was sonst noch in der Burg los ist. Das angrenzende Zimmer ist nie belegt; es ist vollgepackt mit Kisten erledigter Projekte«.

»Eigentlich ganz einfach, nicht wahr?«, kommentierte ich grinsend meine Zusammenfassung. »Erfolg beruht auf sorgfältiger Planung und harter Arbeit. Und so mache ich es.«

»Wie kommt es dann«, fragte Smith, »dass Bob heute dominiert?«

Mein Lächeln verschwand. »Ich wurde entlassen. Nun ja, nicht wirklich entlassen, sagen wir degradiert.«

Ich erzählte ihm, was im September 1961 am Williams College passiert ist: In meinem zweiten Studienjahr hatte ich mich für einen Rhetorik-Kurs eingetragen. In den ersten beiden Semesterwochen gab der Professor Tipps, wie wir Reden in der Öffentlichkeit halten sollten. Dann forderte er uns Studenten auf, jede Stunde kurze Referate zu halten, die er und die Gruppe anschließend beurteilten.

Ich geriet in Panik. Ich hatte noch nie eine öffentliche Rede gehalten. Ich war eher der Typ, der Informationen beschaffte, aber ich konnte sie nicht vortragen. Ich hatte angenommen, in dem Kurs würden wir etwas *über* das Reden lernen, aber nicht, dass wir selbst öffentlich sprechen mussten. Ich hatte furchtbare Angst davor, ein Referat zu halten. Nachdem ich alle Tricks über das Sprechen in der Öffentlichkeit erfahren hatte, strich ich den Kurs aus meinem Semesterplan. Papa war fassungslos, als ich es ihm erzählte. »Du musst doch ein guter Redner werden. Das ist sehr wichtig. Wie dein Großvater. Er ist ein hervorragender Redner.«

Ich weinte nicht – ich weine nie –, aber ich war sehr traurig. Und in diesem Moment tauchte jemand anderes in der Burg auf. Jemand, der Dinge in der Öffentlichkeit tun konnte: Reden halten, Besprechungen leiten, unterrichten, im Fernsehen auftreten.

»War es Bob?«

»Genau. Er wurde die Nummer eins. Gott sei Dank nannte Papa mich immer noch Robbey oder Rob. Aber von da an war Bob für solche Auftritte zuständig.«

»Was hast du gemacht?«

»Das Gleiche wie immer. Aber Bob war jetzt der neue Boss. Ich habe erledigt, was er brauchte. Mitschriften zum Beispiel – ich hatte die besten Mitschriften in Geschichte. Ich habe Tausende chinesische Sprachzeichen auswendig gelernt. Ich habe für die Promotion geforscht. Den Unterricht vorbereitet. Reden geschrieben. Was immer Bob wollte – er bekam es. Das ist bis heute so geblieben.«

»Und jetzt ist er erschöpft.«

»Smitty«, sagte ich ehrlich bekümmert, »ich mache mir große Sorgen um Bob. Er ist ausgebrannt. Es scheint ihm einfach alles egal zu sein. Ich bin froh, dass Sie ihm erlauben, nächste Woche ein paar Tage frei zu nehmen. Das reicht aber nicht.«

»Robbey« – Smith sah mir in die Augen – »vielleicht können wir zusammenarbeiten, um Bob da rauszuhelfen. Ich brauche alle Hilfe, die du mir geben kannst. Kommen wir ins Geschäft?«
»Ja, abgemacht.« Ich hätte wetten können, dass Smith mich nicht besonders mochte. Aber egal. Hier ging es ums Geschäft, es stand viel auf dem Spiel. Er brauchte mich, und ich brauchte ihn.

Bob

Wie immer war mir nicht bewusst, was mit den anderen Subpersönlichkeiten geschah. Die letzten zehn Minuten unserer Sitzung verwandte Smith darauf, mir von seinem Gespräch mit Robbey zu berichten. »Ich glaube, das ist wirklich wichtig«, sagte er, als ich gerade gehen wollte.

Wirklich wichtig? Es war der erstaunlichste Einblick, den ich je in mein Inneres genommen hatte. Hier war die Erklärung für den Workaholismus in meiner Erfolgsgeschichte. Jetzt verstand ich, warum ich immer das Gefühl hatte, ein Betrüger zu sein. Alle mühsame Vorarbeit wurde von Robbey und nicht von mir erledigt. Robbey hatte aufgedeckt, warum ich erst 1961, in meinem zweiten Studienjahr an der Universität, am Unterrichtsgespräch teilgenommen und erst im höheren Fachsemester ein Referat gehalten hatte.

Mich, Bob, gab es tatsächlich erst seit 1961, als ich die Aufgabe übernahm, alle Fähigkeiten zu entwickeln, die ein Erwachsener braucht, um beruflich erfolgreich zu sein. Seither durfte ich mehr als nur zuarbeiten. Ich konnte mich damit befassen, wie man lernt, vor Publikum zu sprechen, Besprechungen zu leiten, Situationen schnell und kompetent zu beurteilen, stilistisch gut zu schreiben und Fernsehinterviews zu geben. Ich habe mich selbst darauf vorbereitet, eine Führungskraft zu werden. Robbey war mein fanatischer und loyaler Anhänger. In meinem Innern herrschte eine perfekte Symbiose, nur war sie mir nicht bewusst.

Was ich als Nächstes tat, klingt ein wenig verrückt. Aber ohnehin scheint mir alles, was ich damals gemacht habe, wie eine Szene aus einer Mystery-Serie. In jener Nacht versuchte ich, als ich im Bett lag, unausgesprochene Gedanken an Robbey zu senden. *Ich kann kaum glauben, was du für mich getan hast. Du bist unsere Geheimwaffe. Du verdienst das meiste Lob. Stattdessen wurdest du degradiert. Es tut mir wirklich leid. Alles, was ich sagen kann ist: Tausend Dank.*

Ich hörte keine Antwort. Ich fühlte nur ein warmes, inneres Lächeln. Mir liefen Tränen übers Gesicht. Mein Gott, es hatte funktioniert. Ich hatte einen geheimen Teil meines Inneren berührt, eine Subpersönlichkeit, von deren Existenz ich nichts gewusst hatte. Nach Jahren zunehmender Verwirrung und nach Monaten, in denen lauter bizarre Persönlichkeiten in mir aufgetaucht waren, spürte ich nun einen Hoffnungsschimmer.

Weißt du, sagte ich in Gedanken zu Robbey, *ich brauche deine Hilfe mehr denn je, ich bin völlig vom Weg abgekommen. Hilf mir. Hilf Dr. Smith. Bitte.*

Ich hörte nichts. Aber ich fühlte eine innere Antwort. *Mach ich. Versprochen.* In diesem Augenblick verstand ich die Bedeutung eines früheren Kommentars von Smith: Robbey war nicht irgendeine abstrakte Gestalt; er war eine echte, eigenständige Persönlichkeit und ein wichtiger Teil eines aus mehreren Einzelteilen bestehenden menschlichen Wesens. Obwohl ich es zu jener Zeit nicht vollständig erkannte, war diese unausgesprochene Unterhaltung mit Robbey ein erster Schritt in Richtung des noch in weiter Ferne liegenden Ziels, alle Subpersönlichkeiten zu integrieren. Selbst der beste Psychiater, und das war Smith für mich, konnte nur den Weg weisen. Die Herausforderung, diese Einzelteile wieder zusammenzusetzen, musste ich allein – und mit wem auch immer in meinem Innern – bewältigen.

Robert: »Was zählt, sind Werte! Aber niemand hört auf mich.«

Ich weiß, dass dieses Kapitel ein wenig merkwürdig anmutet, denn Sie kennen mich, Robert, von Anfang an. Sie erinnern sich vielleicht, dass ich eine Art Spätzünder in der Therapie war. Bis in die frühen neunziger Jahre war ich eine »rezessive Persönlichkeit«. Ich war nur im Innern aktiv und nach außen nicht sichtbar.

Sie wissen so gut wie nichts über mich. Bis Ende 1990 wussten weder Dr. Smith noch Bob, dass ich überhaupt existiere. Ich wohnte sehr weit innen in der Burg, umgab mich mit Büchern, hing in einem Sessel und trat nach außen nie in Erscheinung. Dies änderte sich eines Abends in Dr. Smiths Praxis in Scarsdale. Der erste Anhaltspunkt für Dr. Smith waren meine Kleidung und mein Verhalten.

Ich hatte – buchstäblich – mein Comingout, ohne dass Bob etwas davon wusste. Ich erinnere mich, dass ich mich für diesen Termin sehr viel sorgfältiger als sonst ankleidete. Mit meinem blauen Hemd mit verdeckter Knopfleiste, einem weiten, grauen Pullover, sauberen, aber verwaschenen Jeans und alten Lederstiefeln wollte ich einen bedächtigen und doch lässigen, »professoralen« Eindruck hinterlassen. Ich betrachtete mich im Spiegel. Ja, dachte ich, so würde er das »wahre Ich« im Innern von Bob sehen – ein entspannter Typ mittleren Alters mit dunkelbraunem Haar und ein paar grauen Strähnen.

Selbstverständlich würde er die Spuren des Alters erkennen, ein paar Falten im Gesicht und eine leicht gebeugte Haltung, was meine Größe von einem Meter dreiundneunzig nicht ganz so beeindruckend erscheinen ließ. Zumindest, so hoffte ich, würde er erkennen, dass ich mich in legerer Kleidung am wohlsten fühle und Anzug und Krawatte hasse. Dieses Ankleidungsritual schien tatsächlich meine nervöse Anspannung vor der ersten Begegnung mit Dr. Smith zu mildern.

Es war amüsant zu beobachten, wie Smith herauszufinden versuchte, wer heute Abend auf dem Stuhl ihm gegenüber Platz genommen hatte. Nicht, dass ich geheimnisvoll sein wollte, aber ich war fasziniert von seinen Augen, die mich von oben bis unten musterten, mir dann direkt ins Gesicht blickten und nach Anhaltspunkten suchten. Klar, ich hatte zwei Monate lang der Therapie zugehört, aber nun selbst auf dem berühmten Stuhl zu sitzen, war etwas anderes.

Smith musterte mich und versuchte irgendeinen Hinweis auf meine Identität zu finden. »Ich hoffe, ich beleidige Sie nicht«, sagte der Psychiater vorsichtig, »aber ich bin mir einfach nicht sicher, wer Sie sind. Zu alt, um der kleine Bob zu sein, zu ruhig für Tommy, zu entspannt für Robbey. Ich werde einfach raten. Ich glaube, Sie sind jemand anders. Habe ich Recht?«

»Völlig«, antwortete ich. »Es ist bestimmt ziemlich schwierig, uns auseinanderzuhalten.«

»Das ist wahr«, stimmte Smith zu und schüttelte den Kopf. »Das unterschiedliche Aussehen, und dann sich zu merken, welches Gespräch man mit wem geführt hat ...«

»Ich weiß genau, wie Sie sich fühlen«, antwortete ich empathisch. »In der Burg ist es auch schwierig. Zum Beispiel weiß ich alles über die Gespräche, die Sie mit Bob, Tommy, dem kleinen Bob und Robbey – mit der ganzen Truppe – geführt haben. Aber glauben Sie bloß nicht, dass ich über alles Bescheid weiß, was in der Burg passiert. Es ist wie in einem Bienenstock, ein Gewirr von Gedanken, Gefühlen, Erinnerungen, Gesprächen und Geheimnissen.«

»Entschuldigen Sie«, unterbrach Smith, »ich unterhalte mich gern mit Ihnen. Aber ...«

»Ach, du liebe Zeit.« Ich fasste mir an die Stirn, wie konnte ich nur so vergesslich sein. »Ich habe mich Ihnen noch nicht vorgestellt. Wie unhöflich. Ich heiße Robert. Ich trage unseren Geburtsnamen.«

»Dann sind Sie also das Original? Die erste Person? Der Erwachsene, zu dem das Baby wurde?«

Ich rieb mir den Kopf. Dies war etwas, das mich immer verwirrte. »Ich bin nicht ganz sicher. An diese ersten Jahre kann ich mich nur sehr vage erinnern. Natürlich kann man mehr darüber herausfinden. Aber ich würde es nicht wagen.«

»Wie? Können Sie mir helfen herauszufinden, was in frühester Kindheit passiert ist?«

Ich verschränkte die Arme und sah Dr. Smith mit einem leicht zurechtweisenden Blick an. »Muss ich einem Psychiater sagen, er möge sich gedulden? Offen gestanden, ist es bis zu dem Punkt, den Sie erreichen wollen, noch ein weiter Weg. Und ich muss Ihnen sagen« – ich beugte mich auf meinem Stuhl nach vorn und redete ganz sanft – »es ist gefährlich. Ein einziger Fehler, und Sie erhalten nie die richtigen Antworten. Unter Umständen könnte es dann für uns in der Burg noch schlimmer werden.«

»Ich verstehe«, sagte Dr. Smith feierlich. »Kann ich mit Ihrer Hilfe rechnen?«

»Ich werde tun, was ich kann«, erwiderte ich. »Aber ich bin nicht Robbey. Ich verhandle nicht mit Ihnen. Ich werde Ihnen sagen, was meiner Meinung nach helfen wird, aber erst, wenn ich glaube, dass die Zeit dafür reif ist.«

»Darf ich fragen, wie viele Subpersönlichkeiten es insgesamt gibt?«

Ich fing an, sie an meinen Fingern abzuzählen. »Wir wollen mal sehen. Sie meinen, genau jetzt? Es ändert sich nämlich hin und wieder. Zur Zeit sind wir elf.«

»Elf!? Und ich habe erst vier kennen gelernt – Tommy, den kleinen Bob, Robbey und Sie, Robert. Richtig?«

»Falsch. Sie haben eine vergessen. Sie haben Bob vergessen. Obwohl er in der Außenwelt erscheint, betrachten wir ihn als Teil der Burg; er spaziert auf dem äußeren Schutzwall. Aber sie kennen noch nicht einmal die Hälfte.«

Smith schüttelte den Kopf. »Es geht nicht nur um die Anzahl. Die Kunst ist herauszufinden, wie alle interagieren. Und warum einige überhaupt nichts tun. Zum Beispiel war es ein großer Durchbruch, als wir herausfanden, in welcher Beziehung Bob und Robbey zueinander stehen. Wie steht's mit Ihnen und Bob?«

»Bob und ich?«, seufzte ich. »Das ist keine lustige Geschichte.«

»Wieso?«

»Im Gegensatz zu Robbey habe ich keinen direkten Zugang zu Bob. Lassen Sie mich etwas über die Burg erzählen: Robbeys Studierzimmer liegt im Gang mit dem Eisengeländer, nur ein paar Schritte von den äußeren Burgmauern entfernt. Bob benutzt Robbeys Arbeit für seine Außenauftritte. Robbey und Bob haben eine perfekte, direkte Verbindung. Für mich ist es sehr viel schwieriger. Mein Stuhl steht in der Mitte der Burg; es tut weh, über den steinigen Boden zu laufen, die verflixte Wendeltreppe hochzuklettern und auf eine Pause im Kontakt zwischen Robbey und Bob zu warten. Meist ist Bob viel zu beschäftigt, um andere Gedanken aufzunehmen. Ich weiß nie, was zu ihm vordringt. Und Bob weiß nicht einmal, dass es mich gibt. Er wird es erst erfahren, wenn Sie ihm anschließend von unserem Gespräch erzählen.«

»Klingt ziemlich frustrierend.«

»Frustrierend? Es macht mich regelrecht wütend. Ich habe so viele gute Ideen, aber bei ihm kommt fast nichts an. Das ist schon seit Jahrzehnten so. Und in den vergangenen zehn Jahren ist es noch sehr viel schlimmer geworden. Zur Zeit ist es schrecklich.«

»Was tun Sie dagegen?«

»Ich kann nichts dagegen tun.« Ich rieb mir die Schläfen, um die Schmerzen loszuwerden. »Ich bin einfach nur ein frustrierter Dilettant.« Ich erzählte Smith eine Kurzfassung meiner Lebensgeschichte.

Augenblicke der Erfüllung, aber auch tiefe Täler der Frustration. »Werte sind mir wichtig. Ich bin am glücklichsten, wenn es um eine höhere Sache geht.« Ich erzählte Smith von den Aktivitäten gegen den Vietnamkrieg, von der Blütezeit des China-Rats, die entschiedene Haltung gegen das Massaker auf dem Platz des Himmlischen Friedens.

»Und was ist mit der Asien-Gesellschaft?«

»Die Präsidentschaft bei der Asien-Gesellschaft?«, fragte ich spöttisch. »Ich würde mich da völlig anders verhalten. Ich würde in sehr viel stärkerem Maße Menschenrechte einfordern, wäre strenger im Umgang mit totalitären Systemen und korrupten Regierungen. Natürlich hat Bob auch ein paar gute Sachen gemacht, wie zum Beispiel Untersuchungen zu heiklen Themen wie Korea und den Philippinen. Doch hauptsächlich ist er mit Fundraising beschäftigt. Bob zieht oft lieber den Schwanz ein, als einen potenziellen Geldgeber zu beleidigen.« Ernst blickte ich zu Smith. »Meiner Meinung nach wird zu viel gelächelt und zu wenig das Gewissen befragt. Ohne feste Werte ist das unendlich mühsam, und jetzt ist Bob ausgebrannt. Ich kann nur sagen: ›Ich habe dich gewarnt.‹«

»Warum sind Sie nicht selbst aktiv geworden?«

»Aktiv? Ich war zu beschäftigt, um in diesem Bereich aktiv zu werden. Ich habe Ihnen noch nicht alles erzählt. Für viele Dinge im Leben trage ich die Verantwortung. Außerdem habe ich Ihnen gesagt, wie schwer es ist, Zugang zu Bob zu bekommen.«

Dr. Smith gab nicht auf. Er legte einen Finger an die Lippen und sah mich mit einem Blick an, der besagte »Red keinen Quatsch«.

»Okay, Sie haben Recht. Wenn ich ehrlich bin, kann ich mich theoretisch für große Ideale einsetzen. Aber wenn es darum geht, Ideen in die Tat umzusetzen, bin ich ein Schlappschwanz. Ich bin ein geborener Lehrer und kein Aktivist.«

»Womit beschäftigen Sie sich zur Zeit?«

»Sie meinen, wenn ich nicht gerade lese oder ein paar Ideen skizziere? Seit ein paar Jahren spiele ich klassische Gitarre. Ich übe täglich drei bis vier Stunden. Und zweimal pro Woche nehme ich Unterricht bei einem großen russischen Konzertgitarristen, Yasha Kofman.«

»Das ist klasse. Es klingt, als ob es Ihnen wirklich ernst damit ist.«

»Mir ist es mit allem ernst, was ich tue. In den fünfziger Jahren habe ich Andrés Segovia Gitarre spielen gehört. Mir haben der Klang und die Tiefe des Instruments gefallen, und so habe ich beschlossen, es selbst zu lernen. Aber es gibt noch einen anderen Grund, warum ich musiziere.« Ich erzählte Smith von meiner Idee: Was, wenn wir versuchten, alle in der Burg an ein einziges Instrument heranzuführen? Ich hatte mir sogar die Mühe gemacht, die Bewohner in ein Orchester zu gruppieren, wobei ich mir selbst die Rolle des Dirigenten zuteilte.

»Sie müssen schon recht gut Gitarre spielen.«

»Nein. Ich habe alles nach Lehrplan versucht. Fantastischer Lehrer, ausgezeichnete Gitarren, beständiges Üben. Mit welchem Ergebnis? Selbst an meinen besten Tagen bin ich nur ein mittelmäßiger Gitarrist. An meinen schlechten Tagen hört es sich an, als spielte ein Anfänger. Und vor Publikum kann ich gar nicht spielen.« Meine Lippen wurden schmal und ich schüttelte den Kopf.

»Wissen Sie, was ich bewiesen habe? Ich habe bewiesen, dass man ›eins sein‹ muss, um ein guter Musiker zu sein.«

»Sind Sie nicht ein wenig zu streng mit sich selbst?«

»Nein. Ich bin nur ehrlich. Aber ich werde das Musizieren nicht aufgeben. Vielleicht werde ich besser spielen, wenn wir mein Problem gelöst haben.« Ich bin wirklich stur, wenn es ums Gitarrespielen geht. Dies sind die einzigen Momente, in denen ich nach außen in Erscheinung trete. Bob sagt dann immer: »Ich denke, ich mach' jetzt ein bisschen Musik« und verschwindet; in diesen Augenblicken zeige ich mich nach außen, aber nur solange wir die Gitarre in der Hand halten.

Nach dieser ersten Begegnung mit Dr. Smith ärgerte ich mich über ihn. Ich hatte geglaubt, er wäre froh, mich zu treffen. Ich hatte ihm mehr von der Burg gezeigt als jeder andere bisher. Außerdem, so dachte ich, hatte ich mehr als jeder andere mit ihm gemeinsam. Ich spürte, dass wir ähnliche Werte vertraten. Wir wollten beide anderen Menschen helfen. Wir waren beide unserem Gewissen verpflichtet. Ernste Typen in legerer Verpackung. Mein Gott, hatte er Bob denn nicht satt? Bob, der immer Anzüge oder Smoking trug und sich in der Tretmühle der Leistungsgesellschaft zu Tode strampelte? Dr. Smith musste sich doch eine verwandte Seele in der Burg gewünscht haben? Hier stand ich und wartete darauf, entdeckt zu werden.

»Es ist Zeit zu gehen«, kündigte ich an und hoffte auf einen warmherzigen Abschied.

»Schön, Sie getroffen zu haben, Robert«, erwiderte er. »Ich hoffe, wir sehen uns bald wieder.«

Verdammt, dachte ich, das hat er zu allen anderen auch gesagt. Hat er mir überhaupt zugehört? Ich sah ihn daher nur missmutig an und verschwand.

Bob

Als Smith mir Roberts Geschichte erzählte, verlor ich die Fassung. »Wollen Sie mir sagen, dass dieser Narr Robert aus dem Innern heraus Seitenhiebe verteilt? Das ist unglaublich. Es ist etwas anderes, wenn Elfenbeinturm-Akademiker von außen gemeine Bemerkungen machen, aber so einen in mir drin zu haben? Verdammt, soll Robert doch mal versuchen, Gelder für ein Zehnmillionen-Dollar-Jahresbudget einzutreiben und gleichzeitig mit Mitarbeitern, die sich in den Haaren liegen, Gesellschaftern und Sponsoren zurechtzukommen. Ich finde, ich habe viel getan, um Werte hoch zu halten.«

Ich erwartete, dass Dr. Smith mir Rückendeckung gab. Er musste doch verstehen, welche Herausforderungen die Leitung einer großen Organisation mit sich brachte. Aber der Psychiater lächelte nur neutral. Später erklärte er mir einmal, dass es destruktiv wirken konnte, wenn er sich in einem klassischen Streit zwischen verschiedenen Persönlichkeitsanteilen auf die eine oder andere Seite schlug.

»Bob, ich wünschte wirklich, Sie könnten einen Weg finden, diese Streitigkeiten beizulegen. Sie haben mir selbst gesagt, dass Sie nicht mehr mit Feuereifer bei Ihrer Arbeit sind. Robert hat soviel Elan, wie Sie sich nur wünschen können. Es fällt ihm aber schwer, Ideen in die Tat umzusetzen. *Sie* wissen, wie man es schafft, dass große Organisationen funktionieren. Stellen Sie sich vor, Sie würden zusammenarbeiten – in einer Person.«

»Hört sich eher wie das Rezept für Dauerstreit an.«

Smith wusste, dass er Druck ausübte, aber ihm war auch klar, dass es in der Therapie manchmal wichtig war, eindringlich auf etwas hinzuwirken. »Los, Bob, sehen Sie es als ein Geschäft. Handeln Sie einen Deal aus. Robbey, Ihr Studienexperte, könnte eine wichtige Rolle dabei spielen. Ich glaube, es würde ihm gefallen.«

»Klar. Aber wer ist der Verlierer? Wie oft enden Deals damit, dass eine Partei einen enormen Gewinn macht und die andere das letzte Hemd verliert? Ich habe zu hart gearbeitet, um jetzt alles aufzugeben und tot umzufallen.«

»Ich spreche nicht davon, tot umzufallen. Wenn Subpersönlichkeiten verschmelzen, stirbt niemand. Wir sprechen von einem großen Schritt in Richtung Integration. Und dies ist ein Schritt in Richtung eines besseren Lebens, nicht in Richtung Tod.«

Ich hörte zu, aber ich sah, wie Smith meine geballten Fäuste beobachtete.

»Ich schätze Ihre Arbeit. Aber ich habe eben erst erfahren, dass es diesen Professor-Typ Robert gibt. Ich bin nicht bereit, gleich mit ihm ins Bett zu steigen.«

»Sie liegen schon mit ihm in einem Bett. Jede Nacht.«

Smiths Worte kamen mir in den folgenden zwei Tagen immer wieder in den Sinn. Die Therapie ließ mich nicht ruhig schlafen. Die Kontrolle, die ich tagsüber über mich hatte, weil ich um jeden Preis alles normal scheinen lassen wollte, ging in den Nachtstunden verloren. Logische Denkstrukturen brachen völlig zusammen. Mein Kopf war erfüllt von Gebrabbel, wirren Gedanken, verrückten Geräuschen. Seltsamerweise konnte ich erst einschlafen, wenn ich aufhörte, alles unter Kontrolle haben zu wollen. Ich fühlte mich trunken, obwohl ich ›trocken‹ war. Und noch seltsamer: Ich konnte erst einschlafen, wenn ich an ein niedliches Tier – ein Reh, eine Maus, eine Robbe – dachte. Mir schien, dass diese Tiere eine Art Teddybär für Erwachsene darstellten. Ich beschwor ihr Bild herauf, um meine Nerven zu beruhigen.

Als ich Smith davon erzählte, fragte er sofort »ob Robert vielleicht eine Antwort für Bob habe«.

Kaum hatte er es ausgesprochen, spürte ich, wie der Schalter umgelegt wurde. Ich verdrehte die Augen, als sei ich hypnotisiert worden. Ich kämpfte nicht dagegen an. Das Gefühl war mir allmählich vertraut.

Robert

»Warum sollte ich«, fragte Robert streng, »nach all diesen gemeinen Bemerkungen irgendetwas für Bob tun? Er ignoriert mich seit Jahren.«

»Nicht für Bob«, erwiderte Smith, »für mich. Ich brauche dringend Ihre Hilfe. Ich brauche ein paar Antworten.«

»Sie möchten etwas über die Schlafprobleme wissen?«

»Ja, bitte. Erzählen Sie mir davon.«

»Ich kann etwas anderes für Sie tun. Mit dem Einschlafen habe ich nichts zu tun. Sie müssen jemand anderen kennen lernen.« Ich ärgerte mich über mich selbst. Warum hatte ich das gesagt? Ich wollte Smith doch zeigen, dass ich in der Burg großen Einfluss ausübte. Doch das war eine komplizierte Strategie. Ich war beunruhigt, was Smith als Nächstes entdecken würde.

»Wen sollte ich kennen lernen?« fragte Smith gespannt.

Verdammt, hatte ich nicht den Mund halten können? Jetzt musste ich Platz machen für eine weitere Subpersönlichkeit.

»Okay, Dr. Smith«, sagte ich eifrig. »Ich vertraue Ihnen. Aber ich warne Sie: Glauben Sie nicht alles, was Sie hören.«

Bobby: »Warum ich eingesperrt bin?
Weil ich böse bin.«

Dr. Smith gegenüber saß ein merkwürdiger, quengeliger Junge, der sich offensichtlich unwohl fühlte und verlegen hin und her rutschte. Seine Hände fingerten nervös an seiner Hose herum und klammerten sich dann verkrampft an den Armlehnen des Stuhls fest. Sein Kopf zuckte hin und her, und seine Augen wichen Dr. Smith aus. Sein Mund schnitt Grimassen, manchmal lächelte er ein wenig, manchmal schaute er fragend und verwundert drein, manchmal schmollte er.

Nach ein oder zwei Minuten unterbrach Dr. Smith das Zappeln des Jungen. »Ich frage mich: Wer bist du?«

Bobby

»Ich bin Bobby.« Es war komisch, Smith persönlich zu treffen. Seine Stimme kannte ich schon lange. Aber bisher hatte ich noch nie mit jemandem außerhalb der Burg gesprochen. Ich sprach nicht sehr laut. Ich war sicher, dass andere zuhörten.

»Freut mich, dich kennen zu lernen, Bobby. Ich bin Dr. Smith.«
»Ich weiß. Aber ich kann es einfach nicht glauben ...«
»Was kannst du nicht glauben?«

»Dass ... dass Robert Sie mich sehen lässt. Es ist das erste Mal, dass mich jemand hier drin besuchen kommt.«

»Wo drin?«

»Im Kerker. Es ist ein Gefängnis. Ich bin schon sehr lange hier. Seit ungefähr fünfzig Jahren.«

»Fünfzig Jahre!« Smith war überrascht. »Warum bist du im Kerker?«

Ich fing wieder an herumzuzappeln. »Weil ich böse bin. Ich bin sehr böse. Deshalb hat man mich hier eingesperrt. Ich glaube nicht, dass ich je wieder rauskomme.«

»Wen meinst du mit ›man‹? Wer hat dich dorthin verbannt?«

»Das ist unwichtig. Ich verdiene es. Ich bin böse.«

»Ist die Tür zum Kerker zugesperrt? Wer hat den Schlüssel?«

»Selbstverständlich ist sie zugesperrt. Und – wissen Sie das nicht? – Robert hat den Schlüssel.«

»Robert?! Der nette Professor? Er hält dich hinter Schloss und Riegel?«

»Robert ist schlau. Er weiß, wie böse ich bin. Deshalb macht er das.«

»Was hast du Böses angestellt?«

»Alles, was ich tue, ist böse.«

»Fällt dir ein Beispiel ein?«

Ich fühlte mich gefangen. Wie um mich zu befreien, wand ich mich hin und her. Dann lächelte ich. »Soll ich Ihnen etwas sagen? Ich habe Tiere! Viele Tiere! Genau hier im Kerker. Sie sind meine Freunde. Robert denkt, es sei dumm, Tiere zu halten. Er sagt, ich bilde mir die Tiere ein. Er sagt, ich erfinde sie. Ich weiß, es ist böse, sie zu erfinden. Aber ich tu's trotzdem.«

»Ich finde das nicht böse.«

Ich wippte wieder auf dem Stuhl herum. »Es ist böse. Möchten Sie etwas über die Tiere erfahren? Eines heißt Nester. Es ist eine Wüstenrennmaus. Nester, die Wüstenrennmaus. Ich buchstabiere: N-E-S-T-E-R. Robert sagt, das sei falsch. Es muss ›Nestor‹ heißen. Ich bin ein bisschen dumm und kann nicht gut buchstabieren. Ich kann nicht einmal richtig lesen oder schreiben. Aber das stört mich nicht. Ich mag es, wie es ist. Und ich mag Nester.«

»Erzähl' mir mehr von Nester.«

»Nester wohnt in einer großen Wüste. Er ist ein cooler Typ. Er zieht sich fein an und trägt glänzende Stiefel. Und eine alte blaue Militärjacke. Sie hat Goldknöpfe und ist innen ganz weiß. Nester hat einen lustigen alten Hut, wie ihn die französischen Soldaten getragen haben – mit Löchern für seine Ohren. Und er besitzt ein Holzschwert mit einem silbernen Überzug, das sehr echt aussieht.«

»Was macht Nester?«

»Wenn die Kamelkarawanen nachts durch die Wüste ziehen, lauert Nester ihnen hinter einer hohen Sanddüne auf. Manchmal sind es Hunderte von Kamelen. Viele tragen große Getreidesäcke auf dem Rücken. Wenn das erste Kamel in seine Nähe kommt, springt Nester hervor und schwingt sein glänzendes Schwert durch die Luft. Er schreit, so laut er kann: ›Ich bin Nester, die Wüstenrennmaus.‹ Alle Kamele laufen aus Angst davon. Kamele fürchten sich vor Mäusen. Und dabei fallen einige Getreidesäcke in den Sand und platzen. Die Kamele geben diese schnaubenden Laute von sich. Dann flieht die ganze Karawane in die Nacht. Nester lacht sich kaputt.«

Smith kicherte: »Lustig.«

»Raten Sie, was dann passiert. Alle anderen Wüstenrennmäuse kommen angerannt und fressen die Getreidekörner auf. Sie fressen, bis sie fett und glücklich sind. Dann singen sie Loblieder auf Nester und tragen ihn auf ihren Schultern. Sie lieben Nester, die Wüstenrennmaus!«

Ich lächelte ein wenig, dann wurde ich irgendwie nervös. Ich fing wieder an herumzuzappeln. »Ich weiß, es ist eine blöde Geschichte. Wirklich dumm. Sie ist nicht wahr, ich habe sie gerade erfunden.«

»Was ist blöd an ihr? Sie ist lustig. Und ich mag Nester. Du erzählst die Geschichte sehr gut.«

»Ich habe noch andere Tiere. Zum Beispiel ein geistig zurückgebliebenes Reh, das seinen Kopf immer gegen einen Baum schlägt und sich zum Gespött der anderen Tiere macht. Und ein Robbenbaby, das fürchtet, die Menschen könnten es aufspießen. Aber seine Mutter passt auf, dass ihm nichts passiert. Und Ragamuffin, ein Bernhardinerwelpe, der ein kleines Weinbrandfässchen um den Hals trägt. Er läuft schneeverwehte Berghänge hinauf und tut so, als wolle er Verschüttete retten. Ragamuffin ist mein absoluter Liebling. Es gibt aber noch andere Tiere. Sie wohnen direkt unter der Treppe zum Kerker. Ich kann mit ihnen reden, wann immer ich will.«

Smith lächelte mich einfach nur freundlich an. »Und wissen Sie was?«, fragte ich. »Ich spiele mit meinen Tieren spät abends und früh morgens. Niemand in der Burg kann einschlafen, bis ich einschlafe. Und alle müssen aufstehen, wenn ich aufstehe.«

Ich sah Dr. Smith voller Gewissheit an. Ich nickte bestätigend und selbstbewusst. Und dann ging ich einfach.

Bob

»Bob? Sind Sie da?« Ich hörte Smith leise rufen, als wolle er mich wecken. »Bob, ich glaube, ich kenne jetzt den Grund für Ihre Schlafprobleme.«

Ein paar Wochen früher hätte ich ihm nicht geglaubt. Jetzt aber hörte ich mir Bobbys Geschichte fasziniert an. Ein Teil von mir nahm sie als eine interessante Geschichte hin – ein lebhafter Zugang zu einem versteckten Winkel meines Selbst. Ich hatte ein starkes Verlangen, den traurigen kleinen Bobby in den Arm zu nehmen und ihn zu trösten, so wie er Trost bei seinen Tieren fand. Ein anderer Teil von mir machte einen Gedankensprung und versuchte herauszufinden, was Bobby bedeutete. Smith hatte Recht: Ich wollte sowohl Psychiater als auch Patient sein. Welchen Aspekt verkörperte Bobby? Und warum hatte er eine so schlechte Meinung von sich selbst?

»Verdammt, Robert!«, verurteilte ich ihn. »Wie konntest du ein niedliches Kind so lange wegsperren? Wie konntest du zulassen, dass es sich so schlecht fühlt?«

Robert

Sobald ich meinen Namen hörte, war ich zur Stelle. Ich musste mich verteidigen. »Ja, ja, unser Bob«, entgegnete ich scharf, »Schlussfolgerungen ziehen, ohne Beweise zu haben. Er begreift es nicht. Bobby *ist* böse. Glauben Sie, ich sperre ihn gern ein? Es ist zu seinem Besten. Es ist zu unser aller Bestem.«

Ich konnte sehen, dass Smith beunruhigt war. »Ich verstehe Sie nicht«, sagte er. »Was meinen Sie damit?«

Ich sprach so ruhig wie möglich. Smith musste meine Haltung verstehen. »Bobby sitzt schon sehr lange im Kerker. Aber ich habe ein weiches Herz. Ich lasse ihn von Zeit zu Zeit heraus. Und jedes Mal, wenn er zurückkommt, hat er wieder etwas angerichtet. Immer wieder stellt er etwas Böses an!«

»Was denn zum Beispiel?«

Verzweifelt reckte ich meine Hände in die Höhe. »Da kann ich einiges aufzählen: Er hat zu rauchen angefangen. Er hat gesoffen wie ein Loch. Er isst zuviel und übergibt sich dann. Er spielt gern an sich selbst herum und betrachtet dabei Teenager-Zeitschriften. Er ist drogenabhängig, und niemand kann ihn steuern.«

»Das wusste ich nicht. Es hört sich allerdings so an, als sei er abhängig geworden, weil Sie versuchen, ihn zu sehr zu kontrollieren. Könnte es nicht sein, dass er all diese Dinge tut, um ein Ventil zu haben?«

»Genau das dachte ich auch«, antwortete ich. »Er musste sich selbst sehr konzentrieren, um mit dem Trinken aufzuhören. Ich sagte ihm, ich sei stolz auf ihn und dass er eine Belohnung verdiene. Er kümmert sich gern um die Dinge in der Außenwelt. Übrigens können deshalb beim Segeln auch keine Fragen zu China beantwortet werden – Bobby steht am Ruder. Und als Bobby nach dem Neufundland-Trip fragte, sagte ich ihm, die Reise sei genehmigt, wenn er nicht wieder zu trinken anfinge.«

»Ich glaube, *ich* sagte das«, warf Smith ein.

»Na, egal, ich stimmte jedenfalls sofort zu. Aber eigentlich war der Trip eine blöde Idee.«

»Warum?«

»Weil alle anderen Süchte mit voller Kraft zurückkehrten – Rauchen und Bulimie. Und außerdem« – ich hielt kurz inne, um der Sache Nachdruck zu verleihen – »was glauben Sie, wer hat wohl die Sachen im Bootsgeschäft gestohlen?«

»Bobby?«

»Sehen Sie, was ich meine? Es war unklug, ihn so lange herauszulassen. Sie können nichts dafür. Ich bin selbst schuld.«

Bob

Als mir Dr. Smith Roberts Erklärungen mitteilte, war ich sprachlos. Der kleine Bobby mit seinen erfundenen Tieren sollte ein unverbesserlicher Süchtiger sein? Ein Dieb? Wie konnte das sein? Mich überkam eine Anwandlung von Mitgefühl für Robert. Er wollte Bobby ein liebender Vater sein, hatte es aber mit einem Gewohnheitsverbrecher zu tun.

Die Entdeckung von Bobby brachte mich in eine Zwickmühle. Selbstverständlich können ›normale Menschen‹ asoziale Triebe entwickeln, doch wenn sie erwachsen werden, siegen gewöhnlich ihre antrainierten und integrierten Moralvorstellungen. Hätte ich dies alles doch nur vorher gewusst! Gewiss hätte ich Bobbys Verhalten unter Kontrolle halten können.

Eins war sicher: Ich würde die multiple Persönlichkeitsstörung nicht als Entschuldigung benutzen. Unter meiner Aufsicht war es zu schlimmen Vergehen gekommen. Wie diese Therapie auch ausgehen würde, ich würde versuchen, etwas zu ändern und mein früheres Benehmen ein für allemal abzustellen. Dies war eine Regel bei den Anonymen Alkoholikern, und sie galt nun für alles. Es war eine Sache, dass schlimme Dinge im Innern passierten, doch Bobbys Verhalten beeinträchtigte andere Menschen draußen in der Realität.

Eine Burg und zwei Ritter

In den Jahren 1990 und 1991 geschah alles atemberaubend schnell. Dr. Smith und Bob konnten kaum mit der steigenden Anzahl neuer Subpersönlichkeiten Schritt halten. Ende Februar 1990 hatte Bob noch geglaubt, »eine vollständige Person« zu sein, die keinesfalls unter irgendeiner psychischen Störung litt. Damals erholte er sich von seiner Alkoholabhängigkeit. Ein paar Monate später erhielt er die Diagnose »Dissoziative Identitätsstörung« und musste einsehen, dass seine Persönlichkeitsstruktur einer Burg glich, in der eine Reihe von Subpersönlichkeiten lebten: Tommy, der kleine Bob, Robbey, Bobby und Robert.

Bob hatte keine Ahnung, wohin ihn die Therapie führen würde, allerdings war ihm klar, dass weitere Persönlichkeiten darauf warteten, entdeckt zu werden. Diese Erfahrung war neu und verwirrend. Bob erfuhr, dass wir alle aktiv an dem beteiligt waren, was er bisher für »sein Leben« gehalten hatte. Er begegnete uns nach und nach bei Dr. Smith, der jede neue Subpersönlichkeit einfühlsam und verständnisvoll willkommen hieß. Bob war in diesen Momenten überwältigt – eine Premiere nach der anderen auf der Bühne in Dr. Smiths Praxis. Da Bob bei den Vorstellungen nicht wirklich anwesend war, war es, als lese ihm Dr. Smith die Kritik zum jeweiligen Stück vor, nachdem der Vorhang gefallen war.

Wir anderen kannten Bob schon lange und wussten auch voneinander. Bob inszenierte sich selbst wie ein stolzer Herrscher, der außerhalb der Burgmauern die Parade abnahm, während wir innerhalb der Mauern die Arbeit leisteten. Es gab die Burg schon seit einem halben Jahrhundert. Sie beherbergte nicht nur zahlreiche Subpersönlichkeiten, sondern es sprudelte in ihr vor Aktivität. Jede einzelne Persönlichkeit und auch die Burg selbst hatten ihre Geschichte. Dr. Smith, der einen Eindruck von der Burg und ihren Bewohnern bekommen hatte, musste detektivisch ihre Vergangenheit erforschen.

Außerdem mussten sowohl Dr. Smith als auch Bob mit dem Chaos der Gegenwart zurechtkommen. Betrachten Sie es einmal so: Bis vor ein paar Monaten war Bob draußen und wir drinnen. Wir wussten von ihm und beeinflussten ihn, aber er wusste nichts von uns. Dann entdeckten Smith und Bob eine neue Welt. Das hat alles verändert. Sie sind nicht nur auf uns gestossen, sondern auch wir haben plötzlich Zugang zu den beiden und zu uns untereinander gefunden. Wie Pu der Bär hat Bob seine Pranke in einen Bienenstock gesteckt, und Bienen stechen, wenn man ihren Honig klaut.

Bob

Wenn ich an 1991 denke, das letzte Jahr meines mir damals bekannten und vertrauten Lebens, werde ich mich immer fragen, was passiert wäre, wenn Dr. Smith meine Identitätsstörung nicht entdeckt hätte. Wäre ich einfach nur »ausgebrannt« und zusammengebrochen? Wäre ich wegen meines selbstzerstörerischen Verhaltens in ein psychiatrisches Krankenhaus eingeliefert worden? Hätte ich schließlich »erfolgreich« Selbstmord begangen?

Die Alternative war weitaus faszinierender und nur in der sonderbaren Welt der multiplen Identitäten möglich. Mein Schicksal manifestierte sich in dem seltsamen Raum, in dem innere und äußere Persönlichkeiten interagieren. Kürzlich hatte ich Erstaunliches über mich herausgefunden – unter anderem, dass mein Wesen wie eine Burg strukturiert war. Ich nahm an einer geführten Tour ins Innere dieses mittelalterlichen Bauwerks teil.

Ich will Ihnen die Geschichte von 1991 erzählen. Dazu muss ich ein wenig angeben, aber Sie wissen ja, dass dies eine meiner Sünden ist. Ich hoffe, Sie verzeihen mir. Die Geschichte hat mit George Bush senior zu tun, dem ich durch meinen Beruf immer wieder begegnet bin. Meine Beziehung zu Präsident Bush und seiner Gattin reicht in das Jahr 1975 zurück, als ich sie zum ersten Mal im Kontaktbüro der Vereinigten Staaten in Peking, der späteren amerikanischen Botschaft, traf. Die Bushs gaben eine nette Abendgesellschaft für das Diplomatische Corps, das sich nach Unterhaltung sehnte. In den späten Neunzigern hatte ich das Privileg, George und Barbara Bush auf einer dreitägigen Reise nach Peking und Hongkong zu begleiten. Mit ihnen zu reisen war angenehm. Ich schätzte die Unterhaltung mit Barbara Bush über die Herausforderungen des Schreibens und das Gespräch mit Präsident Bush über China, vor allem über Taiwan. Ich war sehr bewegt, als Bush beteuerte, wenn er nur *ein* globales Problem wählen dürfe, zu dessen Lösung er nach seinem Abschied aus dem Weißen Haus beitragen könne, wäre dies die Beziehung zwischen China und Taiwan.

Als wir wieder zu Hause waren, überraschte er mich mit einem handschriftlichen Dankesbrief für eines meiner Bücher über China, das ich ihm gesandt hatte. »Ich habe Ihr Buch noch nicht gelesen, aber nur deshalb, weil Barbara darauf besteht, es zuerst zu lesen«, schrieb er.

In jenem November 1991 war nun Präsident Bush der Hauptredner beim jährlichen Abendessen der Asien-Gesellschaft. Es war das größte Fundraising-Ereignis des Jahres. Nur wenn Sie selbst schon einmal ein Festessen dieser Größenordnung organisiert haben, können Sie ermessen, wie aufregend und anstrengend es ist, eine Veranstaltung zu Ehren des amtierenden Präsidenten der Vereinigten Staaten zu planen. Von Mitte September, als John Whitehead, dem ehemaligen Staatssekretär und Vorsitzenden der Asien-Gesellschaft, das Wunder gelang, den Präsidenten als Redner zu gewinnen, bis zum 12. November, dem großen Tag, waren ich und mein Vizepräsident damit beschäftigt, diese Veranstaltung vorzubereiten. Von dieser Soiree mit dem Präsidenten hing viel ab. Wenn die Veranstaltung erfolgreich war, würde das Ansehen der Asien-Gesellschaft sowohl in den Augen der Amerikaner als auch in den Augen der Asiaten steigen. So war es nur logisch, dass wir bereit waren, das enge Budget der Gesellschaft von seinerzeit zehn Millionen Dollar für diesen Abend mit über einer Million Dollar zu belasten. Wenn der Abend misslang, würde man ihn als Riesenfehler in der Geschichte der Gesellschaft und sicherlich auch in meiner Amtszeit in Erinnerung behalten.

Niemand wusste, dass das Frühjahr 1991 die bisher schwerste Zeit meines Lebens war. Die Veranstaltung erforderte integrative Planung. Wie konnte der am wenigsten integrierte Mensch, den man sich vorstellen kann, dieser Aufgabe gerecht werden? Ich schwor mir zweierlei: Ich würde alles daran setzen, den Abend so erfolgreich wie möglich zu machen, und er sollte nicht als Entschuldigung dafür herhalten, dass ich meine zeitlich streng geregelte Therapie verschob.

Wiederholt fragte ich Dr. Smith, ob ich dieser Verantwortung gewachsen sei. Er machte mir klar, dass mich mein Ehrgeiz bisher noch nie im Stich gelassen hatte. Dies hatte ich zu Genüge bewiesen. Es hätte die Integration meiner Persönlichkeitsanteile und damit meine Heilung erheblich erschwert, wenn psychische Probleme mich gerade jetzt gezwungen hätten, kürzer zu treten.

Der therapeutische Prozess war ohnehin nicht aufzuhalten. Es war gut ein Jahr vergangen, seitdem Tommy sich in Smiths Praxis zum ersten Mal gezeigt hatte. Die Besuche bei Dr. Smith waren zur Gewohnheit geworden, und ich war mir der enormen Aktivitäten in der Burg immer stärker bewusst. Obwohl ich noch nicht eindeutig erkennen konnte, wer gerade sprach, und auch nicht hörte, was er sagte, spürte ich die Gefühle der jeweiligen Persönlichkeit in mir aufwallen.

Ich begann Vermutungen anzustellen, wer jeweils gerade aktiv war. Wenn es darum ging, To-Do-Listen zu erstellen, um sicherzugehen, dass wir bei unseren Vorbereitungen nichts übersahen, sprach bestimmt Robbey. Ein quälendes Gefühl der Scham, weil wir so ein Getue um einen republikanischen Präsidenten machten, vermittelte mir wohl Robert mit seiner beißenden Ironie. Ich verdrängte mein Unbehagen, indem ich mir sagte, dass es nicht um eine politische Partei ging, sondern um die ranghöchste Stellung einer Institution. Spätnachmittags, wenn Besprechungen in Routine erstickten, hörte ich jemanden schimpfen: »Das ist langweilig... Bla, bla, bla. Ich will hier raus.« War das nicht Bobby? Und wenn ich zum Bahnhof musste, ließ ich mich oft in einer Ecke nieder und beobachtete ruhig das Treiben. War dies vielleicht der kleine Bob, der allein sein wollte?

Ich befand mich in einer merkwürdigen Zwischenwelt: Nach außen wurde ich höchsten beruflichen Anforderungen gerecht. Innerlich begann ich allmählich zu begreifen, wie verschiedene Teile meiner selbst mich beeinflussten. Ich richtete mich in einem Leben ein, das zwischen klar definierten Aufgaben einerseits und nur ansatzweise verständlichen Stimmungen andererseits hin und her sprang. Obwohl ich wusste, dass ich an einer ernsten und seltenen psychischen Störung litt, fragte ich mich, ob ich nicht dieselben »normalen« Erfahrungen wie alle anderen Menschen auch machte. Hatten nicht die meisten Menschen Gefühle und Gedanken, die ihr Verhalten nach außen beeinflussten? Konnte es nicht sein, dass unbewusste oder unterbewusste Gespräche zwischen verschiedenen Aspekten des Ichs auch bei psychisch gesunden Personen vorkamen?

Vielleicht empfand ich normale menschliche Gedanken und Verhaltensweisen extrem stark und verteilte sie auf unterschiedliche Persönlichkeiten mit verschiedenen Namen und Erinnerungen? Waren die Mechanismen, mit denen mein Therapeut arbeitete – auf innere Stimmen hören zu lernen und gesündere Verhaltensweisen zu entwickeln – nicht Kern jeder Psychotherapie?

Dr. Smiths Praxis war ein sicherer Ort, an dem die einzelnen Persönlichkeiten in Erscheinung treten konnten. Smith war für alle ein Vertrauter und übermittelte Informationen zwischen den Persönlichkeiten in der Burg. Im Laufe der Zeit schien Smith zum Sekretär meiner Psyche zu werden, der die richtigen Subpersönlichkeiten zusammenbringen und sie einander vorstellen konnte. Er erzählte ihnen, was sie wissen mussten, um allein klarzukommen.

Es war fast, als sagte Dr. Smith: »Bob, das ist Robert. Ich kann's nicht glauben, dass ihr euch nicht kennt, weil ihr seit Langem in denselben Kreisen verkehrt. Oberflächlich betrachtet sieht es so aus, als kämt ihr nicht gut miteinander zurecht. Ihr habt sehr unterschiedliche Wertvorstellungen und einen ganz anderen Charakter. Aber ich habe das Gefühl, dass ihr euch besser vertragen werdet, als ihr glaubt. Ihr müsst zusammenarbeiten, weil ihr ein großes gemeinsames Problem habt. Was werdet ihr wegen Bobby unternehmen?« Dr. Smith war zu feinfühlig, um es so deutlich auszusprechen, aber darauf lief es hinaus.

Im Frühjahr 1991 wurden die Gespräche zwischen Robert und mir über Dr. Smith, der uns jeweils berichtete, was der andere gesagt hatte, weniger umständlich. Merkwürdigerweise kommunizierten Robert und ich nun direkt miteinander. Wir benutzten keine konventionelle Sprache. Stattdessen übertrugen sich Gedanken und Gefühle in Päckchen – ähnlich wie beim Datentransfer eines Computerprogramms. Plötzlich – bei einer Mitarbeiterbesprechung, beim Mittagessen oder beim Lesen in der Regionalbahn – schreckte mich eine eingehende »mentale E-Mail« auf. Ich zuckte innerlich zusammen, denn wie eine drängende echte E-Mail schien sie sofortige Reaktion zu verlangen. Auf der einen Leitung führte ich fort, was ich begonnen hatte, auf der anderen formulierte ich eine Antwort und sandte sie zurück.

Mehr als einmal kamen Roberts Nachrichten dazwischen, während ich gerade einen Vortrag hielt, und wir kommunizierten, ohne dass mein Redefluss unterbrochen wurde. Wie mir der Applaus und die wohlwollenden Kommentare im Anschluss an die Veranstaltung zeigten, wirkte sich der innere E-Mail-Verkehr nicht negativ auf meinen Vortrag aus. Ich konnte mich allerdings nicht an meine Sätze erinnern, sobald mich eine innere Nachricht erreichte. Einmal verblüffte mich ein Zuhörer nach einem Vortrag. Er sagte: »Der Witz am Schluss hat mir sehr gut gefallen, ein perfekter Abgang.« Ich hatte nicht die geringste Ahnung, welchen Witz ich erzählt hatte.

Viele Kommunikationsversuche zwischen Robert und Bob kreisten um die Frage, wie wir mit dem widerspenstigen Bobby fertig werden könnten. Sie müssen sich das alles wie ein Schnellfeuer-E-Mail-Gefecht vorstellen.

»Hast du jetzt endlich kapiert?« Roberts Überheblichkeit war unmissverständlich. »Ich bin also nicht nur ein wirklichkeitsferner Akademiker? Wie wärst du denn mit Bobby umgegangen? Siehst du jetzt, dass es nicht so dumm war, ihm Hausarrest zu erteilen?«

»Nun ja. Es tut mir leid«, antwortete ich. »Aber nur weil ich mich in dieser Sache geirrt habe, bedeutet das noch lange nicht, dass alles, was du denkst, richtig ist. Glaubst du wirklich, du könntest so eine Abendveranstaltung für den Präsidenten organisieren?«

»Für *diesen* Präsidenten will ich überhaupt nichts organisieren.«

»Robert, du kannst mich mal! Das führt zu nichts. Ich möchte über Bobby sprechen. Wie kommt's, dass er sich so aufführt?«

»Das weißt du nicht?«

»Was denn?«

»Es ist deine Schuld. Du hattest nie genügend Zeit für Bobby.«

»Meine Schuld? Das ist Irrsinn. Ich habe bis vor Kurzem nicht einmal gewusst, dass es Bobby gibt.«

»Bob, du machst es dir zu einfach. Es ist trotzdem deine Schuld. Frag Smith danach.«

Ich war wütend über Roberts Anschuldigungen. Und gleichzeitig spürte ich, dass er womöglich Recht hatte.

Als ich Dr. Smith von den seltsamen Gesprächen, meiner Wut und den Schuldgefühlen erzählte, dachte er einen Augenblick lang in Ruhe nach und sagte dann vorsichtig: »Bob, ich weiß, das ist nicht leicht für Sie. Aber ich glaube, ich verstehe genau, was Robert meint. Er sagt, dass Sie Verantwortung getragen haben, aber für Sie beruflicher Erfolg an erster Stelle stand.«

»Ja, das stimmt, aber es gab auch genügend Zeit zum Spielen.«

»Bob«, korrigierte mich Smith mit fester Stimme, »auch beim Spielen ist es nur darum gegangen, wer der Erfolgreichste war. Meisterschaften im Bogenschießen, Radrennen, Segelregatten. Beim Spielen haben Sie die Regeln bestimmt, und es ging immer um einen Konkurrenzkampf. Sie haben doch keine Zeit für altmodische Spiele eingeplant, die einfach nur Spaß machen sollten?«

»Das war für Bobby also alles unpassend?«

»Ich kenne Bobby nicht gut genug, um darauf zu antworten, aber ich schätze mal, dass es so ist. Das gilt auch fürs Segeln. Ich wette, er mochte es lieber, entspannt umherzusegeln als Rennen zu bestreiten. In meinen Augen ist Bobby eine sehr ungezwungene Persönlichkeit. Trotz seiner Gaunereien halte ich ihn für etwas Besonderes. Ich glaube, er hat die Rolle des Tollpatsches. Es scheint, als ob er einfach spielt, um Spaß zu haben, und nicht, um irgendeinen Wettbewerb zu gewinnen. Ich spüre, dass er sehr kreativ ist. Er hat Esprit.«

»Aber er ist kriminell. Soll ich einen Kriminellen über mich bestimmen lassen?«

»Sie verstehen mich nicht. Er hat einige schlechte Gewohnheiten angenommen, aber das ist typisch für vernachlässigte Kinder. Das geschieht häufig, wenn Eltern zu sehr in ihrem Beruf aufgehen und wenn sie auch aus dem Spiel noch Arbeit machen.«

»Aber ...«

»Kein Aber. Ich weiß, es ist anstrengend, sich zu erinnern. Lassen Sie es mich wiederholen: In der Therapie müssen Sie die Subpersönlichkeiten wie voneinander unabhängige Identitäten betrachten. Doch für die Integration dürfen Sie nicht vergessen, dass alle Subpersönlichkeiten Teil einer einzigen Person sind. Die Wahrheit ist, dass

Bobby ein sehr wichtiger Teil von Ihnen ist. Und Sie haben ihn völlig ignoriert.«

»Aber warum? Warum hätte ich das tun sollen?«

»Die ganze Antwort weiß ich noch nicht. Aber das Meiste ist mir klar. Ich glaube, Sie sind so weit, es zu erfahren.« Smith beobachtete mich genau, wie ich reglos dasaß und auf die Lösung des Rätsels wartete. »Ich glaube, dass ein Großteil des Problems in der Beziehung zu Ihrer Herkunftsfamilie liegt. Besonders wichtig sind dabei die Rollenvorbilder Ihres Vaters und Ihres Großvaters. Der Ehrgeiz Ihrer Mutter, etwas aus Ihnen zu machen, hat das noch verstärkt. Sie haben genau gespürt, dass Ihre Eltern aus Ihnen das perfekte Kind, den perfekten Sportler, den perfekten Studenten, den perfekten Erfolgsmenschen machen wollten. Und Sie haben sich nach deren Wünschen gerichtet. Das führte zwar zu vielen Triumphen, aber eben auch zu einer Katastrophe in Ihrem Innern. Erfolg hatte für Sie Vorrang vor fast allem anderen. Und Bobby brachten Sie in Ihrem Inneren fast völlig zum Schweigen.«

Ich war sprachlos und ärgerte mich. Wut stieg in mir auf. Doch Smiths knallharte Worte klangen in mir nach. Es schien sinnlos, etwas zu sagen. Ich erstarrte vor Zorn, als ich mich der nackten, unausweichlichen Wahrheit gegenübersah.

»Ich weiß, wie es Ihnen geht«, sagte Smith tröstend. »Aber fühlen Sie sich bitte nicht allzu schuldig. Sie haben eine kollektive Last auf Ihren Schultern getragen – den Ruhm Ihres Großvaters, den Frust Ihres Vaters und den Ehrgeiz Ihrer Mutter. Alles lastete auf Ihnen.«

Smith machte eine Pause, wartete, bis ich mich ein wenig entspannt hatte und fuhr dann fort: »Warum, so frage ich mich, haben Sie sich mit diesem Erfolgsdenken so obsessiv identifiziert? Nicht nur als Kind, sondern auch noch als Erwachsener? Warum haben Sie sich nicht losgesagt? Warum haben Sie nicht aufbegehrt, wie so viele andere in den sechziger Jahren?«

Ich saß da und schwieg verblüfft. Ich brachte kein Wort heraus. Ich schüttelte nur traurig den Kopf und machte eine kleine, nichtssagende Handbewegung. Ich wusste nicht, warum ich mich nicht von den Ansprüchen meiner Eltern befreit hatte. Es war mir nie in den Sinn gekommen, diese Frage zu stellen. Ich tat, was ich tat, und zog nicht in Betracht, dass ein anderer Weg besser sein konnte.

»Sehen Sie, Bob, es geht mir nicht darum, Sie zu maßregeln, sondern Sie zu verstehen«, sagte Smith tröstend in aller Deutlichkeit. »Sie sind nicht erfolgsbesessen geboren. Sie sind auch nicht von Natur aus böse. Vertrauen Sie mir; es gibt einen tieferen Grund. Und wir wissen, wo wir danach suchen müssen.«

»Wo?«

»Er liegt irgendwo in Ihrer Burg versteckt. Im Moment weiß ich noch keine Antwort. Und ich werde viel Hilfe von Ihnen und allen anderen in Ihrem Innern brauchen, um sie zu finden.«

»Ich will mich nicht drücken«, erwiderte ich, »aber ich habe es zur Zeit wirklich schwer. Ich bin völlig erledigt. Es ist nicht gerade einfach, sich in Vollzeit-Therapie zu begeben.«

»Ich weiß«, fuhr Smith fort, »Sie sind sehr beschäftigt. Aber das hat Vorrang. Sie und Robert müssen miteinander zurechtkommen. Bobby ist ein wichtiges Diskussionsthema. Außerdem sagen Sie, Sie seien völlig ausgebrannt. Robert hat Energie, allerdings keine Möglichkeit, sie zu nutzen. Wenn Sie auf Dauer Feinde bleiben, verlieren beide. Die Verhandlungen zwischen Ihnen entscheiden über Ihr weiteres Leben.«

Die große Fusion: Bob geht und Robert kommt

Im Gegensatz zu Bob sah ich, Robert, bei den hektischen Vorbereitungen für das Essen mit Bush nur zu. Für mich war es nur oberflächliches Theater, aber viele dachten, es sei eine ganz große Sache. Ich fand das Drama im Innern viel interessanter. Alle Burgbewohner verfolgten gespannt die Gespräche zwischen Bob und mir. Würden wir uns noch mehr streiten oder käme es zu einer Allianz zwischen uns? Im Laufe der Geschichte unserer Burg war es 1961 zuletzt zu einer Kooperation gekommen. Damals war Bob als dominierende Persönlichkeit aufgetreten und Robbey als sein untergebener Anhänger. Doch niemand in der Burg erkannte, dass Dr. Smith sehr viel weit reichendere Pläne im Kopf hatte: Er dachte an eine Fusion, eine radikale Umgestaltung der gesamten multiplen Struktur.

Ich fragte mich, ob ich Bob falsch eingeschätzt hatte. War er tatsächlich bereit, Kritik anzunehmen? Konnte er eventuell sogar selbstkritisch sein? Vielleicht war es an der Zeit, direkt mit ihm darüber zu sprechen.

»Nicht schlecht«, sagte ich zu Bob. »Ich dachte schon, du würdest durchdrehen nach Smiths Bemerkungen über Vater und Erfolg und über deine Verantwortung für Bobbys Verhalten. Du warst ganz cool. Ich bin beeindruckt, und das meine ich ernst.«

»Danke. Es tut noch höllisch weh. Aber vieles von dem, was Smith sagte, ist wahr. Er hat mich tatsächlich dazu gebracht, über einiges nachzudenken.«

»Worüber zum Beispiel?«

»Am schwierigsten war einzusehen, dass ich nur *ein* Teil einer ganzen Gruppe von Subpersönlichkeiten bin. Ich dachte immer, ich wäre alles. Ich dachte, wenn ich ›Ich‹ sage, sei das Ganze gemeint, meine Person. Es ist ziemlich verwirrend, darüber zu reden. Verstehst du, was ich meine?«

»Ich verstehe sehr genau.«

»Gut. Ich war so erleichtert, als Smith sagte, dass die einzelnen Persönlichkeitsanteile nicht sterben werden. Stattdessen können sie mit ihren Fähigkeiten und Erinnerungen in andere Persönlichkeiten übergehen. Bis ich das begriffen habe, dachte ich immer, ich müsse sterben. Wenn ich es richtig verstanden habe, gibt es eine riesige Chance für mich, ich könnte einen entscheidenden Schritt tun.«

»Nämlich?«

»Auch wenn ich jetzt nicht sterben muss, so haben mich diese ganzen Management-Aufgaben doch kaputt gemacht. Ich habe beschlossen, dass es für mich bald an der Zeit sein wird, als Präsident der Asien-Gesellschaft zurückzutreten.«

»Bob, das ist ein riesiger Schritt.«

»Es steckt noch mehr dahinter. Wenn ich es mir genau überlege, kann ich mir nicht vorstellen, eine andere Organisation zu übernehmen. Mein Feuer, Dinge voranzubringen, ist erloschen.«

»Und was wirst du tun?«

»Ich glaube, für mich ist es Zeit, zur Seite zu treten. Ich meine, im Innern der Burg. Ich dachte, dass du, Robert, die Leitung übernehmen könntest.«

»Was? Ich? Ich habe noch nie irgendetwas geleitet. Ich wäre bestimmt nicht gut darin.«

»Komm schon, Robert, denk darüber nach.«

»Nein, ehrlich. Ich kann mir ein Leben in der Außenwelt nicht vorstellen.«

Bob

Als Dr. Smith von der Idee des Rollentausches erfuhr, breitete sich ein warmes Lächeln über sein Gesicht aus. »Bob, ich bin stolz auf Sie und freue mich, dass Sie so denken. Das zeugt von großer Stärke. Ich verbuche das als einen riesigen Erfolg.«

»Danke, das bedeutet mir viel.« Ich hatte lange und intensiv darüber nachgedacht, meine Führungsposition bei der Asien-Gesellschaft aufzugeben, hatte aber keine Ahnung, was ich stattdessen machen sollte. Die Diagnose erleichterte mir den Abschiedsprozess. Mein Burn-out-Syndrom war nicht mehr zu ignorieren. Ich vermied es deshalb, mein Leben nach meinem Weggang von der Asien-Gesellschaft zu planen. Für jemanden, der nicht an dieser Persönlichkeitsstörung leidet, hört es sich vielleicht verrückt an, aber die Krankheit eröffnete mir die Möglichkeit, meine Fähigkeiten und mein Gedächtnis an jemanden weiterzugeben und beruflich keine Verantwortung mehr tragen zu müssen. Es war wirklich nicht wie sterben, sondern eher wie eine Reinkarnation.

Smith ließ mir Zeit zu überlegen, dann reagierte er bemerkenswert geschäftsmäßig. Er war der Meinung, es sei das Beste, wenn Robert und ich sorgfältig planten, wie wir zusammenkommen könnten. Er warf ein, wir seien beide erwachsen – die einzigen Erwachsenen in der ganzen Burg. Wir sollten überlegen, ob wir einen mündlichen Vertrag schließen wollten. »Welche Bedingungen«, fragte er im Tonfall eines Anwalts, »würden Sie im Falle einer Fusion festlegen?«

Obwohl die Frage ziemlich überraschend kam, musste ich zugeben, dass ich die Antwort bereits ausgearbeitet hatte. Ich gab Smith folgende Liste:

- Ich, Bob, wünsche mir, dass mein Name in beruflichen Angelegenheiten noch einige Jahre lang benutzt wird, einerseits um Verwirrung zu vermeiden, andererseits als Vermächtnis früherer Erfolge.

- Ich hätte gern, dass auch Robbey bei diesem Deal berücksichtigt wird und unter Roberts Leitung arbeitet. Ich kann mir nicht vorstellen, dass irgendeine Aktivität ohne Robbey als Geheimagent für Organisation und Recherche in vollem Umfang erfolgreich wäre.
- Ich möchte sicherstellen, dass meine verschiedenen Kenntnisse und Fähigkeiten in der Verwaltung, bei öffentlichen Auftritten, in der Kontaktpflege, bei langfristigen Planungen und beim Schreiben auf die neue, dominierende Persönlichkeit übergehen.

Aus meiner Sicht verlief die Diskussion äußerst professionell. Immerhin diskutierten wir über das Ende meines bisherigen Lebens. Das »Ich«, das bisher Bob meinte, war im Begriff, auf eine andere Figur überzugehen. Robert wäre das neue »Ich«. So etwas wäre wohl für jeden eine ziemlich aufregende Sache. Ich wollte den Übergang unbedingt feierlich begehen.

Dr. Smith stellte eine Zwischenfrage: »Sie haben Ihre Bedingungen klargemacht. Es macht Ihnen sicher nichts aus, wenn ich jetzt mit Robert spreche?«

Robert

Mir wurde ganz schwindlig, während ich Bob und Dr. Smith zuhörte. »Das ist verrückt!«, beschwor ich Smith. »Das geht alles zu schnell! Ich bin keine Führungspersönlichkeit. Ich habe mein Leben lang nur Kritik geübt, hatte aber noch nie eine Leitungsfunktion. Wie soll das gehen, dass ich übernehme?«

»Entspannen Sie sich! So etwas Großes, wie Sie es sich vorstellen, ist es nun auch wieder nicht«, sagte Smith überzeugend, aber ich spürte, dass er mir die Sache schmackhaft machen wollte. »Ich meine, Bob hat einen ziemlich guten Deal angeboten. Sie werden alle seine Fähigkeiten haben. Und Robbey ist eine großartige Hilfe. Was spricht dagegen?«

»Ich habe so etwas noch nie gemacht. Ich kann dem nicht zustimmen, es sei denn...«

»Es sei denn? Reden Sie weiter.«

»Lassen Sie mich überlegen. Es gibt da einiges, das mir Sorgen bereitet.«

»Sie sagen mir, was Ihnen Sorgen macht, und ich formuliere daraus Bedingungen. Okay?«

Daraus entstand meine, Roberts, Liste:

- Ich bin damit einverstanden, dass Bobs Name beruflich hauptsächlich verwendet wird. Aber wir streben an, dass »Robert« zunehmend im Freundeskreis und eines Tages vielleicht in allen Bereichen unseres Lebens verwendet werden kann.
- Ich bestehe darauf, dass ein Zeitpunkt im nächsten Jahr festgelegt wird, zu dem Bob sich aus der Asien-Gesellschaft zurückzieht. Und ich hätte gern die alleinige Entscheidungsbefugnis, wenn es um eine neue berufliche Tätigkeit geht.
- Es muss klar sein, dass ich über das Privatleben bestimme. Das bedeutet, dass ich darüber entscheiden möchte, wie wir wohnen, mit wem wir befreundet sind, wie wir unsere Freizeit verbringen, aber auch wo wir uns beruflich engagieren.

»Falls Bob mit allem einverstanden ist, sind Sie dann bereit, sich dieser neuen Herausforderung zu stellen?«, fragte Smith.

»Ich glaube wirklich, dass ich eine schlechte Wahl bin«, sagte ich ehrlich. »Ich kann das keinesfalls allein bewerkstelligen.«

»Sie sind nicht allein. In Ihnen steckt alles von Bob und alles von den anderen in der Burg. Und Sie haben mich. Ich werde Sie die ganze Zeit begleiten.«

»Versprochen?« Ich wartete ab, bis Dr. Smith bekräftigend nickte. »Okay«, sagte ich mit dem tiefsten Seufzer meines Lebens. »Ich glaube, ich bin bereit.«

Bob

Zum ersten Mal war ich von Robert echt beeindruckt. Er hatte den Mut, eine Herausforderung anzunehmen. Er hatte hart verhandelt. Und er jammerte nur ein ganz klein wenig.

»Bob...«, Smith unterbrach meinen Gedankengang. »Akzeptieren Sie Roberts Bedingungen? Lassen Sie sich auf den Deal ein?«

Ich überlegte kurz. Fehlte noch etwas? Die Sache hatte nur einen Haken. »Okay, ich bin einverstanden, aber einen Punkt muss ich noch ansprechen. Wie kann ich sicher sein, dass Robert sich an unsere Absprache hält? Ich muss sicher sein, dass sie gilt.«

»Es wird alles ablaufen wie vereinbart«, sagte Smith unmissverständlich. »Ich werde schon dafür sorgen, dass es so kommt. Wenn Robert das Abkommen bricht, wird die Multiplizität wieder auftreten.«

»Was meinen Sie damit?«

»Eine Regression. Wenn sich Robert nicht an die Abmachungen hält, tauchen Sie wieder auf. Sie kommen als Bob zurück. Und wahrscheinlich üben Sie Rache.«

»Sind Sie sich sicher? Wollen Sie damit sagen, dass es eine Rücktrittsklausel gibt?«

»Ja genau. Ich bin absolut sicher. Ich verspreche es.« Smith sprach plötzlich mit ungewohnter Tatkraft. »Bob, dies ist ein immens positiver Schritt. Er ist für jeden in der Burg von entscheidender Bedeutung. Wenn es nicht funktioniert, bleibt nichts als Elend für alle. Deshalb liegt es in jedermanns Interesse, dass die Vereinbarung strikt eingehalten wird.«

»Dr. Smith, lassen Sie mich einen Moment in Ruhe nachdenken.« Gott sei Dank sagte Smith nichts. Er sah mich nur an und ließ mich meine Gedanken ordnen. Einerseits schien es mir, als stimmte ich meiner eigenen Exekution zu, andererseits fühlte es sich gar nicht so schlimm an. Es war ein Deal: Ich war der müde gewordene, alte Geschäftsführer, der in Frührente ging, aber im Vorstand blieb. Außerdem konnte ich Einspruch erheben, falls der neue Chef mein Vermächtnis ablehnte.

»Okay«, sagte ich und atmete tief durch. »Ich bin einverstanden.«

»Bob, es hat mir in den vergangenen zwei Jahren große Freude gemacht, mit Ihnen zu arbeiten.« Dr. Smiths freundlicher Blick war voll Mitgefühl. »Ich bin wirklich stolz auf Sie. Leben Sie wohl.«

»Dr. Smith« – mir lief ein Schauer über den Rücken – »ich schätze Ihre Arbeit sehr. Ich werde Ihnen ewig dankbar sein. Und ich weiß, dass dies die richtige Entscheidung ist.« Es war schwierig, noch mehr zu sagen. Ich zögerte sehr lange. Alles schien so endgültig. Aber ich wusste, dass es richtig war. Schließlich nahm ich einen tiefen Atemzug und sagte: »Ich verabschiede mich.«

Robert

»Robert?«, fragte Smith. »Robert, sind Sie da?«

»Ja«, antwortete ich nur. Ich war sprachlos. »Ich habe alles gehört. Jedes einzelne Wort. Ich bin überwältigt. Ich wusste nicht, dass Bob fähig ist, etwas so Mutiges zu tun.«

»Wissen Sie, ich glaube, Sie beweisen beide großen Mut. Durch diese Fusion gewinnen Sie beide. Stellen Sie Ihr Licht nicht unter den Scheffel.«

»Es wird mir komisch vorkommen, ohne einen nach außen agierenden Bob.«

»Offen gesagt«, entgegnete Dr. Smith mit einem leichten Kopfschütteln, »bin ich erstaunt, dass er so lange durchgehalten hat. Unglaubliche Willenskraft. Sie können sich glücklich schätzen, seine Stärken geerbt zu haben.«

»Dr. Smith, ich habe Angst. Kennen Sie den Kinofilm *Der Kandidat*? Ich fühle mich wie Robert Redford, nachdem er zum Senator gewählt worden ist. Erinnern Sie sich, wie er seinen Wahlkampfmanager fragt: ›Was soll ich als Nächstes tun?‹«

Smith lachte. Dann sah er mich beruhigend an: »Aufhören, sich Sorgen zu machen. Seien Sie nicht so verbissen. Vergessen Sie nicht, dass Sie es nicht allein anpacken müssen. Bob ist ein Teil von Ihnen. Robbey auch. Sie haben eine Teil-Integration erlebt. Ich bin stolz auf jeden, der daran mitgewirkt hat. Sie eingeschlossen.«

»Aber was ist mit Bobs Arbeit? Dem großen Abendempfang?«

»Lassen Sie es einfach geschehen. Handeln Sie nur, wenn Sie sicher sind, dass es im Interesse aller ist. Außenstehende werden Sie weiterhin Bob nennen, obwohl sie vielleicht einige Veränderungen in Ihrem Verhalten erkennen werden. Die großen Veranstaltungen führen Sie mit gewohnter Professionalität durch. Verausgaben Sie sich nicht.«

»Und die langfristigen Veränderungen, die wir vereinbart haben?«

»Die werden zur rechten Zeit eintreten. Sie werden Dinge umgestalten, und ich bin mir sicher, größtenteils zu Ihrem Besten. Sie werden auch Fehler machen, aber ich weiß, Sie werden daraus lernen. Die eigentlichen Herausforderungen werden Sie in Monaten und Jahren, nicht innerhalb von Tagen und Wochen meistern. Und wenn Sie wollen, werde ich Ihnen helfen.«

»Wollen? Ich kann mir nicht vorstellen, es ohne Sie zu schaffen. Ich war noch nie draußen, wissen Sie. Am nächsten war ich der Außenwelt, als ich versuchte, Bobs Aufmerksamkeit an der Schwelle zur Wandelhalle der Burg auf mich zu lenken.«

»Willkommen in der Außenwelt. Gar kein schlechter Ort. Vergessen Sie aber das Wichtigste nicht.«

»Was denn?«

»Wagen Sie nicht, Ihr Abkommen mit Bob zu brechen. Ich möchte mir die Konsequenzen nicht ausmalen.«

Nach der Sorge im Zusammenhang mit der Übernahme von Bobs Position verlief der tatsächliche Übergang erstaunlich ereignislos. Mir, Robert, fiel es leicht, Smiths Rat zu befolgen und den Job routinemäßig zu erledigen. Wenn es darum ging, Besprechungen zu leiten, Anrufe zu erledigen und Entscheidungen zu treffen, überließ ich dies dem »Bob-Anteil« in mir. Ich hatte die fieberhaften Bürotätigkeiten bereits aus der Distanz mitbekommen, aber jetzt schwirrte alles direkt um mich herum. Ich lernte, den Termindruck neu zu bewerten, unter dem Bob tagtäglich arbeitete, und war von seiner Fähigkeit beeindruckt, schnell vernünftige Entscheidungen zu treffen. Es war merkwürdig, auf diese Weise administrative Tätigkeiten kennen zu lernen. Ich beobachtete mich selbst bei der Arbeit wie ein neugieriger Lehrling, der einem erfahrenen Handwerker über die Schulter sieht.

Eines erstaunte mich: Die Art, wie echte Menschen in einem Büro miteinander umgingen, ähnelte stark der Interaktion der Burgbewohner untereinander. Alles ging ziemlich schnell; die Kommunikation beschränkte sich auf wenige Sätze, manchmal wurde gar nicht gesprochen. Zustimmung wurde durch einen erhobenen Daumen ausgedrückt – »Geschafft, Bob. Gutes Gespräch.« Eine kurze Bewegung mit dem Finger an der Schläfe, deutete auf etwas Verrücktes hin – »Vorsicht, bei ihm brennt schnell die Sicherung durch.« Kurzer Schlag auf den Tisch – »Wenn ich Nein sage, meine ich auch Nein.« Und bei Konferenzen sprach zwar nur eine Person, aber ständig waren wortlose Interaktionen im Gange. Der eine warf dem anderen einen Blick zu, der besagte: »Wann ist er endlich fertig?« Jemand machte sich Notizen, während andere vor sich hinkritzelten; einer schrieb seine Einkaufsliste; ein anderer, der in der Ecke saß, kommentierte die Worte des Redners mit einem verächtlichen Schnauben. Es war fast wie in der Burg. Abends kam ein leitender Mitarbeiter herein und fragte nach den Budgetplanungen; der Bob in mir überschlug kurz ein paar Zahlen, und der Mann lächelte zufrieden: »Wir brauchen eigentlich gar nicht darüber zu sprechen; wir liegen sowieso immer auf derselben Wellenlänge.«

Meine anfängliche Angst, Bobs Job zu erledigen, verschwand schnell, doch mein Auftreten als dominierende Persönlichkeit führte tatsächlich zu einigen Veränderungen. Für mich war die Asien-Gesellschaft nur ein Teil meines Lebens, wenn auch ein wesentlicher, bei dem ich mich verpflichtet fühlte, die Dinge gut zu machen. Doch mein Geist ging andere Wege. Da ich nicht ständig erschöpft war wie Bob, fühlte ich mich auf dem täglichen Weg zur Arbeit auch nicht dem Zusammenbruch nahe.

Als ich Bobs Assistentin, einer einfühlsamen Dame namens Daisy Kwoh, begegnete, bemerkte sie meine Veränderung: »Herr An«, sagte sie auf Chinesisch – Bob hat mit ihr immer Chinesisch gesprochen –, »Sie kommen mir so verändert vor, besonnener, ruhiger. Erleben Sie gerade etwas besonders Gutes?«

Ich lächelte und nickte: »Ja, Frau Kwoh,« sagte ich, »die Dinge entwickeln sich zum Besseren.«

»Ich bin so froh«, antwortete sie. »Ich habe mir Sorgen um Sie gemacht. Jetzt weiß ich, dass meine Gebete erhört worden sind.« Es erschien mir ganz normal, dass ich plötzlich Chinesisch konnte, so als hätte ich eine neue Software auf meinem Computer installiert.

Dank der Fusion mit Bob und Robbey konnte ich entspannt meinen Teil des Vertrags erfüllen und grundlegende Veränderungen vornehmen. Ich konzentrierte meine Kraft auf die beiden Prioritäten: Der Bob-Anteil in mir beschäftigte sich mit dem jährlichen Festessen, während ich meine Aufmerksamkeit auf Bobby richtete. Ich stellte fest, dass das neu zusammengefügte Ich auch Bobs Fähigkeit zum Multitasking geerbt hatte. In der Burg, wo ich meinen Geist auf jeweils nur eine Aktivität gerichtet hatte, war das nicht erforderlich gewesen.

Vier Tage vor dem Essen mit George Bush musste ich zu einer Besprechung mit Vertretern des Geheimdienstes und der New Yorker Polizei, mit Mitarbeitern des Weißen Hauses, dem Flughafen-Sicherheitsdienst und Verantwortlichen des Waldorf Astoria Hotels, wo das Bankett stattfinden sollte. Es war ein schwieriger Termin, nicht nur für alle, die für die Sicherheit des Präsidenten zuständig waren, sondern auch für mich, denn es war nun »meine« Veranstaltung. Ich war überrascht, dass Bobby genau diesen Moment wählte, um seine Schnellschüsse auf mich abzufeuern. In der Vergangenheit hatten wir nie auf konventionelle Weise miteinander kommuniziert. Ich ließ ihn heraus, wenn der Druck zu groß wurde und er Freiheit brauchte, hielt ihn unter Kontrolle, wenn ich befürchtete, er könnte etwas Peinliches tun, und ließ meine Wut an ihm aus, wenn er sich schlecht benahm. Obwohl Bobby in seinem unnachahmlichen Stil sprach, bemerkte ich, dass die Kommunikation zwischen uns ähnlich ablief wie der E-Mail-Verkehr zwischen Bob und mir.

»Das ist ja cool«, schaltete sich Bobby plötzlich ein. »Es ist wie im Film. Sieh doch nur, all die Top-Secret-Listen und das ganze Gedöns. Dann die Typen vom Geheimdienst. Und niemand weiß, in welchem Wagen der Präsident sitzen wird. Dum-didel-dum... Wer hat den Präsidenten geklaut?«

»Bobby, bist du's?«

»Hihi, ja, ich bin's. Ich möchte auch zum Geheimdienst.«

»Bitte, Bobby, sei still. Das ist wirklich wichtig hier. Ich unterhalte mich gern mit dir, aber im Moment ist das nicht möglich.«

»Ich möchte aber jetzt mit dir sprechen.«

»Die ganzen Jahre haben wir uns nie wirklich miteinander unterhalten. Warum muss es jetzt sein?«

»Weil ich weiß, dass du jetzt anders bist. Jetzt bist du wieder zusammen. Du und Bob und Robbey.«

»Woher weißt du das?«

»Ich höre so einiges. Direkt durchs Schlüsselloch.«

»Ja, es stimmt. Aber ich glaube nicht, dass sich für dich deshalb etwas ändert. Jedenfalls nicht sofort.«

»Aber ich will, dass es anders wird. Soll ich dir von meinen Tieren erzählen? Ich habe da ein gutes Tier, ein geistig behindertes Rehkitz.

»Bitte, bitte! Nicht jetzt. Später. Okay?«

»Nie möchtest du meine Geschichten hören. Dann werde ich Dr. Smith eben ein Geheimnis verraten. Es wird dir noch leidtun.«

»Was für ein Geheimnis?«

»Ich werde ihm erzählen, was manchmal spät nachts passiert. Du weißt: Tommy. Du kannst es hören, nicht wahr? Ich weine und schreie.«

»Natürlich höre ich es. Alle werden davon wach. Das sind einfach nur deine Albträume.«

»Das stimmt nicht. Es sind keine bösen Träume. Tommy schlägt mich.«

»Das hast du doch erfunden.«

»Nein. Du willst es bloß nicht hören. Du hörst nie zu. Ich sage es Dr. Smith.«

Dies war eine Krise, mit der ich nicht gerechnet hatte, als ich – es fällt mir schwer, es auszusprechen – zur dominierenden Persönlichkeit wurde. Da Bob nicht wusste, wie die Burg innen funktionierte, musste er sich nur hin und wieder für Dinge entschuldigen, die in seinen äußeren Bereich vordrangen. Ich dagegen brachte viel innerlichen Ballast in die Außenwelt mit. Ich wusste nicht alles, aber ich kannte viele düstere Geheimnisse der Burg. Früher nörgelte ich, es mangele Bob an Werten. Es war leicht wegzusehen, wenn in der Burg Schlimmes passierte. Jetzt musste ich plötzlich Verantwortung übernehmen, und zwar nicht nur für Bob, sondern auch für meine eigene Welt. Gespenster, die ich gern ignoriert hatte, solange ich drinnen war, suchten mich nun heim.

Smith freute sich, als ich erzählte, wie gut unsere innere Fusion bei der Asien-Gesellschaft funktionierte. »Und wie kommt Bobby damit klar?«, fragte er.

Verdammt, dachte ich, woher kennt er den wunden Punkt? Ich berichtete ihm von meinem Austausch mit Bobby. Er lächelte, bis er von Bobbys Schreien erfuhr.

»Wissen Sie eigentlich, warum er schreit?«

Ich antwortete schnell: »Er hat einfach nur Albträume.«

»Wirklich?«, fragte Smith nach und sah auf mein Bein, das nervös zuckte.

»Er ist noch ein Kind. Er erfindet viel.«

»Macht es Ihnen etwas aus, wenn ich mit Bobby spreche?«

Was hätte ich sagen sollen? »Nein, ich glaube nicht.«

Bobby

Ich wollte nicht mit Dr. Smith sprechen. Ich wollte lieber ein Häschen sein und im Zimmer umherhoppeln. Ich wollte Geschichten erzählen. Ich würde Dr. Smith einfach nicht ansehen.
»Bobby, willst du mir etwas erzählen?«
»Ich glaube, ja. Wissen Sie, ich kann das meiste hören, was Sie und Robert sagen. Am Anfang habe ich mich sehr über die Sache mit Robert und Bob und Robbey gefreut. Aber jetzt bin ich nicht mehr sicher.«
»Wobei nicht mehr sicher, Bobby?«
»Ich bin nicht sicher, ob Robert netter zu mir sein wird. Er tut so, als ob er nicht weiß, was los ist. Besonders manchmal, spät abends.«
»Was passiert da, Bobby?«
Ich hörte auf hin- und herzuzappeln und blieb nur ruhig auf dem Stuhl sitzen. Dr. Smith dachte, ich starre an die Zimmerdecke. Tat ich aber nicht. Ich sah nach rechts oben. Von dort drohte immer Gefahr. Ich sprach im Flüsterton. Smith rückte seinen Stuhl näher heran. »Ich habe Angst, Ihnen davon zu erzählen. Es passiert immer, wenn ich mich schlecht benommen habe. Zum Beispiel, wenn ich etwas geklaut oder Zeitschriften mit nackten Mädchen angeschaut habe. Auch dann, wenn ich gar nichts dafür kann, sondern wenn zum Beispiel Bob ein Gespräch versiebt hat. An solchen Abenden kann ich nicht einschlafen, weil ich weiß, dass es passieren wird.«
»Was denn?«
»Ich kann hören, wie Tommy die Treppe herunterkommt. Wissen Sie, er hat einen Geheimgang, durch den er hierherkommen kann, ohne dass er an jemandem vorbei muss. Er kommt herein und starrt mich an. Und dann...«
Ich musste weinen. Dann fing ich an zu schreien. Dr. Smith nahm mich in den Arm. »Erzähl's mir. Es ist wichtig, dass ich es weiß.«
»Tommy schlägt mich. Und er schlägt meinen Kopf gegen die Wand. Manchmal zerkratzt er mein Gesicht.«

»Das tut mir sehr leid, Bobby.«

»Und manchmal...« Ich weinte immer noch. »Manchmal nimmt er mir mein Essen weg. Einmal hat er mich fünf Tage lang hungern lassen. Und zweimal hat er mich am Arm verbrannt.«

»Oh, Bobby«, Smith hielt mich sanft an sich gedrückt, »das ist schrecklich.«

»Und er schreit mich an. Er schreit: ›Du bist so böse. Du bist immer böse. Du bist ein böser Junge.‹ Ich glaube, sein Geschrei hasse ich am meisten.«

»Versucht niemand, ihn davon abzuhalten?«

»Niemand. Nur Robert könnte es tun. Ich glaube, er weiß, was los ist. Aber er sagt, es seien nur böse Träume. Das stimmt nicht. Das stimmt nicht!«

Robert

»Robert«, fragte Dr. Smith mit fester Stimme, als Bobby weinend verschwand. »Sie haben es gehört. Was sagen Sie dazu?«

»Nichts von dem, was er sagt, ist wahr«, brüllte ich zurück.

»Robert! Bobby hat das nicht erfunden. Aus früheren Gesprächen mit Bob weiß ich von diesem selbstzerstörerischen Verhalten. Jetzt wissen wir, wie es passiert. Und ich weiß, dass Sie davon wissen. Sie stellen sich nur taub.« Ich schauderte bei Smiths Worten. Ja, es stimmte. Ich hatte vermutet, dass es so war. Ich hatte mir gedacht, dass Tommy Bobby quälte. Aber ich wusste nicht genau, was Tommy tat. Und ich war der Ansicht, Bobby habe Strafe für sein böses Verhalten verdient. Es war viel leichter wegzusehen als einzugreifen, wenn Tommy es tat. Und ich wusste noch etwas: Ich wusste, warum Tommy es tat. Wie ich vermutet hatte, wollte Smith nicht mit mir darüber sprechen. Er wollte direkt an die Quelle des selbstzerstörerischen Verhaltens.

»Tommy«, sagte Smith streng, »ich möchte mit dir reden.«

Tommy

»Was ist denn?«, fragte ich, formte meine Finger zu Krallen und knurrte den blöden Seelenklempner an. »Ja, das alles habe ich getan und noch viel mehr. Und ich mache weiter, bis Bobby sich benehmen kann. Er ist böse. Er muss bestraft werden.«
»Wer hat dir das Recht gegeben, gewalttätig zu werden?«
»Ich bin nicht gewalttätig, ich mache nur meine Arbeit. Wenn Bobby böse ist, weiß er, dass er Unrecht hat. Und er weiß, dass Strafe sein muss. So ist das nun mal.«
»Und wer bestimmt, was böse ist?«
»Ich kann Sie wirklich nicht ausstehen«, fauchte ich ihn an. »Sie glauben, Sie seien klug. Dabei sind Sie so dumm.«
Smith wiederholte die Frage: »Wer bestimmt, was böse ist?«
»Wollen Sie das wirklich wissen? Ich werde dafür sorgen, dass Sie Ihre Antwort kriegen. Sehr bald sogar. Und ich garantiere Ihnen eins.«
»Was denn?«
»Es wird Ihnen leid tun, dass Sie gefragt haben!«

Robert

Tommy hatte Recht. Jeder im Innern spürte, dass eine schreckliche Zeit anbrach. Smith betrat gefährliches Terrain. Er entfesselte die dunklen Mächte in der Burg.

Ich war fest entschlossen, das Essen mit Bush nicht durch die drohenden inneren Turbulenzen beeinträchtigen zu lassen. Ein halbes Jahrhundert lang hatte ein ungeschriebenes, aber unumstößliches Gesetz geherrscht: Wenn draußen etwas hohe Konzentration verlangte, durfte niemand von innen dazwischenfunken. Das war Bobs Gesetz, und niemand wagte, es zu brechen.

Als ich im Badezimmer meines Büros vor dem Spiegel stand, sah ich ein vertrautes und gleichzeitig befremdliches Bild. Ich trug Bobs

Kampfanzug mit schwarzer Krawatte und war bereit für das, was kam. »Keine Sorge, Bob«, sagte ich ruhig, »es ist immer noch *dein* Bankett. Ich werde es nicht vermasseln.« Ich sah mein Lächeln, wärmer als Bobs, auch wenn sich ein paar Sorgenfalten zeigten, als ich an die letzte von Bob organisierte Abendveranstaltung dachte.

In meiner Hand hielt ich den blauen Ordner mit den wichtigsten Informationen, die Robbey zusammengestellt hatte. Er enthielt meine Begrüßungsworte, Kopien von John Whiteheads Ansprache, eine soeben herausgegebene Kopie von Präsident Bushs Rede, einen vollständigen, minutengenauen Ablaufplan des Abendprogramms, eine Kopie des offiziellen Programms der Veranstaltung und eine Liste der wichtigsten Sponsoren. Kurz bevor John Whitehead und ich Präsident Bush an einem Seiteneingang des Waldorf Astoria Hotels begrüßten, heftete der Chef des Sicherheitsdienstes kleine Nadeln an unser Revers – Passierscheine. Es war ein wenig unheimlich, den ganzen Abend Teil der »Sicherheitsrisikogruppe« zu sein. Wir bewegten uns wie Wildkatzen in einem Käfig, und die anderen liefen hektisch umher, um den besten Blick auf den König der Tiere zu ergattern.

Im selben Moment als Präsident Bush eintraf, spürte ich wieder eine innere Vibration als klingele mein Handy. Ich wusste, dass eine Nachricht von Bobby einging.

»Der Präsident ist nicht glücklich. Er ist traurig.«

»Selbstverständlich ist er glücklich. Er lächelt. Bitte, stör mich jetzt nicht!«

»Sieh dir doch nur seinen Gesichtsausdruck an. Er ist nicht glücklich. Er lächelt gekränkt. Wer hat ihn gekränkt?«

»Okay, ich sehe es. Aber wir können uns jetzt nicht unterhalten. Ich meine es ernst. Wir reden später. Bis dann!«

Ich sah Präsident Bush genauer an. Bobby hatte Recht. Jetzt konnte ich es auch sehen. Es war offensichtlich, wenn man hinter die Fassade des antrainierten Lächelns blickte. Eine dunkle Wolke schien ihn zu umhüllen. Was war es? Bushs Blick ging ins Leere und sein

Körper schien sich automatisch zu bewegen. Mir war völlig entgangen, was Bobby sofort aufgefallen war. Bobby konnte es nicht ahnen, aber Bush wusste damals schon, dass seine Präsidentschaft gefährdet war. Die Abendveranstaltung der Asien-Gesellschaft fand fast genau ein Jahr vor dem Tag statt, als Bush sein Amt durch einen überwältigenden Sieg des damaligen Gouverneurs von Arkansas, Bill Clinton, verlor.

An jenem Abend tat mir Präsident Bush leid. Selbstverständlich änderte dies nichts an meiner Abneigung gegen seine konservative Politik. Mein Mitleid speiste sich aus einer Quelle in meinem Innern. Der Bob-Anteil in mir wusste nur zu gut, was es hieß, sich um des Erfolges willen auszupowern und dann feststellen zu müssen, dass der Akku leer war. Er wusste auch, was es bedeutete, Tag für Tag zu kämpfen, der Öffentlichkeit ein fröhliches Gesicht zu zeigen, zu müde für Visionen zu sein und sich anzustrengen, obwohl sich das Ergebnis falsch anfühlte. An diesem Abend regte sich in mir auch Mitleid für Bob.

Da George Bush nicht zum Essen bleiben konnte, wurde die Sicherheitsrisikogruppe schnell zur Bühne im Ballsaal des Waldorf Astoria eskortiert, um seine Rede zu hören. Der Präsident wurde mit donnerndem Applaus und Standing Ovations empfangen. Nach Politikermanier winkte er grüßend ins Publikum und bedeutete allen, sich zu setzen. Ich erhob mich, trat nach vorn und stützte mich mit beiden Händen auf dem Rednerpult ab. Ich wartete, bis der Applaus abgeklungen war. Nach ein paar tiefen Atemzügen ließ meine Panik nach und wich dem anregenden Gefühl ruhig fließender Energie, das die über tausend ruhig dasitzenden und wartenden Menschen verbreiteten. Ich hörte Dr. Smiths Worte: »Lassen Sie es einfach geschehen.« Und so hieß ich den Präsidenten willkommen und begrüßte die Gäste, die im Ballsaal und auf die drei Logenreihen verteilt an Tischen mit funkelnden Kerzenleuchtern saßen. Kein Wunder, dass Bob bei solchen öffentlichen Anlässen ein Hochgefühl empfand; so muss sich Maria Callas in der Scala gefühlt haben.

Mit einem Seufzer der Erleichterung nahm ich meinen Platz ein, und John Whitehead hielt eine kurze Ansprache.

Bobby flüsterte: »Dieses Lesegerät aus Kunststoff ist wirklich cool. Sieh mal, Bush kann die großen Buchstaben auf beiden Seiten des Pults lesen. Die Leute können es nicht sehen. Das ist total cool.«

«Ich weiß. Das Gerät heißt Teleprompter. Sei jetzt bitte still.«

»Siehst du die Jungs da hinten? Direkt neben den Scheinwerfern. Sie sind vom Geheimdienst. Sie haben Pistolen. Ich hab's im Fernsehen gesehen. Sie schießen, wenn jemand versucht, den Präsidenten zu verletzen.«

»Das stimmt. Aber niemand will den Präsidenten verletzen. Jetzt aber Ruhe. Ich will zuhören.«

»Du hörst nicht zu. Du langweilst dich. Das ist langweilig.«

»Okay, ich höre nicht zu. Ich überlege, was ich später sagen muss.«

Präsident Bush beendete seine Rede, erhielt eine Plakette der Asien-Gesellschaft und die Sicherheitsrisikogruppe wurde zum Ausgang des Waldorf Astoria geleitet, wo John und ich zum Abschied winkten. Das hatten wir geschafft. Ich seufzte erleichtert. »Ganz schön nervenaufreibend, nicht wahr?«, fragte John Whitehead, als wir im Aufzug wieder zum Ballsaal hochfuhren. Ich sagte nur: »Puh...« John wusste ja nicht einmal die Hälfte.

Für diejenigen unter uns, die in der Burg warteten, kam der Höhepunkt der Veranstaltung erst nach dem Essen, lange nachdem der Präsident gegangen war. Ich war stolz auf Robbey: Meine fünfminütige Präsentation der wichtigsten Entwicklungsschritte der Asien-Gesellschaft, ergänzt durch ordentlich aufbereitete Statistiken zu den sich daraus ergebenden Folgen und zur Mitarbeiterzahl, brachte mir großen Applaus ein. Bobby mochte die Percussion-Klänge des japanischen Taiko-Trommlers, der mit nacktem Oberkörper vor seiner riesengroßen Trommel saß. »Das ist *nicht* langweilig. Das ist ziemlich cool.«

3   *Schwarze Burg auf dem Hügel*

Hexe: »Du wirst den Tag verfluchen,
an dem du mir begegnet bist.«

Als ich ein paar Tage später wieder bei Dr. Smith saß, schien er nicht überrascht, dass das Bankett der Asien-Gesellschaft so gut gelaufen war. »Ich habe es Ihnen vorhergesagt. Sie haben alle Fähigkeiten in sich. Aber jetzt, Robert, wartet noch ein wenig Arbeit auf Sie.«

Ich fühlte mich ziemlich wohl, nicht nur bei der Asien-Gesellschaft, sondern auch in den Therapiesitzungen. Mit Dr. Smith als Unterhändler hatten wir Burggeschichte geschrieben: Nachdem wir uns fünfzig Jahre lang in immer neue Persönlichkeiten aufgespalten hatten, konnten wir das Rad durch die Dreierintegration von Bob, Robbey und mir, Robert, zurückdrehen. Ich kam mit meiner Teilintegration nicht nur privat und beruflich gut zurecht, sondern war auch in den Gesprächen mit Dr. Smith sachkundiger als Bob. Jedenfalls war ich jetzt eine nach außen agierende Persönlichkeit mit einem klareren Bewusstsein meines inneren Lebens. Ich war der Meinung, wenn ich mein Inneres unter Verschluss hielt, hatten wir eine gesündere Zukunft vor uns. Daher lächelte ich den Psychiater mit vorsichtigem Optimismus an.

Smith zerstörte meine Hoffnungen im Handumdrehen. »Ich hoffe, Sie haben unser letztes Gespräch nicht vergessen«, sagte er mit einem kühlen Unterton in der Stimme. »Sie erinnern sich, dass Bobby furchtbar geschrien hat. Erinnern Sie sich daran, Robert?«

»Ja«, gab ich zu und ließ den Kopf hängen.

»Und was sagen Sie dazu?«

Ich hatte bisher nie Gelegenheit gehabt, darüber zu reden. Dr. Smith hatte keine Ahnung von der unheilvollen Gestalt, die nun plötzlich auftauchte. Ihr Gesicht war zu einer schrecklichen Grimasse verzogen: ein hasserfüllter Blick, die Lippen auseinandergezogen und die Zähne zusammengebissen; ihre Adern am Hals waren angeschwollen. Ein zittriger Finger zeigte auf Dr. Smith, als wolle er bei einer Gegenüberstellung den Verbrecher ausmachen. Rabenschwarze Augen schienen den Psychiater schrecklicher Vergehen zu bezichtigen. Dann begann die Gestalt mit der krächzenden Stimme einer alten Frau zu lachen.

Hexe

»Tommy hasst dich. Ich hasse dich nicht. Ich mag dich... Du weißt gar nicht, wie sehr ich dich mag! Du bist mein bester Freund.«

»Wer sind Sie?«

»Ich beobachte dich die ganze Zeit. Du leistest ziemlich gute Arbeit. Du machst Menschen glücklich. Glückliche Menschen werden später immer traurig. Du machst richtig gute Arbeit. Gute Arbeit für mich.«

»Wer sind Sie?«

»Du lässt nicht locker, was? Jeder in der Burg kennt mich. Ich wohne nicht bei den anderen. Ich sehe auf sie hinunter. Ich wohne in der anderen Burg. Hast du noch nie von der anderen Burg gehört? Von der schwarzen Burg auf dem Hügel?«

»Wer sind Sie?«

»Ich habe keinen Namen. Aber dort unten« – ich zeigte nach links unten – »nennen sie mich ›Hexe‹. Passt zu mir, nicht wahr? Ich jage allen Angst ein.«

»Ich habe keine Angst vor Ihnen.«

»Du bist zu blöd, um Angst zu haben. Genau, was ich will. Perfekt. Du machst sie glücklich. Bald werden sie dann wieder traurig. Vielleicht sogar böse. Keine Sorge, ich komme zurück.«

Robert

Die Worte der Hexe ließen die ganze Burg erzittern. Selbstverständlich kennt jeder in der Burg die Hexe; ich kenne sie, solange ich denken kann. Früher hatten wir Todesangst, wenn sie alle paar Monate plötzlich in ihrer Raserei auftauchte. Dann tobten in der Burg Zorn, Beschimpfungen, Hass, Schmerzen und Geschrei. Wir flüsterten ihren Namen oder zeigten nur nach rechts oben und zitterten bei den Worten: »Ihr-wisst-schon-wer ist wieder da.«

Das Schlimmste war, dass wir nie wussten, wann die Hexe unbemerkt von ihrem Hochsitz heruntersteigen würde. Von uns aus gesehen thronte ihre schwarze Burg direkt rechts über uns auf einer Felsspitze, zu der uns der Zutritt verboten war. Angstvoll sahen wir hinauf und fragten uns, wann sie wohl wiederkäme. Allerdings bemerkten wir nie etwas. Die schwarze Burg lag ständig im Nebel, Tag und Nacht. Weder Sonne noch Mond enthüllten mehr als ihren vagen Umriss.

Ich fühlte mich persönlich verantwortlich, wenn die Hexe nach einigen Monaten Schlaf zurückkehrte. Außerdem hatte ich keine Entschuldigung wie Bob. Er hatte nichts von der Hexe gewusst, obwohl er oft mit dem Ergebnis ihrer Zerstörungswut fertig werden musste. Ich kannte die Hexe und ihr Terror-Regime schon lange und ich hatte auch Schuldgefühle wegen Bobbys Schmerz. Deshalb zeigte ich mit dem Finger auf Tommy. Defensiv wie ich war, hätte ich mir nie träumen lassen, dass Tommy aus lauter Zorn auf Dr. Smith etwas so Unbegreifliches tun würde. Tommy, dieser kleine Idiot, hatte Smith direkt zur schwarzen Burg und zur Hexe geführt!

Als ich Dr. Smith anvertraute, wie besorgt ich über das Auftauchen der Hexe war, überraschte mich seine Antwort. Er war zurückhaltend, sehr professionell und, was am schlimmsten war, optimistisch. »Ich weiß, dass die Hexe Sie beunruhigt. Mit ihr ist eine lange innere Geschichte verbunden. Es ist ein sensibler Bereich, mit dem ich achtsam umgehen werde. Vergessen Sie bitte nicht, dass ich nicht in der Burg und auch nicht in der schwarzen Burg der Hexe bin. Ich bin draußen und versuche herauszufinden, was los ist.«

»Wissen Sie«, antwortete ich in fast beleidigendem Tonfall, »ich glaube nicht, dass Sie verstehen. Es war mein Fehler. Ich hätte Ihnen schon früher erzählen sollen, dass Tommy Bobby bestraft. Ich entschuldige mich dafür. Aber Sie hatten es so eilig, mit Tommy zu sprechen. Sie haben herausgefunden, wer hier wirklich zugange ist, und dadurch wurde die Hexe richtig sauer. Sie haben das schlimmste Tor der Burg geöffnet. Wir werden die Hölle erleben. Das passiert immer. Und jetzt, verdammt nochmal, bin ich dafür verantwortlich.«

»Robert, lassen Sie mich eins klarstellen«, entgegnete Smith streng. »Sie sind für sich selbst verantwortlich. Sie sind jetzt die dominierende Persönlichkeit in der Burg. Aber solange Sie wollen, bin ich für Ihre Therapie verantwortlich. Wir müssen zwei verschiedene Wege einschlagen, zumindest vorübergehend. Sie sehen die Hexe mit den Augen der Angst, ich dagegen sehe sie mit den Augen der Hoffnung. Versuchen Sie einmal, meinen Standpunkt einzunehmen. Vielleicht kann uns die Hexe eine Erklärung für etwas geben, was wir noch nicht wissen.«

»Was denn?«

»Vielleicht kann sie uns erklären, wie jemand ein offensichtlich erfolgreiches Leben voller Selbsthass und Selbstzerstörung führen kann.«

»Und Sie glauben, dass sie diese Frage beantworten kann?«

»Ich wette, sie kann es. Überlegen Sie mal: Die Hexe blüht auf bei Angst und Hass. Sie haben aber zusammen mit Robbey und Bob eine mächtige Fusion gebildet, um viel Positives zu bewirken. Bobby, ein wunderbares Kind und gleichzeitig ein unartiger Junge, steht dazwischen. Ich verstehe nicht, warum sich alle so sicher sind, dass Bobby immer böse war. Und ich habe auch keine Erklärung dafür, warum Tommy es gerecht findet, ihn grausam zu prügeln.«

»Ich weiß, warum Tommy sich so verhält«, sprudelte ich hervor, ohne nachzudenken. Smith wartete darauf, dass ich fortfuhr. Sollte ich es ihm sagen? Ich wusste auch nicht sehr viel über die Hexe, aber ein wichtiges Detail war mir bekannt. Außerdem fühlte ich mich schrecklich mies, weil ich nicht eingegriffen hatte, wenn Tommy Bobby verletzte. »Okay«, flüsterte ich, »ich sage es Ihnen. Erinnern Sie sich, dass Robbey nur gearbeitet hat, wenn Bob ihn beauftragt hat? Genauso schlägt Tommy Bobby im Auftrag der Hexe.«

»Die Hexe bestimmt also, wann Bobby böse ist und wie er bestraft werden muss. Robert, ich möchte mit der Hexe sprechen.«

»Oh Gott«, flüsterte ich. »Bitte seien Sie vorsichtig. Erzählen Sie ihr nicht, dass ich es Ihnen gesagt habe.« Erst als Smith sein Versprechen gab, bewegten sich meine Augen nervös hin und her, und ich machte Platz für ihre Furcht einflößende Gestalt.

Hexe

»Schon wieder da?«, spottete ich. »Warum sollte so ein weiser Doktor zu mir dummen Alten kommen?«

»Ich will wissen, warum Sie so gemein sind. Ich wette, Sie sind ziemlich nett hinter all dem Gezeter.«

Ich wurde wütend. Was für eine fürchterliche Anschuldigung! Und die anderen hörten zu. »Ich bin nicht nett«, schrie ich ihn an. »Ich bin nie nett. Du bist von der netten Sorte. Ich lebe von so genannten netten Leuten. Pass bloß auf.«

»Ich passe ganz genau auf. Sehr genau. Ich sehe eine sehr gute Schauspielerin, die alle einschüchtert. Dahinter sehe ich jemand anderen. Aber eins verstehe ich nicht ...«

»Du verbreitest Lügen über mich. Da werde ich richtig sauer.«

Aber ein klein wenig neugierig war ich nun doch, was Smith wissen wollte. »Also, mein lieber, supernetter Doktor, was verstehst du nicht?«

»Ich verstehe nicht, warum Sie Tommy beauftragen, Bobby wehzutun.«

»Wer hat dir das erzählt? Wer?«

»Ich habe nur geraten. Ich habe nur so getan, als wüsste ich es. Sie sind auf einen alten Trick hereingefallen.«

Ich starrte den Psychiater an und hätte fast zugeschlagen, doch dann lehnte ich mich zurück. »Was ist das für ein Spiel?«

»Es ist kein Spiel. Es ist eine ernsthafte Frage. Warum tun Sie das? Warum bringen Sie Tommy dazu, Bobby wehzutun?

»Weil Bobby böse ist. Die anderen müssen es wissen, und er muss dafür bezahlen.«

»Wer hat Ihnen das Recht gegeben, so etwas zu tun?«

»Es ist kein Recht!« schrie ich »Es ist meine Verantwortung, meine Aufgabe.«

»Sie haben sich selbst dazu ernannt? Sie wissen also alles? Sie sehen alles?«

»Nein«, schrie ich noch lauter. »Ich habe mich nicht selbst ernannt. Die Aufgabe ist mir übertragen worden. Vor langer Zeit. Ich muss Bobby bestrafen. Es ist einfach so. Ich weiß nicht alles. Nur Auge weiß alles...«

Ich hielt erschrocken inne. Verdammt, ich hatte es schon wieder getan. Dieser raffinierte Psychiater hatte mich wieder dazu gebracht, noch mehr zu enthüllen. Ich konnte nicht anders. Ich lachte auf und tat so, als sei nichts geschehen. Wie der Blitz war ich verschwunden.

Auge weiß alles, kann aber nicht sprechen

»Wer ist Auge?« Smith sprach vertraulich wie ein Privatdetektiv, der eine heiße Spur verfolgt. Er schien sich der Gefahr nicht bewusst zu sein. Die Hexe bedrohte die Burg bereits, wollte er da tatsächlich eine weitere, noch gefährlichere Persönlichkeit entfesseln? Smith wiederholte seine Frage mit Nachdruck: »Wer ist Auge?«

»Auge? Ich kann nicht fassen, dass Sie auf Auge gestoßen sind. Auge wohnt oben in einem Turm der schwarzen Burg. Es weiß alles. Absolut alles. Es ist seit jeher dort und beobachtet alles. Es kann durch Nebel und Wände sehen. Und es hört auch alles.«

»Tatsächlich?«, fragte Smith. »Robert, ich muss mit Auge sprechen. Jetzt sofort.«

»Mit ihm sprechen?«, lachte ich. »Auge kann nicht sprechen. Es kann auch nicht schreiben. Es sieht und hört nur. Es trifft niemanden. Nicht einmal innerhalb der Burg. Auch nicht Sie-wissen-schon-wen.«

»Sie glauben also, dass es keine Möglichkeit gibt herauszufinden, was Auge weiß? Ich kann überhaupt nicht mit ihm kommunizieren?«

»So ist es.« Ich überlegte kurz und sagte dann: »Vielleicht gibt es doch eine Möglichkeit. Verdammt, dann stünde ich allerdings genau mittendrin... Vielleicht könnte ich... Die Sache ist die: Hin und wieder erhalten einige von uns Hilfe von Auge. Wenn zum Beispiel ein großes Problem auftritt, das wir nicht lösen können. Wenn wir konzentriert über das Problem nachdenken und dabei Auge ansehen, hilft es uns manchmal, die Antwort zu finden.«

»Wie kann Auge helfen, wenn es nicht kommunizieren kann?«

»Es ist seltsam. Falls es helfen *möchte*, gibt es uns ohne Worte zu erkennen, wo in der Burg die Lösung zu finden ist.«

»Robert, die Antworten auf diese Fragen sind sehr wichtig für mich und noch wichtiger für Sie. Sie müssen mir helfen, Kontakt zu Auge aufzunehmen.«

»Was für Fragen?«

»Woher kommt der Groll? Warum dieser starke Selbsthass? Warum diese Wut? Was ist in Ihrer Kindheit geschehen?«

»Ich werde es versuchen. Ich kann Ihnen nichts versprechen.«

Ich versuchte lässig zu wirken. Doch tatsächlich war ich sehr aufgewühlt. Smiths Fragen waren begründet. Die Antworten würden einige Geheimnisse aus dem Inneren der Burg aufdecken: Sie würden die Furcht erregenden Auftritte der Hexe, Tommys schreckliche Strafen und Bobbys andauernde Bösartigkeit erklären. Ich hatte nie gewagt, diese Fragen selbst zu stellen, denn sie hätten mich mitten in die schwarze Burg geführt. Dann hätte ›Sie-wissen-schon-wer‹ mich womöglich gefangen nehmen können.

Ich verbrachte das Wochenende damit, an meinem Boot herumzubasteln und war unruhig, weil ich nicht wusste, was ich tun sollte. Smith drängte mich.

Wo hätte ich mir Rat holen können? In meinem Innern? Seit der Fusion hatte ich leichten Zugang zu Bob und Robbey. Sie waren in der Tat ein Teil von mir geworden. Bob war in diesem Zusammenhang aber nicht zu gebrauchen. Er hatte noch nie etwas von der Hexe oder der schwarzen Burg gehört. Und Robbey? Er hatte sein ganzes Leben als Bürogehilfe verbracht und absichtlich ignoriert, was sonst noch los war. Bobby? Was konnte mir ein aufmüpfiges Kind in so einem Augenblick sagen? Der kleine Bob? Er kam nicht in Frage, denn er war noch nie innerhalb der Burgmauern gewesen. Tommy? Es wäre ein Witz, ausgerechnet mit dem wichtigsten Handlanger der Hexe zu reden.

Allmählich wurde die Sache klarer. Die Wahrheit war nicht zu leugnen und ernüchternd. Es kam auf mich, Robert, an. Ich musste eine Entscheidung treffen, die auf jeden in der Burg Auswirkungen haben würde. Ich zögerte. Im schlimmsten Fall würde eine Kette schrecklicher Ereignisse ausgelöst, die uns alle verletzte. Die Hexe wäre wütend, Bobby beschämt und Tommy würde Bobby quälen. Schreie würden in der Burg widerhallen und sie für immer zerstören. Ich war jetzt derjenige, der außen agierte und die Führung übernommen hatte. Dazu war innere Stabilität nötig. Sollte ich das Leben aller in der Burg aufs Spiel setzen?

Ich fühlte mich allein. Smith drängte mich, Orte aufzusuchen, an denen ich noch nie gewesen war – verbotene Regionen in der Burg. Mein ganzes Leben hatte ich bequem in einem Sessel zugebracht, keine unerwünschten Fragen gestellt, nichts angesehen, was nicht für meine Augen bestimmt war. Ich hatte nicht damit gerechnet, eine Führungsposition einzunehmen. Warum also sollte ich nun in ein Wespennest stechen?

Instinktiv wollte ich gar nichts tun, mich nicht bemühen, den Kontakt zu Auge herzustellen. Kein General würde seine gesamte Truppe in einer tollkühnen Aktion gefährden. Die richtige Entscheidung, sagte ich mir, ist, überhaupt nichts zu tun. Jetzt konnte ich mich wieder entspannen. Ich hatte die Fakten gegeneinander abgewogen und mich entschieden. Smith wäre enttäuscht, aber die anderen wären sicher, jedenfalls vorerst.

Dann machte ich mich daran, weiter die Winden des Schiffes zu reinigen. Dies war eine perfekte Beschäftigung für mich, denn wenn die Winden richtig geschmiert sind, surren sie sanft, als wollten sie sagen, alles sei in Ordnung. Eine Winde surrte allerdings nicht, sondern machte zwischendurch immer wieder »Klick-Klick«. Nicht alles war in Ordnung. Warum bestand Smith so sehr darauf, dass ich mit

Auge sprach? Warum konnte er die Sache nicht auf sich beruhen lassen?

Okay, Robert, begreif's endlich. Er hat sich an mich gewandt, weil ich neuerdings nach außen dominiere! Vielleicht auch aus anderen Gründen. Möglicherweise will er mich testen und sehen, ob ich wirklich in der Lage bin, die Führung zu übernehmen. Oh Gott, plötzlich ging mir ein Licht auf. Dr. Smith bat mich, meinen Einfluss im Innern zu nutzen, um für alle anderen Persönlichkeiten etwas zu erreichen. Er wollte, dass ich ihm half, das Rätsel zu lösen, warum wir multiple Persönlichkeiten waren.

Ich hatte die Wahl. Würde ich mich für die kurzfristig sichere Alternative entscheiden? Oder war ich bereit, ein großes Risiko einzugehen, das uns letztlich allen helfen konnte? So lange hatte ich noch nie reglos im Führerhaus meines Bootes gesessen. Schließlich atmete ich tief durch und traf meine Entscheidung. Ich würde Smith vertrauen. Ich würde Auge kontaktieren.

Als ich in jener Nacht im Bett lag, Bobby eingeschlafen und die Burg ruhig war, blieb ich still und öffnete die Augen. Ich atmete durch, drehte meinen Kopf langsam nach rechts, blickte scharf nach oben und zielte mit meinem Blick genau auf die Rückseite der schwarzen Burg. Merkwürdigerweise lichtete sich genau in diesem Moment der Nebel und zum ersten Mal war die schwarze Burg klar und deutlich zu sehen. Mein Blick formte einen imaginären Laserstrahl. Ich hatte einen einzigen Schuss, und er durfte das Ziel nicht verfehlen. Ich rief mir jede einzelne von Smiths Fragen in Erinnerung – warum der Zorn, der Selbsthass, die Wut, die Misshandlungen? – und stellte mir vor, dass sie alle gut verpackt in einer einzelnen Kugel steckten. Ich versuchte, langsam und regelmäßig zu atmen, aber mein Herz schlug heftig. Bitte lass es funktionieren. Bitte lass die Nachricht bei Auge ankommen. Bitte lass sie ihr Ziel nicht verfehlen. Peng – ich feuerte die Nachricht ab.

Mir blieb nur abzuwarten, ob Auge antwortete. Zwei Tage vergingen, während derer ich mich kaum auf meine Arbeit konzentrieren konnte – es sah schlecht aus. Ich versuchte mich mit Vorhersagen. Vielleicht hatte Auge die Nachricht erhalten, weigerte sich aber zu antworten. Das würde mich vor Dr. Smith schwach aussehen lassen. Oder noch schlimmer: Die Hexe hatte die Nachricht abgefangen. Sie wartete den rechten Augenblick ab. Bald wäre hier die Hölle los – Geschrei, Schmerzen, Zorn, Rache, Chaos. Jeder in der Burg würde mich auf ewig hassen.

Ich war sehr in Sorge und konnte nicht einschlafen. Bis zum nächsten Treffen mit Dr. Smith blieb nicht einmal mehr ein ganzer Tag. In den frühen Morgenstunden spürte ich plötzlich ein leichtes Kribbeln in mir. Ich war mir nicht sicher, ob es Wärme oder Licht war, aber ich war sicher, dass Auge geantwortet hatte.

Ich schloss meine Augen und scannte die Burg. Woher kam das Kribbeln? Es war nicht eindeutig. Ich musste das gesamte Burginnere durchforsten. Es war, als spielte ich eine ernste Version des alten Suchspiels »Warm – Kalt«. Es wurde einfach nicht wärmer – nicht in meiner Behausung, nicht in Bobbys Kerker, nicht in Tommys Dachkammer, nicht in Robbeys Studierzimmer, nicht in Bobs Gang, nicht auf der Mauer des kleinen Bob. Ich erhob mich langsam aus dem Sessel, meinem Stammplatz in der Burg. Das Kribbeln kam von hinten. Ich drehte mich vorsichtig um. Es war direkt vor mir. Auge zeigte auf die großen Holztüren der Bibliothek.

Bibliothekarin: »Sie wollen an die Archive?
Dann tun Sie mir einen Gefallen.«

Ich war noch nie zuvor in der Bibliothek gewesen. Es war überhaupt noch nie jemand in der Bibliothek. Wir wussten alle, dass die Türen von innen verschlossen waren. Wenn wir »Bibliothek« sagten, meinten wir den hintersten Teil der Burg. Meistens hielten wir uns vorne in der Burg auf oder in den Seitengängen, um miteinander zu sprechen. Nach hinten gingen wir nie.

Ich starrte auf den Eingang zur Bibliothek mit seinen großen Eichentüren und den schwarzen, schmiedeeisernen Scharnieren. Ein pulsierender weißer Lichtstrahl erhellte die beiden schwarzen Eisenringe, die als Türgriffe dienten. Als ich näher heranschlich, schien mich ein warmer Energiefluss in den Händen aufzufordern, die Tür zu öffnen. Ich entfernte Spinnenweben und Rost, griff nach den beiden schwarzen Ringen und spürte, wie Energie durch meine Arme und meinen Körper strömte. Tatsächlich öffneten sich die Türen ächzend, als ich an den Ringen zog.

Flackernde Öllampen erleuchteten den großen Raum, an dessen Wänden dunkelbraune Bücherschränke aus Holz standen. Die Bibliothek wurde offensichtlich tatsächlich genutzt. Überall gab es in Leder eingebundene Bücher; sie standen nicht nur in den Regalen, sondern lagen auch auf der Schiebeleiter und auf den abgenutzten Teppichen. Als sich meine Augen allmählich an das schummrige

Licht gewöhnt hatten, konnte ich die schweren Holztische sehen, die genau in der Raummitte standen und auf denen wacklige Bücherstapel lagen.

»Hallo«, hörte ich die ruhige, dunkle Stimme einer älteren Frau. »Hallo, hier bin ich.« Woher kam die Stimme? »Direkt vor dir.« Ich hörte ein leises Papierrascheln. Aha, sie saß am Tisch, versteckt hinter den Büchern.

Ich war der Bibliothekarin noch nie zuvor begegnet. Aber Dr. Smith hatte sie schon einmal getroffen. Er erzählte mir von ihrem sonderbaren Besuch eines Abends.

»Hallo, guter Doktor«, hatte die Bibliothekarin zu Smith gesagt.

»Hallo«, hatte Smith geantwortet. Wie komisch, hatte er gedacht, so aus dem Nichts heraus taucht eine neue Subpersönlichkeit mit einer weiblichen Stimme auf. »Und wie heißen Sie?«

Die Frau strich mit einer affektierten Bewegung ihr Haar zurück. »Ich habe keinen Namen«, sagte sie sanft. »Ich bin nicht dadurch bekannt, wer ich bin, sondern eher dadurch, was ich tue. Ich bin die Bibliothekarin.«

»Freut mich, Sie kennen zu lernen. Können Sie mir von Ihrer Arbeit in der Bibliothek erzählen?«

»Ich habe sehr viel zu tun, wissen Sie«, sagte sie wichtigtuerisch. »Ich nehme jedes Buch in die Kartei auf. Jeder Eintrag ist perfekt. So sind die Regeln.«

»Wer leiht sich die Bücher aus der Bibliothek?«

»Niemand leiht sich Bücher.« Sie schien schockiert, dass Dr. Smith nicht besser informiert war. Ihre Stimme klang, als hänsele sie ihn ein wenig für seine Unwissenheit. »Ich bin ein wenig überrascht, guter Mann, dass Sie das nicht wissen.«

»Aber wenn niemand Bücher ausleiht, warum haben Sie dann so viel zu tun?«

»Ach, du meine Güte. Es sind Spenden. Ständig kommen neue. Ich kann kaum Schritt halten.« Sie griff sich mit den Fingern an die Stirn, als wolle sie Kopfschmerzen andeuten, dann strich sie sich sinnlich mit beiden Händen durchs Haar. Sie drehte ihre Handgelenke, prüfte sorgfältig ihre Fingernägel und strich mit der einen Hand über die andere.

»Ich habe nicht viel Zeit für mich selbst, lieber Herr Doktor«, sagte sie. »Aber ich möchte dennoch vorzeigbar aussehen. Meine Nägel und mein Haar brauchen sehr viel Zeit. Sagen Sie mir, guter Mann, mögen Sie mein Haar? Finden Sie mich hübsch?«

Dr. Smith erzählte mir, er habe gelächelt – ich nehme an, es war ein unbehagliches Lächeln. Ehe er antworten konnte, war die Bibliothekarin plötzlich verschwunden. Dr. Smith hatte noch die naheliegende Frage stellen wollen: Wie kommen wir in die Bibliothek? Ich erinnere mich, dass er mir die gleiche Frage stellte, nachdem die Bibliothekarin verschwunden war. Ich sagte ihm gleich, es gebe keine Möglichkeit; niemand gehe hinein, die Türen seien verriegelt.

Und nun war ich doch hier in der verbotenen Bibliothek und sprach mit einer Bibliothekarin, der ich noch nie zuvor begegnet war. Noch befremdlicher war, dass ich ihr Gesicht nicht sehen konnte; es wurde von den Bücherstapeln auf ihrem Tisch verdeckt. Ich würde es auch nie zu sehen bekommen. Doch ihre Stimme war unvergesslich. Dunkel und erotisch. Die Worte kamen ihr nur langsam von den Lippen. Jede Silbe schien sie auf der Zunge zergehen zu lassen. Wie Sirup leckte sie die Worte von ihren Lippen.

»Hallo«, sagte ich. Ich hatte es aufgegeben, die Bibliothekarin hinter ihren Büchern entdecken zu wollen. »Wissen Sie, wer ich bin?«

»Selbstverständlich.« Sie lachte. »Ich verwalte doch die Daten. Von dir gibt es jede Menge Akten hier. Du bist Robert.«

»Wissen Sie, warum ich hier bin?«

»Klar«, antwortete sie. Sie machte eine Pause, atmete tief ein und sanft wieder aus – ein Atemzug, der von Jasminduft erfüllt zu sein schien. »Du möchtest wissen, was in deiner Kindheit passiert ist. Du möchtest das Babybuch.«

»Das Babybuch?«

»Genau – die Kindheitsarchive«, entgegnete sie mit dem Anflug eines neckischen Lachens. »Es ist die Geschichte von Baby. Du weißt, Baby war das Erstgeborene. Vor allen anderen gab es Baby.«

»Das ist es. Das ist, was wir brauchen. Das Babybuch. Könnte ich es haben? Bitte.«

Einen Augenblick lang geschah nichts. Dann schob sie zwei Bücherstapel auseinander – es sah wie eine Schlucht aus. Als ich nach dem Buch in ihren Händen greifen wollte, hielt sie es fest, sodass ich es nicht herausziehen konnte.

»Bitte«, bat ich. »Ich muss es unbedingt sehen.«

»Ich weiß.« Sie lachte erneut. »Ich weiß, wie sehr du das möchtest. Aber ganz so einfach ist es nicht.« Sie lachte schon wieder. Beim Lachen ging ihre Stimme nach oben wie eine schrille Carillon-Orgelpfeife. »Du willst etwas von mir. Ich will auch etwas von dir.«

Wir ließen beide die Hände auf dem Buch liegen. Ihr Jasminatem umhüllte uns beide. Wir hatten uns nie gesehen, nie berührt, doch waren wir einen Augenblick lang von purer Sinnlichkeit umgeben. Es schien, als seien alle unsere Sinne gefangen: schwingende Tonfolgen, reines weißes Licht, der Geruch nach Büchern, ein Kribbeln auf der Haut, ein salzig-süßer Duft. Ich kann nicht beschreiben, was passierte – war es Auges Energie oder die der Bibliothekarin? Die Situation wird mir immer unvergesslich bleiben.

Dann fand ich mich plötzlich in meinem vertrauten Sessel wieder. Ich blickte mich um in Richtung Bibliothek. Ihre Türen waren wie immer fest verschlossen – kein Anzeichen, dass jemand hindurchgegangen war. In meiner Hand lag kein Buch, aber auf meinem Gesicht spiegelte sich ein Lächeln. Die Erinnerung ist unvergesslich. Ich war in der Bibliothek gewesen. Bei der Bibliothekarin hatte ich traumhaft-unwirkliche Freuden erlebt. Das Babybuch war in mein Gedächtnis eingebrannt und wartete darauf, geöffnet zu werden. Doch sobald ich an den möglichen Inhalt dachte, verschwand das Lächeln aus meinem Gesicht und mich schauderte.

Babys Trauma

Es ist schwierig, die Bandbreite der Gefühle zu beschreiben, die ich spürte, als ich das nächste Mal Dr. Smith aufsuchte. Ich war freudig erregt und ängstlich zugleich. Ich hatte ein merkwürdiges Hochgefühl, einer tief in meinem Innern verborgenen Wahrheit näherzukommen, fast so, als sei ich Dr. Smiths Partner und nicht sein Patient. Außerdem hatte die Erfahrung mit der Bibliothekarin ein aufregendes Kribbeln hinterlassen. Damals erzählte ich Smith noch nichts von der Begegnung. Warum nicht, werden Sie fragen. Nun ja, ich habe eine prüde Ader. Ich konnte mir nicht vorstellen, zu Dr. Smith zu sagen: »Der beste Sex, den ich je hatte, fand in meinem Kopf statt, als ich es mit einer Bibliothekarin trieb.« Ich fürchtete, er würde sagen: »Wachen Sie auf, Robert. Kommen Sie auf den Boden der Tatsachen zurück.«

Gleichzeitig packte mich die nackte Angst vor der Rache der Hexe. Obwohl sie es bisher nie auf mich persönlich abgesehen hatte, fürchtete ich, die Hexe würde Tommy zu weiteren Misshandlungen anstacheln, entweder direkt gegen Bobby oder emotional gegenüber meinen Mitmenschen draußen. Aber nichts dergleichen geschah. Das zeigte, dass große Geheimnisse nicht aus der Burg hinausdrangen; dass sie sogar vor den bösen Kräften geheim gehalten werden konnten. Das Auge und die Bibliothekarin, die beiden Wächter der

Wahrheit, schienen sich außerhalb der Reichweite der Hexe zu befinden.

Ich fühlte mich merkwürdig gestärkt, denn ich war die einzige Persönlichkeit, die je so tief bis in die geheimsten Winkel der Burg vorgedrungen war. Ich hatte den Begriff »dominierende Persönlichkeit« neu definiert: Es kam viel stärker auf das Wissen um innere Erlebnisse als auf äußere Macht an. Und dies hatte ich ohne Dr. Smiths Beisein erreicht.

Als ich am späten Abend zu Smiths Praxis fuhr, überkam mich dennoch Angst. Seit zwei Tagen hatte ich Zugang zum Babybuch in meinem Kopf. Aber ich hatte nicht gewagt, es zu öffnen, hatte nicht einmal einen kurzen Blick hineingeworfen. Ich wusste, in mir tickte eine Bombe. Ich erlag nicht der Versuchung, sie allein zu zünden. Wenn es zur Explosion kam, musste Dr. Smith an meiner Seite sein.

Als ich ihm gegenüber saß, blickte ich ihn nur schweigend an. Ich erzählte ihm keine Einzelheiten, sondern brachte die Sache schnell auf den Punkt. »Dr. Smith«, sagte ich schließlich mit einem prophezeienden Seufzer, »es gibt vielleicht eine Möglichkeit, die Antworten auf Ihre Fragen zu finden. Aber jemand anders muss die Geschichte erzählen.«

Meine Augen flackerten und Baby tauchte auf. Es sprach und benahm sich wie ein fünfjähriger Junge, der genötigt wurde, Wahrheiten zu erzählen, die er vergessen wollte. Er durchlebte Bruchstücke der Erinnerung erneut, fast so, als spule er ein Video ab. Seine Erinnerung war frisch und lebhaft. Ich kann nur raten, wann sich das alles tatsächlich ereignet hat – irgendwann im Alter zwischen ein und vier Jahren. Soweit ich mich erinnern kann – und Dr. Smith bestätigte es – war es Babys Geschichte. Ich kann mich nur an ein einziges Mal erinnern, als Baby aufgetaucht ist. Dr. Smiths Notizen lassen allerdings vermuten, dass ich mehrere Sitzungen ineinandergeschoben habe.

Baby

Es ist sehr dunkel. Ich schlafe nicht. Ich lege die Hände auf meine Augen. So wird es noch dunkler. Aber durch meine Hände fühle ich mich warm und sicher. Es ist jetzt ruhig. Oh, nein, ich höre ein Quietschen. Nein, kein Quietschen! Wer kommt da? Nein, nein. Nicht die Tür öffnen. Oh, nein, das Licht wird nicht angemacht. Gar kein Licht. Licht an bedeutet glücklich. Dunkel ist böse.

Nein, bitte heb mich nicht hoch. Bitte, bitte. Ich weine. Er schreit mich an. »Du bist böse!« Dann werde ich geschlagen. Mein Po tut weh. Meine Beine tun weh. »Du bist ein böser kleiner Junge! So ein böser kleiner Junge!« Ich werde wieder und wieder geschlagen. Bitte hör auf. Schlag mich nicht.

Dann ist es vorbei. Die Tür geht zu. Ich rolle mich zu einem Ball zusammen. Meine Hände bedecken meine Augen und meinen Mund. Weine nicht. Weine nicht. Es passiert gleich wieder, wenn ich weine. Böser Junge! Weine nicht.

Jetzt kommt Dr. Smith auf mich zu. Ich habe keine Angst vor ihm. Er umarmt mich. Er wird mir nicht wehtun. Seine Augen sehen nicht so aus, als ob er jemandem wehtun könnte.

Manchmal mache ich mich schmutzig. Meine Windel muss gewechselt werden. Ich versuche, nicht zu schreien. Aber dann schreie ich doch. Manchmal ist es in Ordnung. Dann werde ich trockengelegt. Manchmal nicht. Ich weiß nicht, wann Schlimmes passiert. Aber ich höre es. »Du bist ein böser Junge. Der böseste kleine Junge, den es gibt.« Dann spüre ich etwas an meinem Po. Es ist ein Finger. Es tut weh. Ich schreie. Dann etwas Größeres als ein Finger. Es tut schrecklich weh. Ich schreie lauter. Hör bitte auf. Ich weine wieder. Ich kann nicht aufhören zu weinen. »Böser Junge! Böser Junge! Böser Junge!«

Dr. Smith hält mich eng an sich gedrückt. Er tut mir nicht weh. Ich mache mich ganz klein. Wie ein kleiner Ball. Niemand kann mich verletzen. »Es ist gut. Es ist gut«, sagt Dr. Smith. »Es ist gut.«

Ein anderes Mal bin ich sehr böse. Das habe ich jedenfalls so gehört. »Du bist so böse. Du weißt, was du tun musst. Hol einen Zweig. Einen starken mit Dornen.« Ich gehe zu einem Busch und breche einen Zweig ab. »Gut, lass die Hosen runter.« Oh, bitte nicht. »Es ist deine Schuld. Du bist böse!« Wusch. Wusch. Wusch. Schlag mich nicht. Bitte nicht. Ich bin böse, aber schlag mich nicht. Wusch, wusch, wusch. »Du bist böse. Erzähl niemandem etwas davon. Sonst wird's noch schlimmer. Wer ist böse?« Ich bin böse! Hör auf, mich zu schlagen. Bitte.

Manchmal versuche ich, mich zu verstecken. Aber ich werde gefunden. Ich schreie laut. Manchmal passiert nichts. Ich bin böse. »Nein, bist du nicht, nicht, wenn du deine Hosen ausziehst. Siehst du, jetzt bist du nicht böse. Tanz jetzt zur Musik. Spring auf und ab. Tanz. Sing. Tanz. Das macht doch Spaß, nicht wahr?« Ich bin nicht böse? »Nein, heute nicht, heute bist du nicht böse.«

»Diesmal bist du sehr böse. Ein schrecklicher Junge. Du musst verbrannt werden.« Nein! Ich schreie. Nein! Ich werde hochgehoben und zum Herd getragen. Dort steht ein Topf mit heißem Wasser. Nein! Bitte nicht! Meine Hand. Lass meine Hand los. Nein! Meine Hand wird an den Topf gelegt. Es brennt wie Feuer. Oh, bitte nicht! Ich schreie und weine. Ich versuche, mich zu befreien. Meine Hand wird immer näher zum Topf gezogen. Nein! Dann werde ich plötzlich wieder auf den Boden gestellt. »Hast du geglaubt, ich würde dir wehtun? Ha, ha, ha! So ein böser Junge! So dumm! Denkt, man würde ihm wehtun.«

Ich kann nicht mehr weinen. Dr. Smith hält mich. Ich habe keine Tränen mehr. Ich kann die Flamme auf meiner Haut spüren. Kann nicht mehr weinen.

Sie sagt: »Ich bin eine Hexe.« Sie lacht und lacht. Sie rennt im Zimmer umher. Mit einem Besen zwischen ihren Beinen. »Ha, dummer kleiner Junge.« Sie verfolgt mich. »Ich werde dich auffressen.« Ich weine. Nein! Bitte nicht. Ich renne weg und verstecke mich. Aber sie findet mich. »Sei nicht dumm. Hast du Angst? War nur ein Witz.

Dachtest du wirklich, ich würde dich auffressen? Ha, ha, ha. Er ist zu dumm für einen Witz.«

Nun da Dr. Smith mich im Arm hält, lache ich auch. Ein bisschen. Es war ein Witz. Ich bin dumm. Ich dachte, es wäre ernst gemeint.

Einmal habe ich ein kleines Spielzeug gefunden. Einen Kompass. Mir gefällt die schwarze Linie. Sie bewegt sich nicht, wenn ich mich drehe. Dann ist der Kompass kaputt gegangen. Die schwarze Linie funktioniert nicht mehr. Ich höre das Gebrüll. »Du hast meinen Kompass kaputt gemacht! Du bist so böse! Diesmal ist es am schlimmsten!« Ich werde nach draußen geschleift. Da steht der alte Eisschrank an der Straße, er soll durch einen neuen Kühlschrank ersetzt werden. Ich werde in den alten Eisschrank gestoßen. Die Tür schlägt zu. *Wums*. Die Klinke rastet ein. *Klick*. Ich schreie. Ich weine. Ich trete gegen die Tür. Es ist so dunkel. Es ist heiß. Ich weine noch heftiger. Hilf mir. Bitte, hilf mir. Ich bekomme keine Luft, kann nicht atmen. Ich höre auf zu weinen. Ich rolle mich zu einem kleinen Ball zusammen. Ich versuche zu weinen, aber es geht nicht mehr. Ich muss sterben. Ich weiß es. Kurz bevor ich keine Luft mehr bekomme, öffnet sich die Tür und ich falle hinaus. »Du bist böse! Du bist der böseste Junge auf der ganzen Welt! Erzähl bloß niemandem davon! Sonst musst du zurück in den Eisschrank. Und beim nächsten Mal geht die Tür nicht mehr auf.«

4 Wenn die Wahrheit bekannt wird – was dann?

Robert: »Jetzt kennen wir das Geheimnis. Bin ich nun geheilt?«

Nachdem Baby seine Geschichte erzählt hatte, zuckte es ein wenig und verschwand dann für alle Zeiten. Es wurde unbequem in Dr. Smiths Armen. Ich umarmte ihn nochmals, und er setzte sich wieder auf seinen Stuhl. Still und überwältigt saßen wir einander gegenüber.
»Robert«, fragte er schließlich, »ist da noch mehr?«
»Ja«, antwortete ich ruhig. »Da ist noch sehr viel mehr – weitere solche Ereignisse, weitere Einzelheiten – aber Baby hat Ihnen das Wichtigste erzählt. Zu einer bestimmten Zeit meines Lebens – vielleicht ein Jahr oder länger – muss es Dutzende solcher Vorfälle gegeben haben.«
»Sind Sie okay? Wie fühlen Sie sich?«
Als ich an diesem Buch schrieb, war über ein Jahrzehnt vergangen, seitdem ich Babys Geschichte gehört hatte. Wie ich mich fühle? Ich antworte immer noch auf diese Frage. Meine Antwort ändert sich fast täglich, aber die Frage bleibt dieselbe. Im Laufe der Zeit habe ich das gesamte Spektrum der Gefühle von nackter Wut bis widerwilliger Akzeptanz durchlaufen. Ich glaube, heute, da ich die schrecklichen Wahrheiten des Babybuchs beim Schreiben nochmals wiedergebe, empfinde ich hauptsächlich Mitleid für die furchtbare seelische Verfassung derer, die mich misshandelt haben, und Vergebung, weil mir das ein unglückliches Leben voller Wut und Hass

erspart. Aber das war es nicht, was ich damals fühlte, als Dr. Smith mich fragte.

Damals sagte ich mit zusammengebissenen Zähnen. »Ich bin verdammt wütend. Wie kann man so etwas einem kleinen Kind antun? Ein Baby ficken! Und mein ganzes Leben versauen! Gottverdammte Schweine!«

Dr. Smith sagte kein Wort. Er ließ zu, dass es aus mir herausbrach.

»Ich hätte Lust, einen Besenstiel voller Holzsplitter in ihren Arsch zu stoßen. Und dann ... Scheiße. Das ist ein Witz! Ein verdammter Witz. Ich erinnere mich gerade. Sie sind tot. Diejenigen, die das getan haben, sind tot. Diejenigen, die meiner Qual damals ein Ende hätten bereiten können, sind auch tot. Alle sind tot.«

»*Sie* sind nicht tot.«

»Es ist, als sei ich tot. Fünfzig Jahre lang war diese verdammte Geschichte in mir vergraben. Sie hat mein ganzes Leben kaputt gemacht. Und die Täter kommen straffrei davon? Jetzt kenne ich die Geschichte – na und? Es gibt nichts, was ich dagegen tun kann.«

»Oh, doch, es gibt etwas, was Sie tun können«, sagte Smith milde. »Sie können endlich beginnen, Ihr eigenes Leben zu leben.« Smith hielt inne und sah mir in die Augen. »Ich bin stolz auf Sie, auf alle von Ihnen. Sie haben etwas getan, was die meisten Menschen nicht können. Sie haben der Wahrheit ins Gesicht gesehen. Ohne zu wissen, was damals passiert ist, wären wir nicht sehr viel weiter gekommen.«

Ich hörte Dr. Smith zwar, doch ich konnte nicht wirklich aufnehmen, was er sagte. Seine Freundlichkeit wirkte wie ein Heftpflaster auf einer offenen Wunde. Als mir klar wurde, dass meine Wut kein Ziel hatte – ich konnte nur Tote anbrüllen – versackte mein Zorn und zurück blieb nur Leere.

Smith sah mich an und versuchte herauszufinden, was in mir vorging. »Wie fühlen Sie sich?«

»Um ehrlich zu sein, ich fühle gar nichts. Ich bin benommen, als sei das alles jemand anderem passiert.«

»Robert, ihre multiple Persönlichkeitsstörung verursacht diese Benommenheit. Sie sind ein Meister darin, sich vor Erinnerungen zu verstecken, besonders vor den schlimmsten. Sie wissen das, nicht wahr?« Ich nickte und versank wieder in Gedanken. Dann stieg ein anderes, bekanntes Gefühl in mir auf. Ich konnte es nicht unterdrücken, und so erzählte ich es. »Ich fühle mich schuldig. Ich fühle mich, als hätte ich etwas Böses getan, indem ich Ihnen alles erzählt habe.«

»Das ist der Grund, warum wir noch nicht fertig sind. Heute Abend waren Sie sehr mutig. Sie haben sich einer in Ihnen verborgenen Wahrheit gestellt. Und nun, da Sie diese Wahrheit erkannt haben, fühlen Sie sich schuldig und böse.«

Niemand in der Burg, ich eingeschlossen, konnte mit dem, was wir gerade erfahren hatten, richtig umgehen. Wir konnten es nicht abstreiten. Es erklärte so vieles. Aber eigentlich wollten wir vor diesem Wissen davonlaufen. Was Baby passiert ist, ist schaurig, und es ist hart, Babys Martyrium nachzuempfinden. Wie Ärzte, die Zeugen von zu viel menschlichem Leid werden, haben wir emotionale Mauern gebaut, um weiterleben zu können. Die Burg war voller Mauern – Mauern, um Subpersönlichkeiten voneinander abzugrenzen; Mauern, um sich vor Erinnerungen zu schützen; Mauern, um unerträgliche Schmerzen zu vermeiden.

Ich brauchte Zeit, um nachzudenken. Dr. Smith war damit einverstanden, dass ich zwei Wochen pausierte. Im Notfall konnte ich ihn immer anrufen. Ich fürchtete, die Burg könne in Aufruhr geraten – vielleicht kam nun eine Zeit des Rückzugs oder schlimmer, der Vergeltung dafür, dass ich Geheimnisse aufgedeckt hatte.

Doch Babys Enthüllungen brachten die ruhigste Phase in meinem Innern mit sich seit der Diagnose meiner Identitätsstörung vor zwei Jahren. Aber die Ruhe war unheimlich. Alle Subpersönlichkeiten wussten voneinander. Dennoch gab es keine Aktivität, keinen Streit, keine Intrigen. Stille umgab uns und die Burgen – nicht nur die graue, die wir bewohnten, sondern auch die schwarze auf dem Hügel.

Wir trauerten alle, aber unsere Trauer galt nicht nur Baby. Ich spürte Babys quälende Schmerzen deutlich. Und ich war wütend, dass mein Zorn kein Ziel mehr hatte. Aber Baby war nicht tot. Baby hatte seine schreckliche Geschichte erzählt und sich dann in die Burg zurückgezogen. Es war ein Opfer, keine Leiche.

Was mich sehr berührte, war, dass wir im Grunde den Verlust unserer Unschuld betrauerten. Fünfzig Jahre lang hatte jeder von uns die Wahrheit geleugnet. Jetzt war sie ans Tageslicht gekommen. Jeder von uns spürte tief in sich, dass unser Leben – sowohl das jedes Einzelnen als auch unser gemeinsames Ich – nie wieder dasselbe sein würde.

Jeder stellte sich die gleiche Frage: »Was soll ich jetzt tun?« Es war mir ebenso unmöglich, mir immer wieder Babys Qualen vor Augen zu führen, wie zusammenhängend über meine Zukunft nachzudenken. Mechanisch bewältigte ich meinen Alltag, während ich gleichzeitig völlig durcheinander war.

Bei einem Vortrag über das moderne China vor einer Gruppe von Geschäftsleuten kam ich auf das Massaker auf dem Platz des Himmlischen Friedens von 1989 zu sprechen. Insgeheim zog ich Parallelen zu meiner eigenen Geschichte. Die chinesische Regierung hatte Gewehre auf die eigenen Leute gerichtet und dann die Opfer beschuldigt, das Massaker verursacht zu haben. Eines Tages, so führte ich aus, würde die Wahrheit über das Ereignis in einer Umkehrung des Urteils, wie man in China sagte, enthüllt werden. Aber ich sei mir nicht sicher, ob die Wahrheit zu einem begeisterten Tanz auf den Straßen führen werde. Vielleicht werde der furchtbare Vorfall auch nur ruhig eingestanden. Auch nach einem umgekehrten Urteil, argumentierte ich, besäßen die Chinesen ihre wackelige kommunistische Regierung mit ihrer Sicherheitspolizei und ihrer Propaganda-Maschinerie. »Wie«, so fragte ich in die Runde, »kann die wirtschaftliche und kreative Energie Chinas freigesetzt werden, wenn das Land von einer Regierung geführt wird, die dem Volk Lügen erzählt?« Mir war klar, dass eine analytische Parallele zwischen meinem Trauma und

Chinas Politik ziemlich weit hergeholt war. Doch ich fühlte mich gut dabei, nach außen und innen gleichzeitig einen Vortrag zum selben Thema zu halten.

Ein paar Wochen später hielt ich wieder einen Vortrag, bei dem derjenige, der mich vorstellte, meinen bisherigen Werdegang wie folgt zusammenfasste: »Dieser Mann hat so viel gemacht, dass ich nicht alles aufzählen kann. Vielleicht ist er eine multiple Persönlichkeit.« Nachdem der erste Schock abgeklungen war, erkannte ich, dass er nur eine Stilfigur benutzt hatte. Zum ersten Mal nach Babys Erzählung konnte ich wieder schmunzeln.

Ich versuchte Orte in mir zu finden, zu denen ich Zuflucht nehmen konnte. Was waren meine Werte im Leben? Was inspirierte mich am meisten? Diese Fragen trieben mich um, denn ich war nicht religiös. Nachdem ich nun Babys Erfahrungen kannte, beunruhigten sie mich noch mehr – als Agnostiker versuchte ich, einen Sinn in diesem zerstörerischen Wissen zu finden. Wohin konnte ich mich wenden, um Licht im Dunkel zu finden? Wie verhält es sich mit Schrecken und Schönheit in der Religion? Ich erinnerte mich an die Zeit, als ich dreizehn war und meine Großeltern mich nach Europa mitnahmen. Ich liebte die Kathedrale von Chartres bei Paris mit ihren hohen Gewölbebögen, die mich in den unerreichbaren Himmel emporhoben. In den Museen machten mir allerdings die Qualen der christlichen Heiligen, die auf den Gemälden des Mittelalters und der Renaissance dargestellt waren, große Angst. Der Heiligen Agnes hatte man die Brüste abgeschnitten und den Heiligen Sebastian durchbohrten Pfeile. Schon als Kind fragte ich mich, warum die Welt so traurig war.

Zwar konnte mir das Christentum keine Antworten geben, doch die wunderbare christliche Kunst hat mich schon immer beeindruckt. Ich war fasziniert von Michelangelos Pietà, einer liebenden Mutter, die den leblosen Körper ihres Sohnes nach der Hinrichtung betrauert. Sie hält ihn sanft im Arm, eine letzte Geste von Mutterliebe, ihre linke Hand ist leicht erhoben, als wolle sie fragen: Warum? Auf mich wirkte die Figur traurig und schön zugleich.

Auf dieser Reise nach Europa in jungen Jahren sah ich viele Gemälde, die mich fasziniert haben. Oft waren die Figuren eingebettet in grüne Landschaften, über denen am strahlend blauen Himmel ein weißes, durchdringendes Licht erglomm. Dieses Licht glaubte ich auch bei Menschen zu entdecken, die über echte Herzensgüte verfügten. Manchmal frage ich mich, ob der Missbrauch, den ich als Kind erlebt habe, etwas damit zu tun hat. Vielleicht entwickelt ein missbrauchtes Kind eine übersinnliche Wahrnehmung und die Fähigkeit, hinter schöne Worte und oberflächliche Fassaden zu blicken. Das würde jedenfalls Sinn machen. Denn in einer Welt, in der so Schreckliches passiert, kann das Leben eines Kindes davon abhängen zu erkennen, was jemand tatsächlich vorhat. Wenn jemand Licht ausstrahlt, bist du sicher; wenn es in seinem Inneren dunkel ist, sei wachsam!

Ähnlich hat mich auch die Musik der christlichen Tradition inspiriert. Bachs Größe liegt für mich nicht nur im Klang und in der Form. Bach strahlt dasselbe Licht aus wie die großen Maler der Renaissance. Es ist ein starkes Licht, das mich veranlasst hat, seinem Strahl zu folgen – in die Außen- oder in die Innenwelt.

Was hatte das alles mit der Entdeckung des Missbrauchs in meiner Kindheit zu tun? Vielleicht ermöglichte mir das Nachsinnen, mich mit dieser schrecklichen Enthüllung zu beschäftigen, ohne direkt über sie nachdenken zu müssen. Ich machte mir Gedanken über Gefühle im Allgemeinen, ohne dass diese Gefühle meine eigenen waren.

Als ich nach zwei Wochen wieder zu Dr. Smith ging, wusste ich nicht, was mich erwarten würde. Ich hatte keine Ahnung, ob ich zu einer Feier oder einer Totenwache ging. Doch Dr. Smith thematisierte Babys Geschichte nur am Rande.

»Machen Sie sich keine Sorgen«, versicherte er mir. »Sie haben sich dem Trauma gestellt. So weit sind wir gekommen. Wir wissen, was wir wissen müssen. Wir müssen nicht darauf zurückkommen.« Er lächelte mich an. »Was geht nun in Ihrem Kopf vor?«

Ich erzählte ihm von meinen Gedanken über Musik und Kunst,

und dass ich das moderne China in einem anderen Licht sah.
»Aber«, gestand ich, »ich kann keine Gefühle zu Babys Geschichte entwickeln. Ich kenne sie jetzt. Aber ich scheine nichts dabei zu empfinden.«

»Robert, Sie haben Ihr Leben bisher damit zugebracht, diese Erinnerungen zu vermeiden. Plötzlich kommt die Wahrheit ans Licht. Erwarten Sie, dass Sie diese Wahrheit über Nacht annehmen? Ihre Seele war fünfzig Jahre lang gespalten. Sie haben wahrscheinlich seit Ihrer Kindheit keine einzige einheitliche Emotion gespürt.«

»Aber«, sagte ich besorgt, »ich dachte, wenn ich mein Problem angehe, treten große Veränderungen ein. Kann ich meine innere Spaltung überwinden? Wann werde ich wissen, was ich nach der Asien-Gesellschaft tun will?«

Smith zog seine Augenbraue skeptisch in die Höhe. »Haben Sie geglaubt, dass diese Therapie Wunder bewirkt? Dass wir das Trauma finden und Sie plötzlich geheilt sind?«

»Nein«, log ich. In der Tat hatte ich genau das gehofft – eine Heilung über Nacht.

»Ich bin froh, dass Sie diesen Fehler nicht gemacht haben. Denn so etwas habe ich nie gesagt. Selbstverständlich ist dies ein großer Augenblick. Sie kennen den Auslöser für Ihre Spaltung. Sie haben bei der Aufdeckung der Ereignisse großen Mut bewiesen. Ihre Identitätsstörung haben Sie allerdings noch nicht überwunden. Einige Persönlichkeiten sind noch ziemlich aktiv. Wir müssen erst ganz und gar verstehen, was passiert ist. Dann können wir die Teile wieder zusammenfügen.«

»Wie bei Humpty-Dumpty?«, fragte ich, um meine Enttäuschung herunterzuspielen. »Können wir ihn denn wieder zusammenfügen?«

Dr. Smith vermutete zu Recht, dass wir mittlerweile alle Persönlichkeiten, die in der grauen und der schwarzen Burg wohnten, entdeckt hatten. Babys Geschichte war offensichtlich die entscheidende. Wir kannten die traumatischen Vorfälle, die sich in meiner frühen Kindheit während der Abwesenheit meines Vaters ereignet hatten.

Wir hatten die Ursache für meine Identitätsstörung gefunden. Wir wussten außerdem, dass auch mein Streben nach Erfolg weit in der Vergangenheit wurzelte. Um das herauszufinden, gingen wir bis in die Zeit zurück, als mein Vater aus dem Krieg heimkehrte. Für Smith war es die Geschichte zweier Familien – einer bekannten, kosmopolitischen Familie und einer bescheidenen Familie mit ländlichen Wurzeln – die von Eifersüchteleien und Verbitterung geprägt war.

Laut Smith bestätigte Babys Erinnerung, dass die Peiniger nicht meine Eltern waren. Aus Berichten anderer Burgbewohner, so überlegte er, gehe außerdem hervor, dass der Missbrauch nicht von der Familie meines Vaters verübt wurde. Smith war der Meinung, weder aus moralischer noch aus psychologischer Sicht sei es sinnvoll, sich an den Namen der Täter festzubeißen oder sie anderen zu verraten. Sie waren ohnehin tot.

Unser Schwur, die Identität der Täter zu verschweigen, war nicht immer leicht einzuhalten. Wenn Wut in der Burg herrscht, ist es, ehrlich gesagt, schwer, nichts zu sagen. Doch im Laufe der Zeit kam ich zu der Einsicht, dass der Heilungsprozess besser voranschreitet, wenn ich die Namen der Übeltäter nicht nenne und mich weigere, im Zustand des Zorns zu verharren. Die Kunst besteht darin, die Vergangenheit zu akzeptieren, sie aber nie zu vergessen und einen Weg zu finden, weiter zu gehen. »Vergeben, aber nicht vergessen«, ist tatsächlich die einzige Möglichkeit, mit der Therapie und dem Leben voranzukommen.

Smith fasste zusammen: »Ihre beiden Rollenvorbilder, Ihr Vater und Ihr Großvater väterlicherseits, haben die Messlatte des Erfolgs hoch gesetzt. Ihre Mutter hat Sie angetrieben. Und so wurde Baby eine Aufgabe aufgebürdet, die es nicht erfüllen konnte. Wie kommt man damit klar, der ›böseste Junge auf der ganzen Welt‹ zu sein, wenn einem eigentlich die Aufgabe zufällt, der Erfolgreichste von allen zu werden?«

»Warum bin ich unter dieser Last nicht einfach zusammengebrochen?«

»Das hätte passieren können. Allerdings sind Kinder manchmal unglaublich widerstandsfähig. Sie haben sich geweigert aufzugeben. Sie haben gekämpft. Die einzige Lösung war, innerlich auseinanderzubrechen.«

Smith nahm an, dass Bobby schon früh der Nachfolger von Baby wurde; denn einer musste die Rolle des missbrauchten Kindes und des »bösen Jungen« übernehmen. Er vermutete außerdem, dass Robbey ebenfalls früh auf den Plan getreten ist – er musste die hohen Erwartungen der Familie erfüllen.

»Und die Burg«, wunderte ich mich, »wann ist sie entstanden?«

»Wahrscheinlich zur selben Zeit. Es leuchtet jedem Kind ein, dass auf einer Burg gekämpft wird. Sie hätten Bobby und Robbey nicht im selben Raum unterbringen können. Alle Jungs sind von Burgen fasziniert. Sie sind einfach einen Schritt weitergegangen und haben eine Burg in Ihrem Kopf errichtet.«

»Und von da an«, fragte ich, »haben die verschiedenen Persönlichkeiten miteinander gekämpft? Hätte es nicht ein bisschen friedlicher zugehen können?«

»Eine dissoziative Identitätsstörung hat immer mit Zankerei und Kampf zu tun. Es geht häufig um Macht. Robbey bestimmte, bis seine Grundschulmethoden den Anforderungen der Universität nicht mehr genügten. Bob übernahm mit Robbey als unbekanntem Handlanger, bis er nach dreißig Jahren Führung ausgebrannt war. Und nach dem Gezeter mit Bob haben Sie, Robert, die dominierende Rolle eingenommen. Aber Sie haben etwas völlig Neues mitgebracht. Sie waren der Erste, der diesen Prozess der Aufspaltung in immer mehr Subpersönlichkeiten umgekehrt hat.«

Smith hielt inne und zählte mit den Fingern: »Sie stellen eine Dreier-Fusion dar – Robert, Bob und Robbey. Und der kleine Bob? Ich denke, dass auch er in Ihnen steckt. Wir könnten eigentlich auch sagen« – Smith zählte an seinen Fingern weiter – »dass Sie vielleicht eine Fusion aus sieben Subpersönlichkeiten sind.«

»Sieben? Wie meinen Sie das?«

»Ich glaube, dass wir die Bibliothekarin und Baby nicht mehr sehen werden. Es ist gut möglich, dass beide integriert sind. Und was ist mit dem Turmjungen – Lawrence? Ich wette, er hat sich zusammen mit Robbey integriert. Das sind sieben, nicht wahr? Robert, Bob, Robbey, der kleine Bob, die Bibliothekarin, Lawrence und Baby. Gar nicht schlecht – ein großer Schritt in Richtung Integration. Glückwunsch!« Dr. Smith lächelte ein wenig, vielleicht um sich selbst zu beglückwünschen, aber auch um mich zu ermutigen.

Ich war keineswegs in der Stimmung zu feiern. Ich spürte plötzlich einen unangenehmen Druck in meiner Brust. Eine siebenteilige Integration war ein beunruhigender neuer Gedanke, und ich hatte keine Lust, darüber zu diskutieren. Ich wechselte das Thema. »Tommy und die Hexe verwirren mich. Warum waren zwei Persönlichkeiten nötig, um Bobby zu quälen?«

»Sie müssen den Beginn Ihrer Dissoziation verstehen. Zunächst ging es um Baby, Bobby und Robbey. Baby musste über Jahre mehr Leid ertragen, als tausend Kinder zusammen hätten aushalten können. Baby war ein unschuldiges Opfer – bis seine Unschuld durch den Missbrauch verloren ging. Der kleine Junge brüllte »Ich bin böse« in der Hoffnung, dass seine Peiniger von ihm abließen. Aber das wirkte nicht. Ihre Peiniger brauchten ein Opfer, das seine Rolle wirklich annahm, ein Opfer, das tatsächlich glaubte, was sie sagten. Das Selbstbildnis des bösen Jungen musste aufrechterhalten werden. So entstand Bobby. Das war Ihre erste Spaltung, die erste Dissoziation. Gleichzeitig bestand der Druck, damit fertig zu werden. Dies führte zur zweiten Dissoziation, zu Robbey, dem Guten.«

Dr. Smith versuchte mir analytisch zu erklären, wie es zu meiner Persönlichkeitsstörung gekommen war, aber mir bereitete das nur heftige Kopfschmerzen. Ich spürte, wie verschiedene Kräfte in mir rumorten. Bobby wollte weglaufen, Tommy und die Hexe waren aufgewühlt. Und ich, Robert, sah auf die Uhr und hoffte, Dr. Smith würde es bemerken und seine Analyse so schnell wie möglich beenden. »Okay«, sagte ich ungeduldig, »aber warum Tommy?«

»Bei der Entstehung jeder Dissoziation geht es nicht nur um das Gefühl, böse zu sein. Der Missbrauch wird ständig fortgesetzt, auch wenn die eigentlichen Täter nicht mehr da sind. Das ist nicht nur bei Ihnen so. Selbstzerstörerisches Verhalten gibt es erschreckend häufig. Viele Jugendliche verletzen sich selbst. In Ihrem Fall münzt Tommy den Selbsthass in körperliche Bestrafung um.«

»Es ist schwer für mich, das so zu sehen«, sagte ich und rieb mir die immer heftiger schmerzende Stirn. »Für Sie ist es ein Akt der Selbstzerstörung, für mich ist Tommy einfach der Schlägertyp in der Burg.«

»Klar, Sie sehen die Dinge immer noch so, als geschähen sie in der Burg. Tommy hat die Aufgabe, den Missbrauch aufrechtzuerhalten. Er richtet sich jetzt allerdings mehr gegen Bobby als gegen Baby. Tommy empfindet keine Schuld. Er glaubt, seine Angriffe seien gerechtfertigt.«

»Und was ist mit der Hexe?«

»Überlegen Sie mal, Robert. Wer hat Ihnen von Hexen erzählt?«

»Baby? Es hatte Todesangst vor jemandem, der behauptete, eine Hexe zu sein. Ist es das?«

»Richtig. Die Hexe steht für die Stimme der Täter. Sie fällt über alles her, was schiefläuft und sieht es als Beweis dafür, dass Bobby böse ist. Das Schlimme an einer multiplen Persönlichkeitsstörung ist, dass sie den Missbrauch innerlich rechtfertigt. Es reicht nicht, Bobby zu schlagen. Sie benötigen eine innere Instanz, die den Missbrauch rational begründet. Dafür ist die Hexe zuständig. Sie befiehlt die Bestrafung, und Tommy führt sie aus. Wenn eine multiple Persönlichkeitsstörung nicht therapeutisch behandelt wird, geht das bis ans Lebensende so weiter.«

Smith machte eine Pause. »Das System ist ziemlich früh entstanden, wahrscheinlich als Sie zwischen ein und vier Jahre alt waren, jedenfalls in der frühen Kindheit. Der Missbrauch und die hohen Erwartungen haben einen Teufelskreis entstehen lassen. Sie mussten erfolgreich sein. Der Erfolg brachte Misserfolg mit sich. Misserfolg erforderte Bestrafung. Bestrafung diente als Beweis dafür, dass Sie böse waren. Dann mussten Sie wieder erfolgreich sein, um zu beweisen, dass Sie gut sind.«

»Verdammt.« Ich schüttelte den Kopf. »So, wie Sie es beschreiben, ergibt es tatsächlich einen Sinn.«

»Es war ein geschlossenes System. Es war ausbruchsicher, solange niemand die Wahrheit erfuhr. Erinnern Sie sich, dass es Baby verboten war, davon zu erzählen? Aber vergessen Sie nicht, dass die menschliche Psyche einem Computer gleicht: Nichts ist je ganz vergessen. In Ihrem Fall gab es eine Reihe schrecklicher Erinnerungen, die verdrängt werden mussten.«

»Und deshalb kann Auge nicht sprechen? Deshalb durfte niemand die Bibliothek betreten?«

»Ja, aber Sie haben herausgefunden, wie Sie Auge dazu bringen konnten, Ihnen bei der Entdeckung der Wahrheit zu helfen. Und Sie haben entdeckt, wie Sie von der Bibliothekarin wichtige Informationen erhalten. Sie haben das System besiegt.«

»Ich denke, Sie haben Recht; ich habe gesiegt.« Ich versuchte, erfreut zu klingen, weil ich Dr. Smith das Gefühl geben wollte, dass er einen bemerkenswerten psychotherapeutischen Erfolg verzeichnen durfte. »Ich bin dankbar, das alles zu wissen. Aber Tatsache ist, mir geht es immer noch nicht gut. Wir haben zwar die Vergangenheit geklärt, aber ich habe keine Ahnung, wie es weitergehen soll. Ich fühle mich immer noch schuldig.«

»Das kommt daher, dass das alte System weiter wirkt. Deshalb können Sie im Moment nicht damit umgehen. Man könnte annehmen, dass Sie wütend geworden sind, als Sie die schreckliche Wahrheit erfahren haben, und sich nun darüber freuen, dass Sie endlich das eigentliche Problem angehen können. So denken Menschen ohne eine dissoziative Identitätsstörung. Die Störung bewirkt aber, dass Sie immer noch glauben, Sie seien ein böser Mensch. Besonders dann, wenn Sie allen Grund hätten, sich gut zu fühlen.«

Ich hätte am liebsten geweint und geschrien. Ich wollte mit meinen Fäusten auf jemanden einprügeln. Ich wollte meine Persönlichkeitsstörung loswerden. Ich wünschte mir ein reinigendes Gewitter. Ich wünschte, ich hätte Freude darüber empfinden können, dass ich mit fünfzig Jahren endlich wusste, was vor meinem fünften Lebensjahr passiert war. Doch ich blieb sitzen und sah Dr. Smith an: »Unter dem Strich«, fragte ich schließlich, »wie lange wird es dauern, bis ich mein Leben neu gestalten kann?«

Dr. Smith dachte einen Augenblick nach und warf mir einen väterlichen Blick zu: »Wir sind in einer neuen Phase der Therapie angekommen. Ich denke, wir können die Sitzungen auf einmal pro Woche oder, falls Sie es dringend brauchen, zweimal pro Woche beschränken. Es wird noch einige Zeit dauern, bis Sie Ihr Leben neu gestalten können. Es hängt im Grunde davon ab, inwieweit Sie eine vollständige Integration schaffen. Es gibt immer noch vier wichtige Subpersönlichkeiten – Sie, Bobby, Tommy und die Hexe.«

»Wir reden also von Jahren, nicht Monaten?«

»Ich glaube ja. Das bedeutet aber nicht, dass Sie beruflich nicht neue Wege gehen können. Es ist mit Bob abgesprochen, dass Sie mehrere Dinge gleichzeitig tun können. Außerdem müssen Sie das finden, was zu Ihrem Lebensstil passt.«

»Und wie lange wird es dauern, bis ich glücklich bin?«

Dr. Smith lachte. »Sie machen bereits Fortschritte. Alle meine Patienten stellen mir diese Frage. Auch alle Patienten ohne multiple Persönlichkeitsstörung. Willkommen in der realen Welt. Wann Sie glücklich sein werden? Diese Frage wird Sie für den Rest Ihres Lebens begleiten.«

Robert: »Neue Besen kehren gut.«

In den frühen neunziger Jahren, nachdem ich mich mit Babys Trauma konfrontiert hatte, wollte ich die Vergangenheit unbedingt hinter mir lassen und nach vorne schauen. Obwohl mich Dr. Smith darauf vorzubereiten versuchte, dass ein langer Weg vor mir lag, sehnte ich mich nach einer schnellen Heilung. Nach Jahren, in denen ich immer tiefer gesunken war, hatte ich mein Problem angepackt. Ich hatte ein neues Leben mit neuen Aktivitäten und einer guten Portion Optimismus verdient. Gewiss, ich war immer noch eine gespaltene Persönlichkeit, aber vielleicht hatte ich mich unter Kontrolle und konnte mich anderen Prioritäten in der Außenwelt zuwenden?

Ich berief eine Vorstandsversammlung der Asien-Gesellschaft ein und teilte den Vorstandsmitgliedern mit, dass ich meinen Vorsitz Ende 1992 abgeben würde. Der Bob-Anteil in mir war sehr gerührt, dass sie mich drängten, noch einmal darüber nachzudenken. Ich blieb höflich, aber hartnäckig; ein Neubeginn war von zentraler Bedeutung für die Fusion, die ich mit Bob ausgehandelt hatte.

Überall kursierten Gerüchte, welches Amt ich als Nächstes bekleiden würde: Universitätspräsident? Stiftungspräsident? Botschafter? Es war nicht leicht, die Leute davon zu überzeugen, dass ich tatsächlich keine Pläne hatte. Wenn eine Führungspersönlichkeit mittleren Alters zurücktritt, geht jeder davon aus, dass eine andere Führungsposition im Spiel ist. Es ist viel Geheimniskrämerei dabei. Der beste Hinweis auf eine wirklich hohe Position ist zu sagen: »Ich weiß wirklich noch nicht, was ich tun werde.« Im Wahljahr, in dem der Demokrat Bill Clinton in Meinungsumfragen an Boden gewann, galt es als absolut sicher, dass ein liberaler Asien-Spezialist, der »keine Pläne hat« Washington oder eine Botschaft jenseits des Pazifiks anvisiert.

Ich hatte jedoch tatsächlich keine Ahnung, was ich tun wollte. Es schien mir undenkbar, eine neue Führungsposition anzutreten. Mit meiner Krankheit zurechtzukommen, war schon Verantwortung genug, vor allem da in mir so fordernde Persönlichkeiten wie Bobby, Tommy und die Hexe wohnten. Eines wusste ich genau: Ich war nicht Bob, und ich hatte nicht die Absicht, seinen traurigen Burn-out zu wiederholen. Ich begann mir neue Strategien zu überlegen. Vielleicht sollte ich kurzfristige Beratungen für Lehrkräfte, Rundfunkjournalisten, Wirtschaftsfachleute oder Schriftsteller übernehmen? Ich konnte meinen inneren Hilfstrupp, wenn nötig, kurzfristig um mich scharen und mir gleichzeitig genügend Zeit geben, um die Integration der verbleibenden Subpersönlichkeiten voranzubringen.

Der neue Wochenplan meiner Sitzungen bei Dr. Smith war eine Erleichterung verglichen mit der intensiven Therapie der vergangenen zwei Jahre, allerdings konnte ich nicht verdrängen, was offensichtlich war: Meine Persönlichkeitsstörung bestand immer noch. Die Subpersönlichkeiten blieben sehr aktiv, und Dr. Smith musste sich eine Litanei von Problemen und Klagen anhören. Manchmal griff er ein, um Streit zu schlichten. Robert, Bobby, Tommy und die Hexe wussten zwar voneinander, doch unser Gedächtnis war immer noch in vier Teile gespalten. Und obwohl Auge allwissend war, blieb es doch zurückgezogen in seiner schwarzen Burg und war für uns nicht ansprechbar.

Mit Ausnahme von Auge, das selbst nicht zum Austausch beitrug, bekam keiner von uns alle Gespräche mit, obwohl wir viel miteinander redeten. Smith musste sich erinnern, wer was von wem gehört hatte, wer was zu wem gesagt hatte und wer erfahren musste, was von einem anderen erzählt worden war. Damit klarzukommen wäre in der klatschsüchtigen realen Welt schon kompliziert genug. Wie schwer muss es für einen Psychiater sein, nichts von dem Geschwätz zu vergessen, wenn es im Innern eines einzigen Menschen stattfindet!

Manchmal berührte es mich seltsam, wenn Dr. Smith fragen musste:»Tommy, bist du's? Ich dachte es mir, war mir aber nicht ganz sicher, weil auch Bobby manchmal so verärgert aussieht. Okay, ich möchte dir etwas sagen. Du weißt, dass Robert und Bobby sich manchmal unterhalten. Bobby wollte – nein, ich meine, Robert wollte dir etwas sagen...« Dr. Smith ähnelte in diesen Momenten einer überfürsorglichen Mutter, die die Namen ihrer Kinder verwechselte:»Lass das, Johnny. Himmel, ich meine selbstverständlich Alice. Alice, hör jetzt auf, Suzy zu ärgern!«

Im Jahr 1992, nach zwei Jahren intensiver Therapie, war die psychische Struktur von Robert B. Oxnam immer noch in eine graue und eine schwarze Burg gespalten und sah in etwa so aus:

Robert

Die nach außen dominierende Persönlichkeit wohnt in der Mitte der Burg. Er hat mit Bob fusioniert, von dem er glaubt, er residiere im äußeren Gang, mit Robbey im kleinen Studierzimmer, mit dem geheimnisvollen Lawrence im Uhrmachergeschäft, dem jungen Bob an der Außenseite der Burg, der Bibliothekarin und Baby. Zur Hexe oder zu Tommy besteht kein Kontakt. Gelegentlich spricht Robert mit Bobby. Robert kennt die Burg am besten. Auf ihn sind die Erinnerungen und Fähigkeiten aller übergegangen, mit denen er fusioniert hat. Robert ist der Einzige, der aufgrund seiner Fusion mit der Bibliothekarin Babys ganze Geschichte kennt.

Bobby

Er ist das missbrauchte Kind, aber auch eine potenzielle Quelle für Kreativität, Humor und Verspieltheit. Er haust im Kerker, dessen Tür Robert geschlossen hält. Er darf manchmal kurz ins Freie, wird aber von Robert streng beaufsichtigt. Hin und wieder bestraft ihn Tommy schwer.

Tommy

Er löst im Innern der Burg Furcht aus. Er wohnt in einer strategisch günstig gelegenen Dachkammer mit direktem Zugang zu Bobbys Kerker und einer Tür zum äußeren Gang. Er tritt nicht oft in Erscheinung, kann aber Bobby unvermittelt hart bestrafen oder total wütend auf Außenstehende werden.

Hexe

Sie ist die Stimme der ursprünglichen Täter. Sie wohnt nicht bei den drei anderen Subpersönlichkeiten, sondern in der schwarzen Burg. Sie schaltet sich bei äußerem Stress ein und beauftragt Tommy, Bobby zu bestrafen. Es ist nicht sicher, ob sie Babys ganze Geschichte kennt. Hinter ihrer Fassade versteckt sich möglicherweise eine weniger böswillige Persönlichkeit.

Auge

Es ist die Erinnerungsdatenbank des gesamten Systems. Auges Erinnerungen sind ungefiltert, wie im Computer gespeicherte Notizen, die mit Videobildern verbunden sind. Die Daten der Bibliothekarin dagegen sind gefilterte Erinnerungen. Als innere Geschichtsschreiberin versucht sie, bestimmten Ereignissen im Leben einen Sinn zu geben. Roberts Absorption der Bibliothekarin ist von besonderer Bedeutung, weil dadurch das Gedächtnis der Burg neu verkabelt werden konnte. Auge dagegen bleibt auf freiem Fuß, bereit für den Integrationsprozess. Es spricht und handelt nicht, aber seine Sachkenntnis hilft sehr.

1992 fühlte ich mich, als hätte ich einen Orkan überlebt. Meine Reise nach Neufundland hatte mich durch dieselben Unwetter geführt, wie ich sie später in meinem Innern als verheerend erlebte. Auch den Sturm in meinem Innern begleiteten schäumende Fluten. In meinem Fall folgte der berufliche Burn-out auf ein schweres psychisches Tief, das den Zusammenbruch verursacht hatte.

Die vergangenen drei Jahre intensiver Therapie hatten mich erschöpft. Die Energiequelle der Burg, die für eine einzige Person angelegt war, musste immer noch vier Persönlichkeiten versorgen. Anfang der neunziger Jahre war mir klar, wie meine multiple Persönlichkeitsstörung begonnen und sich entwickelt hatte. Doch ich hatte keine Ahnung, wie ich Humpty-Dumpty wieder zusammensetzen sollte. Da ich keine großen finanziellen Ressourcen hatte, brauchte ich eine neue Anstellung, aber ich war mir sehr unsicher, wonach ich suchen sollte. Ich fühlte mich wie ein wandelnder Zombie in einem Horrorfilm der Dreißigerjahre.

Ich war therapiemüde und empfand es als Erleichterung, als Dr. Smith vorschlug, eine Sitzung pro Woche sei genug. Da die Praxis eine Stunde von meiner New Yorker Stadtwohnung entfernt lag, ging mit der Zugfahrt und dem einstündigen Therapiegespräch immer ein ganzer Abend drauf. Ich konnte mir nicht länger vorstellen, dies öfter als einmal pro Woche auf mich zu nehmen. Außerdem war es anstrengend, dass in der Therapie verschiedene Persönlichkeiten auftauchten, die über mich bestimmen wollten. Sie traten kurz vor, um sich auszuweinen, und dann mussten wir uns alle nach Hause schleppen, um die Wrackteile zu begutachten. Ich brauchte Zeit, um meine Akkus aufzuladen.

Vor allem aber litt ich unter immensen Schuldgefühlen. Wenn ich in drei Worten erklären müsste, wie man sich mit einer dissoziativen

Identitätsstörung fühlt, so würde ich sagen: Selbstzweifel, Selbsthass und Schuldgefühle. Mir war klar, dass ich nicht schuld an meiner Störung war, doch ich machte mir ständig Gedanken über Ereignisse, bei denen ich mich unangemessen verhalten hatte oder wütend geworden war.

»Dr. Smith«, fragte ich besorgt, »es gibt etwas, das ich unbedingt wissen muss: Bin ich gefährlich? Bitte sagen Sie mir die Wahrheit.«

»Sie haben bei den Menschen, die Ihnen am nächsten stehen, emotionalen Schaden verursacht, aber am gefährlichsten sind Sie für sich selbst. In Ihrem Innern haben Sie schlimmen Schaden angerichtet. Und das bleibt eine ernste Bedrohung. Ihre Form der Selbstzerstörung ist gravierend. Ich meine nicht nur die fürchterlichen Dinge, die Tommy Bobby antut. Ihr gesamtes inneres System beruht auf Hass und Schuldgefühlen. Jeder Einzelne von Ihnen ist in einem Teufelskreis gefangen, der durchbrochen werden muss.«

»Bin ich für Außenstehende gefährlich?«

»Nicht so, wie Sie fürchten. Sie stellen keine physische oder sexuelle Bedrohung für andere Menschen dar. Es kommt seltener zu Wutausbrüchen und körperlichen Angriffen als in der Vergangenheit, aber Sie können immer noch in Rage geraten und die Gefühle Ihrer Mitmenschen verletzen. Irgendetwas, oft eine ungerechtfertigte Anschuldigung, provoziert Sie, was Ihre Überreaktion aber nicht rechtfertigt. Sie stellen sich selbst ein Bein. Tommys böse Zunge trifft wahllos Außenstehende. Die Hexe in Ihnen hat ihre wahre Freude daran, weil es ihr beweist, dass das System böse ist. Sie zeigt mit dem Finger auf Bobby. Tommy greift ein und quält Bobby. Unterm Strich ist es für jeden die Hölle.«

Ab diesem Tag plagten mich Schuldgefühle, wenn ich an meine Wutanfälle dachte. Wie konnte ausgerechnet ich die Gefühle anderer Menschen verletzen? Ich wusste doch selbst am besten, wie zerstörerisch sich emotionale Kränkungen auswirken. In meiner Erinnerung schmerzen die Beschimpfungen und Beschuldigungen oft mehr als die körperliche Gewalt und der sexuelle Missbrauch.

Ich war lange genug in Therapie, um mich lebhaft an frühere Wunden zu erinnern, und zwar nicht nur an jene, die uns zugefügt worden sind, sondern auch an jene, die wir anderen zugefügt haben. Die Bibliothekarin war in mir verankert, und ihre Unterlagen zeugten von wahrlich fürchterlichen Wutausbrüchen in der Außenwelt. Es war klar, dass die grausame Verbindung zwischen der Hexe und Tommy, die häufig zu Gewalttaten in der Burg geführt hatte, auch beträchtlichen Schaden draußen angerichtet hatte. Die Burgbewohner, ich eingeschlossen, zeigten großes Talent, anderen die Schuld zuzuschieben. Es war Zeit einzugestehen: »Ich bin dafür verantwortlich.«

Ich weiß mittlerweile, dass Missbrauch ein erlerntes Verhalten ist, und dass Menschen, die missbraucht worden sind, oft andere missbrauchen. Ich weiß, dass Missbrauch häufig von Generation zu Generation weitergegeben wird; in manchen Familien tritt Missbrauch über die ganze Ahnentafel auf. Ich möchte aber mein verletzendes Verhalten anderen gegenüber nicht entschuldigen, indem ich auf Forschungsergebnisse verweise, die den Schluss nahelegen, ich hätte keine andere Wahl gehabt. Ich hätte schon viel früher eine Therapie beginnen und mir Rat holen können. Stattdessen habe ich der Versuchung nachgegeben und ein Suchtverhalten entwickelt. Mein Kopf war erfüllt von einem neuen Mantra: Die multiple Persönlichkeitsstörung ist eine Erklärung, aber keine Entschuldigung.

Ich begann, Fehler der Vergangenheit wiedergutzumachen, und bemühte mich gleichzeitig, mir ein neues Leben aufzubauen. Es war nicht leicht, wenn jene, die ich verletzt hatte, nicht einsahen, dass ich wirklich versuchte, meine Fehler zu korrigieren und mich mehr um andere zu bemühen. Ich ärgerte mich, wenn ich auf eine Rolle festgelegt wurde und mir anhören musste, ich wolle nur alles abstreiten und sei ein »eingebildeter Scheiß-Wichser«. Die gesamten Neunzigerjahre hindurch schrie die Hexe in solchen Momenten: »Du bist böse! So böse!« Daraufhin schlug Tommy Bobby wieder und wieder ins

Gesicht. Unter Schmerzen bettelte Bobby schließlich weinend: »Es tut mir leid. Bitte verzeih mir. Ich bin so böse.«

Ich habe festgesellt, dass nicht nur ich solche Schuldgefühle habe. Auch andere Patienten, die an einer dissoziativen Identitätsstörung leiden und die ich in verschiedenen Seminaren in New York getroffen habe, kennen Wutausbrüche und Schuldgefühle. Es mag Sie überraschen, dass es spezielle Kurse für Menschen mit dieser Störung gibt, aber in New York und Umgebung findet man wahrscheinlich tausend oder mehr Menschen, die darunter leiden. Viele Patienten haben die Diagnose erst im fortgeschrittenen Erwachsenenalter bekommen. Bis dahin hatten sie sich durchs Leben gekämpft und mit unterschiedlichem Erfolg versucht, ihr Berufs- und Familienleben aufrechtzuerhalten. Sie waren bemüht, ihre Wutausbrüche und ihr asoziales Verhalten zu bagatellisieren.

Was die anderen über ihre Therapie erzählten, kam mir sehr bekannt vor: eine stattliche Anzahl innerer Persönlichkeiten, unüberwindliche Erinnerungsbarrieren und Gedächtnislücken, architektonisch unterschiedliche innere Gebäude, verdrängte Kindheitstraumata. Wenn wir uns unsere Geschichten erzählten, war oft eine unverkennbare Wut spürbar. Einige hatten sich besser unter Kontrolle, andere weniger. Ein Patient gestand beispielsweise: »Ich habe gerade die Praxis meines Seelenklempners kurz und klein gehauen.«

Wie sich in unserem Kurs zeigte, waren Zorn und Schuldgefühle eng miteinander verbunden. Alle kannten das Gefühl, von Natur aus »böse« zu sein; alle waren als »böse« Kinder bestraft und zu »bösen« Erwachsenen geworden. Alle nahmen die Schuld auf sich, wenn etwas Schlimmes passierte. Viele hatten sich ihr Leben lang innerlich gequält, weil sie sich schuldig fühlten.

Im Anschluss an einen dieser Kurse stellte sich heraus, dass ich dieselben Probleme hatte wie zwei andere Patienten: Eine Frau erzählte, sie mache große Fortschritte in der Therapie, doch mit ihrer Familie und ihren Freunden sei es furchtbar. Alle sähen in ihr »das böse alte Ich«. Der andere Mitpatient beklagte sich darüber, dass manche Menschen die Diagnose »multiple Persönlichkeit« von vornherein als unglaubwürdig ablehnten und Belege einforderten: »Beweise, dass du an dieser Störung leidest und nicht einfach nur ein schlechter Mensch bist.«

Ich kenne Menschen, die eine multiple Persönlichkeitsstörung vorgetäuscht haben. Doch, es stimmt tatsächlich – manche Leute wollen damit vielleicht Aufmerksamkeit erregen. Eine sehr naive Frau hat mir gegenüber einmal bemerkt: »Oh, Sie werden diese Störung nie los werden. Alle multiplen Persönlichkeiten, mit denen ich befreundet bin, wissen, dass es nie weggeht.« Wie viele dissoziativ gestörte Freunde mag diese Frau wohl haben?

Als seien die Schuldgefühle nicht schlimm genug, musste ich feststellen, dass viele Menschen multiplen Persönlichkeiten mit Misstrauen und Zweifeln begegnen. Könnten Sie sich vorstellen, einen Krebspatienten aufzufordern, seine Krankheit zu beweisen und zu belegen, dass er seine Schmerzen nicht nur vortäuscht? Für eine Identitätsstörung gibt es, anders als für Krebs, keine eindeutigen medizinischen Beweise. Nur ein erfahrener Therapeut kann dissoziative Störungen zuverlässig diagnostizieren. Der größte Teil der Therapie, einschließlich des Auftretens und der Entwicklung der Subpersönlichkeiten, findet im geschützten Raum einer therapeutischen Praxis statt. Laut Gesetz – und das sagt auch der gesunde Menschenverstand – sind Außenstehende, einschließlich Familienangehörige und Freunde, von den Therapiesitzungen ausgeschlossen. Woher soll der Beleg also kommen?

Nach einigen Jahren Therapie hatte ich keinerlei Zweifel mehr daran, dass ich an einer multiplen Persönlichkeitsstörung litt. Ich schwor mir, es allen Skeptikern sofort zu beweisen. Ich war traurig und wütend, dass diese Störung nicht ernst genommen wird, so wie ich auch entsetzt wäre über jemanden, der vortäuschte, einen Rollstuhl zu benötigen.

Mir ist bewusst, dass eine »wiedergefundene Erinnerung« heutzutage ein sensibles Thema ist. Viele, die des Missbrauchs angeklagt waren, und auch einige Psychiater und Anwälte mussten Einspruch gegen Patienten erheben, die behaupteten, sie hätten ihr Gedächtnis wiedererlangt. Ich bezweifle nicht, dass es vereinzelt Menschen geben mag, die vortäuschen sich an Missbrauch und Misshandlungen zu erinnern – vielleicht um Aufmerksamkeit zu erregen oder um Rache zu nehmen. Dadurch wurde der Begriff »Missbrauch mit dem Missbrauch« geprägt.

Da wir weder Therapeuten noch Anwälte sind, können wir in unserer Burg nur unsere Geschichten erzählen und sie für sich selbst sprechen lassen. Unsere Erfahrung steht den Aussagen gegenüber, die alle wiedergefundenen Erinnerungen als unseriös abtun oder sogar den gesamten Berufsstand der Psychiater diskreditieren. Wenn wir unsere Erinnerung nicht wiedererlangt hätten – und das gilt besonders für Babys Geschichte – wären wir immer noch in elf Persönlichkeiten gespalten. Den Psychiatern, die sich auf dissoziative Persönlichkeitsstörungen spezialisiert haben und oft Patienten am unteren Ende der Einkommensskala behandeln, verdanken wir sehr viel. Dr. Smiths Schätzungen zufolge versuchen er und seine Kollegen etwa dreißigtausend Personen in Amerika zu helfen, die an dieser Störung leiden.

Anfang der Neunzigerjahre traf ich mich anlässlich einer Fachtagung am Cortland Medical Center in Westchester County, New York mit einer Gruppe von dreißig Therapeuten und Psychiatern, die dissoziative Störungen behandeln. Dr. Smith hatte mich gefragt, ob ich bereit sei, über meine Erfahrungen zu berichten. Er hoffte, dies könne sowohl für die Tagungsteilnehmer als auch für mich von Nutzen sein. Die Veranstaltung dauerte zwei Stunden und war bemerkenswert. Meine anfänglichen Bedenken schmolzen dahin, als ich feststellte, dass es mir guttat, vor diesen Leuten über den Verlauf meiner Störung in den letzten drei Jahren zu berichten. Die warmherzigen Reaktionen während und nach der Veranstaltung zeigten mir, dass es den Zuhörern half, wenn sie meinen Fall mit ihren eigenen Patienten vergleichen konnten. Sie wollten ergründen, welche Erfahrungen ich mit den verschiedenen Subpersönlichkeiten, meiner partiellen Integration, meiner inneren Struktur und dem Zusammenhang zwischen meinem inneren und äußeren Leben gemacht hatte. Ich erkannte schnell, dass ich ernsthaft interessierte Fachleute vor mir hatte, die sich dem Verständnis eines zunehmend bedeutenderen Randgebiets der Psychiatrie verschrieben hatten. Ich fühlte mich geehrt, dabei sein zu dürfen.

In einem persönlichen Gespräch nach der Tagung stellte mir ein Therapeut eine Frage, über die ich auch schon lange nachgedacht hatte: »Sie gehören zu den wenigen, die es trotz einer dissoziativen Identitätsstörung beruflich weit gebracht haben. Wie erklären Sie sich das?« Ich antwortete, ohne lange nachzudenken. »Ich glaube, dass viele Patienten Ähnliches erreicht hätten, wenn sie in meiner Situation gewesen wären. Ich habe ein extremes Kindheitstrauma erlitten, doch im Gegensatz zu den meisten multiplen Persönlichkeiten stand ich bereits in sehr frühem Alter unter enormem Erfolgsdruck. Unbewusst hat sich mein System selbst neu verkabelt. Ich glaube, dass mein beruflicher Erfolg nicht *trotz* meiner Störung möglich war, sondern, ganz im Gegenteil, gerade *wegen* ihr.«

Robert: »Aus der Hölle in den Himmel.«

Seit Dr. Smith mir zum ersten Mal den Ablauf der Therapie erklärt hatte, waren wir auf der Suche nach dem ursprünglichen Trauma, als suchten wir nach einer Goldader. Als wir darauf stießen und der Wahrheit ins Gesicht sahen, kündigte sich tatsächlich ein neues Zeitalter an.

Wenn ich heute, viele Jahre später, auf den Beginn der Neunzigerjahre zurückblicke, kommt mir mein damaliger Optimismus äußerst naiv vor. Mein großes Glück traf ich damals allerdings nicht im Beruf, sondern in Gestalt einer neuen Liebe.

Meine zahlreichen persönlichen Probleme, vor allem meine Alkoholabhängigkeit und die schwere dissoziative Störung, belasteten meine Ehe schwer. Nach einem kurzen Versöhnungsversuch trennten meine Frau und ich uns 1991. 1993 wurden wir geschieden. Ich bedaure zutiefst, dass meine Probleme die Beziehung zu meiner Frau und zu meinen Kindern so stark belastet haben. Gleichzeitig bin ich stolz darauf, dass meine beiden Kinder zu erfolgreichen Erwachsenen herangewachsen sind. Ich bin ihnen unendlich dankbar dafür, dass sie in den vergangenen Jahren für mich da waren. Das bedeutet mir mehr, als sie vielleicht wissen. Sie sind beide gesunde und wunderbare Menschen und der lebende Beweis dafür, dass eine dissoziative Störung nicht genetisch vererbt wird.

Zweifellos hatte mich die Therapie erschöpft und ich fühlte mich schuldig. Aber allmählich stellten sich auch positive Gefühle ein. Ich hatte etwas geleistet, hatte mich einem sehr schwierigen seelischen Prozess gestellt. Ich zählte immer noch ehrgeizig die Erfolge. Einige Kämpfe hatte ich gewonnen, aber der Sieg war mir noch nicht sicher. Ich hatte die Hölle erlebt. War es nicht an der Zeit, auch den Himmel ein wenig zu genießen?

Da traf ich Vishakha Desai. Vishakha wurde als künstlerische Leiterin der Asien-Gesellschaft eingestellt. Vom ersten Augenblick an war ich von ihrer Eleganz und ihrem Wissen fasziniert. Ich war erstaunt, wie sie innerhalb eines einzigen Jahres das Kulturprogramm der Asien-Gesellschaft überarbeitete und fantastische Ausstellungen über zeitgenössische asiatische und asiatisch-amerikanische Kunst organisierte. Ich beneidete sie um ihre Gabe, ein immer breiteres Netz von Freunden, Kollegen, Sponsoren, Stipendiaten, Kuratoren, Museumsdirektoren und asiatischen Kulturschaffenden zu pflegen. Kraftvoll und zielstrebig wie ein indischer Taifun fegte sie über die nationale und globale Landkarte und war bald schon Präsidentin der renommierten Vereinigung der amerikanischen Museumsdirektoren.

Vishakha und ich verstanden uns sofort. Ich ließ ihr völlig freie Hand bei der Umstrukturierung des kulturellen Bereichs der Asien-Gesellschaft, und sie unterstützte mich bei meinen programmatischen Innovationen in den USA und jenseits des Pazifiks. Wie sehr wünschte ich mir, ich hätte dieses berufliche Umfeld bereits in den harten Anfangsjahren um 1980 vorgefunden! Ich erinnere mich, dass ich Vishakha einmal begeistert vorstellte: »Meine Zeit als Vorsitzender der Asien-Gesellschaft wird vielleicht am ehesten deshalb in Erinnerung bleiben, weil ich Vishakha Desai eingestellt habe.« Den Wahrheitsgehalt dieser Aussage konnte ich damals nicht erahnen, doch 2004 wurde Vishakha als Nachfolgerin von Botschafter Nick Platt, der die Asien-Gesellschaft von 1992 bis 2004 geleitet hatte, zur neuen Präsidentin gewählt.

Vishakha ist eine attraktive und anmutige Frau. Als Kind hat sie in den fünfziger Jahren in Indien klassischen indischen Tanz gelernt und später an professionellen Aufführungen mitgewirkt. Um asiatische Kunstgeschichte zu studieren, hat sie sich gegen eine Karriere als Tänzerin entschieden, doch ihr Gespür für Bühnenpräsenz hat sie bis heute behalten. Wenn sie spricht, unterstreicht sie ihre Aussagen mit den Bewegungen ihrer langen Finger. Eines unserer Mitglieder meinte einmal: »Ich war begeistert von dem, was Vishakha gesagt hat, auch wenn ich mich nicht mehr an alles erinnern kann. Ihre Handbewegungen haben mich hypnotisiert.«

Ich war von mehr als nur von Vishakhas Händen hypnotisiert und glücklich, dass diese Anziehung auf Gegenseitigkeit beruhte. Ich hatte schnell klargemacht, dass ich bei der Asien-Gesellschaft kündigen und meine Frau verlassen würde. Vishakha und ich hätten unsere Romanze also offen zeigen können, aber wir befürchteten beide, dass unsere Liebesbeziehung sich negativ auf unsere Arbeit auswirken konnte – immerhin war ich noch für einige Monate ihr Vorgesetzter. Daher weihte ich rasch unseren Vorstandsvorsitzenden John Whitehead ein. Wie immer war John sehr entgegenkommend: »Ich sehe kein Problem. Eure Beziehung erhöht die Wahrscheinlichkeit, dass ihr euch stärker auf die Asien-Gesellschaft konzentriert.« Und so zeigten Vishakha und ich bald offen, wie verliebt wir ineinander waren.

Vishakha gestand mir direkt am Anfang unserer Beziehung, dass sie sich wegen ihres beruflichen Erfolgs als Frau seit Langem im Zwiespalt fühlte. Ein indischer Astrologe hatte entdeckt, dass ihre Sonne, Mond und Merkur zugleich im Zeichen des Stieres standen. Er hatte meiner willensstarken Vishakha empfohlen, einen gelben Saphir zu kaufen, um ihre kraftvolle Ausstrahlung zu mildern. Für mich, der ich durch ernste psychische Probleme geschwächt war, konnte nichts besser sein als eine starke Partnerin. Doch vorsichtshalber schenkte ich ihr eine Halskette mit gelben Saphiren, damit sie nicht zu sehr dominierte.

Es war Ironie des Schicksals, dass sich Vishakha ebenso von meiner scheinbaren »Stärke und Stabilität« – so wirkte ich im Beruf durchaus – angezogen fühlte. Sie vertraute ihren Freundinnen an, endlich sei sie einem Mann begegnet, der keine emotionalen Probleme habe. Sie können sich vorstellen, wie überrascht sie war, als ich ihr schon bald meine Geschichte erzählte. Sie hörte mir aufmerksam zu und reagierte mit erstaunlicher Wärme und Zuneigung: »Bei deinem souveränen Auftreten und deiner Professionalität im Büro hätte ich dies nie vermutet. Statt mit einer stabilen Persönlichkeit bin ich also mit dem gespaltensten Menschen zusammen, der mir jemals begegnet ist. Was soll's, ich liebe dich, und damit basta.«

Beruflich harmonierten wir wunderbar; Vishakha wusste von der seltsamen Beziehung zwischen Bob und Robbey, und sie respektierte deren Erfolge. Sie verstand auch die integrierte Persönlichkeit, die ich, Robert, mit Bob und Robbey bildete. Dennoch, bei aller Komplexität meines Inneren – die Beziehung führte Vishakha mit Robert. Ich, Robert, war es, der die Magie unserer Bindung spürte, wenn wir uns beim Essen unterhielten, wenn wir kulturelle Veranstaltungen besuchten oder auf langen Spaziergängen miteinander redeten. Wir verstanden uns perfekt. Unsere Liebe wurde von einer Wärme getragen, die andere ansteckend fanden.

Dennoch gab es ein unausgesprochenes Ungleichgewicht, das uns während der ersten Jahre begleitete. Schon bald nachdem ich Vishakha die Wahrheit über meine Störung erzählt hatte, wurde sie wiederholt Zeugin meiner Launen. Ich, Robert, war innerlich erschöpft und schwach und versuchte, ein zerbrechliches Gebilde aus unterschiedlichen Persönlichkeiten zusammenzuhalten. Vishakha war stark und entschlossen. Sie war bereit, sich wie eine Krankenschwester um mein Leiden zu kümmern. Sie war sogar stark genug, mit den gelegentlichen Auftritten von Tommy fertig zu werden. Einmal, am Anfang, wurde ich ärgerlich, als Vishakha nicht genügend darauf bedacht schien, unsere Beziehung geheim zu halten. Plötzlich tauchte Tommy aus dem Nichts auf, brüllte sie mitten auf der Straße an und schmiss verächtlich die Einkaufstüte mit Lebensmitteln auf den Boden. Vishakha nahm meine Persönlichkeitsstörung nicht als Entschuldigung hin. Sie zeigte zwar Verständnis, weil sie wusste, woher meine Wut kam, machte aber deutlich, dass sie mein Verhalten inakzeptabel fand. Ihr reifer Umgang mit der Situation zähmte Tommy, dessen Ausbrüche in unserer Beziehung immer seltener wurden.

Nach wie vor schwebte die Hexe bedrohlich über uns, ebenso wie über der Burg. Eines Abends nach dem Essen unterhielten Vishakha und ich uns beim Espresso über meine Persönlichkeitsspaltung und die Herausforderungen, die sie für unsere Beziehung bedeutete. Vishakha sagte, sie kenne die Hexe noch nicht und wolle ihr gern begegnen. Ihr Vorschlag erschreckte mich zutiefst. Schlimmer noch: Während ich sprach, spürte ich einen Umschwung in meinem Innern und war machtlos, ihn zu verhindern. Ich sah, wie Vishakha mich mit weit geöffneten Augen ansah und allen Mut zusammennahm, um die neue Situation zu bewältigen. Sie beobachtete, wie mein Gesicht und meine Hände das gehässige Antlitz der Hexe annahmen:

»Aha, die kluge Vishakha versucht, Robert zu ködern.«

»Ich fürchte mich nicht vor dir«, sagte Vishakha so ruhig wie möglich. »Ich möchte dich kennen lernen.«

»Du lernst mich besser nicht kennen«, fauchte ich sie an. »Ich kann dich nicht ausstehen.«

»Warum nicht?«

»Weil du raffiniert bist. Du versuchst, Robert glücklich zu machen. Siehst du nicht, dass es ein schlechtes Ende nehmen wird? Dieses armselige Glück wird ein Ende haben. Verschwinde. Ich warne dich.«

»Ich bin anderer Meinung. Und ich gehe nicht weg.«

»Du wirst schon sehen, was du davon hast. Schlechte Zeiten liegen vor dir. Ich warne dich. Weißt du, was? Ich hasse dich. Ich werde dich immer hassen.«

Als die Hexe verschwunden war, sah ich Vishakha flehentlich an: »Es tut mir so leid. Ich wollte nicht, dass du ihr begegnest. Aber als du darum gebeten hast, konnte ich sie nicht mehr unter Kontrolle halten.«

Vishakha blieb unerschütterlich: »Ich bin froh, dass ich ihr begegnet bin. Es war nicht leicht, aber es ist gut, dass es so gekommen ist. Außerdem habe ich den Eindruck, dass sie uns gar nicht so viel Angst einjagen kann, wie sie gern hätte.«

Ich war erleichtert. Patt zwischen zwei starken Frauen. Die schwarze Hexe gegen den gelben Saphir. Vishakhas Reaktion war ein typisches Beispiel ihrer Stärke und ihrer Fähigkeit, allem etwas Gutes abgewinnen zu können.

Vishakhas Charakter habe ich erst völlig verstanden, als ich ihre Familie in Ahmedabad, der Hauptstadt von Gujarat im Nordwesten Indiens, kennen lernte. Vishakha war eines von sieben Kindern. Ihre Eltern waren ein außergewöhnliches Paar. Nirubhai Desai und seine Frau Ben zählten in den dreißiger und vierziger Jahren zu den Anführern der Unabhängigkeitsbewegung gegen Großbritannien. Beide waren enge Verbündete von Mahatma Gandhi, der sich nach seiner Rückkehr aus Südafrika in Ahmedabad niederließ. Nirubhai Desai wurde von den Briten immer wieder für längere Zeit inhaftiert. Schließlich war er ein bedeutender Journalist und befürwortete die sozialpolitischen Reformen. Ben war ebenfalls Aktivistin und führte die Frauenbewegung an, ehe sie sich später ausschließlich um ihre große Familie kümmerte.

Nirubhai und Ben waren schon Ende siebzig, als ich sie zum ersten Mal traf. Sie beeindruckten mich sehr. Nirubhai war intelligent, gebildet, dogmatisch und leidenschaftlich. Ben blieb mit ihrer ruhigen Gastfreundschaft mehr im Hintergrund und mischte sich nur ein, wenn sie ihre Meinung für wichtig hielt. Bis Nirubhai Ende 1993 an Parkinson starb, waren sie das perfekte indische Paar. Nirubhais vielfältige Interessen – von Musik und Kunst bis Bergsteigen und Fitness – haben sich auf seine Kinder übertragen. Auch Bens eisernen Willen haben viele ihrer Nachkommen geerbt. Vier von Vishakhas Geschwistern taten es ihr gleich und beschlossen, in die Vereinigten Staaten zu ziehen; nur zwei sind in Ahmedabad geblieben.

Bobby fühlte sich in Indien am wohlsten. Nicht weil wir ihn öfter unbeaufsichtigt gelassen hätten, sondern weil es Menschen gab, die auf ihn zugingen und ihn geradezu aufforderten herauszukommen. Niemand in Ahmedabad genoss den alljährlich stattfindenden Drachentag mehr als Bobby. Er hatte Riesenspaß an den Tausenden kleinen Drachen, die unter dem strahlend blauen Himmel auf den Hausdächern flatterten. Überall in der Stadt fanden fröhliche Drachenwettkämpfe statt, und immer wieder gab es viel Applaus und Geraune, wenn ein Drache einen anderen bezwang. Bobby versuchte ebenfalls mehrmals, die Drachen der Nachbarn mit seinem eigenen zu bezwingen. Alle fanden seine schwerfälligen Versuche lustig. Er aß von den kalorienreichen indischen Süßigkeiten, bis er nicht mehr konnte. Bis spät abends spielte er mit den kleinen Desai-Kindern; es störte ihn nicht, dass sie kein Englisch sprachen und er kein Gujarati. Wenn sie mit Bobkaka – Onkel Bob – lachten, verstand er immer »Bobbykaka«.

Im Oktober 1993 heirateten Vishakha und ich im New Yorker Central Park. Wir hatten viel Freude an den Hochzeitsvorbereitungen. Eine Gondel brachte uns zur Trauungszeremonie, die in einem großen Zelt neben dem Bootshaus am Ufer des Sees stattfand. Mein dunkelblauer Anzug wirkte fast unscheinbar neben Vishakhas erdbeerfarbenem Sari, der von goldgewirkten Fäden durchzogen war. Sie funkelten in der frühen Nachmittagssonne. Vishakha und ich lasen einander Auszüge aus Gedichten vor – Rilke, Psalm 1, aus dem chinesischen Liederbuch, Kabir, Pablo Neruda, das chinesische Yue-fu und Philip Larkin. Dazwischen erklang klassische Gitarrenmusik, ergreifend gespielt von Yasha Kofman. Nach jedem Gedicht schritten wir auf traditionelle indische Weise um ein Feuer, insgesamt sieben Mal. Das Feuer brannte in einem wunderschönen griechischen Krug, den uns unser lieber Freund George Papamichael zur Verfügung gestellt hatte. Zum Schluss sang die gesamte Hochzeitsgesellschaft ein indianisches Hochzeitslied, dann verließen Vishakha und ich das Zelt in Begleitung von Musikern, die klassische indische Musik spielten. In einer von weißen Pferden gezogenen Kutsche fuhren wir zum Ausgang des Central Parks.

Robert: »Neue Berufsperspektiven zur Heilung der multiplen Persönlichkeit.«

Nachdem Vishakha und ich geheiratet hatten, machte ich mich beruflich auf den Weg. Ich beschloss, innerlich die Stellung zu halten, während ich äußerlich nach einem Patentrezept suchte. Auch wenn ich zweifellos kein »neuer Bob« war, war ich doch obenauf und forschte nach neuen Möglichkeiten. Ich gab vor, topfit und munter zu sein. Irgendwie glaubte ich, mit meinem neu gefundenen Optimismus die ganze Burg anstecken zu können.

Doch die alte Strebermentalität in der Burg führte dazu, dass wir uns verkalkulierten. Wir hatten gedacht, wenn wir nur gewissenhaft und ehrlich arbeiteten, würden wir den Test mit Auszeichnung bestehen. Mir war nicht bewusst, dass ich auf meinem Weg der Genesung bisher nur einen kleinen Schritt vorwärtsgekommen war. Ich kannte meine Diagnose, hatte die verschiedenen Persönlichkeiten identifiziert, einige Subpersönlichkeiten integriert und mich dem Trauma gestellt. Doch ich wusste nicht, dass es eine viel größere Herausforderung war, meine Geschichte zu verstehen, mich weiter zu integrieren und neue Wege zu suchen, um letztlich heil zu werden.

Oberflächlich betrachtet schien sich eine viel versprechende Wende abzuzeichnen. Bob hatte tragisch Schiffbruch erlitten. Dies war Roberts Chance, zu neuen Horizonten aufzubrechen und sich eine eigene Zukunft aufzubauen. Ich wollte die düsteren Kräfte in meinem Innern vergessen. Ich lebte im Glück einer neuen Ehe und hatte wichtige berufliche Aufgaben. Ich fing an, Entschuldigungen zu suchen, um den wöchentlichen Fahrten zu Dr. Smith aus dem Weg zu gehen. Ich wollte diese schmerzvollen Therapiesitzungen vermeiden und auch nicht daran erinnert werden, dass ich immer noch ein ernstes Problem mit meiner Persönlichkeitsspaltung hatte. Wenn ich doch zu Smiths Praxis fuhr, versuchte ich mich unter Kontrolle zu halten und mich auf berufliche Perspektiven zu konzentrieren. Wenn ich amüsiert fragte »Was soll aus mir werden, wenn ich erwachsen bin?«, erinnerte mich Smiths ernster Blick daran, dass diese Frage im Zusammenhang mit meiner Erkrankung nicht lustig war.

Erst viel später erkannte ich, dass ich immer noch krank war und einen typischen Fehler beging. Ich wollte die Vergangenheit vergessen und eine glücklichere Zukunft aufbauen. Doch was ich erlebt hatte, ließ sich nicht einfach wegstecken; böse Dämonen finden immer einen Weg, an der glücklichen Zukunft zu kratzen.

Eine neue Ära verlangte strenge innere Disziplin. Robert musste die Burg fest unter Kontrolle haben. Bobby musste hinter Schloss und Riegel bleiben. Dies schien der einzige Weg, die Hexe in Schach zu halten und Tommys Wutausbrüche zu verhindern. Nach drei Jahren intensiver Therapie machte ich zwischen 1993 und 1995 nur wenig Fortschritte.

Vishakha fragte mich hin und wieder, warum ich nicht zu Dr. Smith ging. Gewöhnlich erklärte ich: »Ich bin immer so erschöpft, wenn ich mich den anderen Persönlichkeiten, die in meinem Innern kämpfen, stellen muss. Ich kann mir einfach nicht vorstellen, eine neue Karriere aufzubauen und gleichzeitig in mir Krieg zu führen.« Meine Therapiesitzungen reduzierten sich schnell von einmal pro Woche auf einmal pro Monat; manchmal ging ich auch nur alle zwei Monate hin. Auch Dr. Smith machte sich Sorgen. Er gab sich aber damit zufrieden, dass ich meinen eigenen Weg finden wollte. Notfalls war er immer für mich zu sprechen und bereit, wieder regelmäßige Sitzungen einzuplanen, wenn ich wollte.

Bobby war sauer auf mich, mehr als er jemals auf Bob gewesen war, denn Bob hatte nichts über die Burg, Bobby oder Tommy gewusst. Bobby hatte nach der Fusion große Hoffnungen gehegt, doch nun schmollte er in seiner Zelle vor sich hin. Ich wagte es nicht oft, ihn herauszulassen, weil ich fürchtete, er würde meine beruflichen Chancen gefährden. Ich widmete mich Bobby immer weniger, wollte ihn nur in Schach halten und vermeiden, dass Tommy und die Hexe sich provoziert fühlten.

Ehrlich gesagt trieb mich die Suche nach »Roberts Traumjob« um, doch ich wusste auch, dass er stark von Bobs beruflichen Fähigkeiten und Robbeys methodischer Hilfe im Hintergrund abhängig war. Robert agierte nach außen eher lässig und nicht so ehrgeizig wie Bob. Der früher nachdenkliche innere Robert war immer weniger sichtbar, je mehr ich im Leben der »dominierenden Persönlichkeit Robert« aufging.

Ein Jahr zuvor hätte ich mir nicht vorstellen können, in einer ausschließlich gewinnorientierten Einrichtung zu arbeiten. Doch nun wurde ich Berater in einer privaten Investmentbank für Wohlhabende. Ich war zufrieden, denn ich konnte auf das Team aus Bob und Robbey in mir zählen. Außerdem brauchte ich ein regelmäßiges Einkommen, nachdem ich die Asien-Gesellschaft verlassen hatte.

Ich betrachtete mein exklusives, holzgetäfeltes Eckbüro mit dem wundervollen Blick auf das südliche Manhattan mit einem seltsamen Gefühl. Ich hatte eine Welt betreten mit teuren Anzügen, mit Schuhputzern, die mir die Absätze wienerten, während ich telefonierte, mit nahezu unbegrenzten Spesen, Abonnements für jede vorstellbare Forschungsquelle, einem Restaurant für Mitarbeiter und einer erstaunlich effizient arbeitenden Sekretärin, die alle anfallenden organisatorischen und kommunikativen Aufgaben übernahm.

Die Bank erwartete, über mich mit Asiaten ins Geschäft zu kommen, auch wenn die wohlhabenden Asiaten ihr Geld eher in ihrer Heimat anlegen. Die Hoffnungen der Bank erfüllten sich zwar nicht, doch ich behielt meine Beratertätigkeit bis zum Ende der Neunzigerjahre bei. Ich war für die Bank in zweierlei Hinsicht wertvoll: Oft hielt ich vor Kunden Vorträge über Geschäfte in Asien – besonders bei Veranstaltungen zur Vermögensverwaltung. Außerdem organisierte ich für Firmenchefs Asien-Reisen und stand als informeller Berater und Organisator von Treffen mit wichtigen asiatischen Führungskräften aus Wirtschaft und Politik zur Verfügung. Die Bank profitierte von meinen, wie sie es nannten, »repräsentativen Fähigkeiten«. Dabei konnte ich wunderbar mein neu integriertes Persönlichkeitspotenzial nutzen: Robert, den Lehrer, Bob, die öffentliche Person, und Robbey, den Datensammler. Meine Dreier-Kombination konnte einiges zu der Diskussion über geschäftliche Möglichkeiten in Asien und China beitragen. Allerdings passten die Gebiete, in denen die Bank tätig war – erstklassige Kapitalanlagen, Vermögensverwaltung und Direktinvestitionen – nicht wirklich zu meinen inneren Persönlichkeiten. Ich denke, ich machte meine Arbeit gut und hatte Stil, aber keine meiner Subpersönlichkeiten ist ein geborener Banker oder Geschäftsmann. Den typischen Unternehmer, der leidenschaftlich neue Geschäfte aufbaut, bereit ist, finanzielle Risiken einzugehen, Freude an steuerlichen Fragen hat und motiviert ist, sein Geld zu vermehren, gibt es in unserer Burg nicht.

Ich merkte, für Business und Banking war ich nicht geschaffen. Und Lehren? Ich hatte mich immer als Professor gesehen. In den neunziger Jahren hatte ich zweimal Gelegenheit, an einer Universität zu lehren: als stellvertretender Professor für Asiatische Studien an der Columbia Universität und als Dozent am Williams College. Auf den ersten Blick schien mir die Karriere als Dozent passend. Doch zu unterrichten forderte von den Burgbewohnern hohen Tribut. Ich stellte höchste Ansprüche an mich selbst: Ich wollte mich genauestens einlesen, meinen Unterricht sorgfältig vorbereiten, diszipliniert lehren, in den Sprechstunden für die Studenten da sein und Klausuren mit ausführlichen Kommentaren bewerten. Das hieß, dass die Robert-Bob-Robbey-Triade täglich vierzehn Stunden oder noch länger im

Einsatz war. Wieder schuftete ich wie ein Tier. Ich war ein anspruchsvoller Professor, der sich Tag und Nacht selbst genau beobachtete. Warum arbeitete ich so hart? Ich, Robert, hatte im Gegensatz zu Bob noch nie gelehrt. Ich war entschlossen, meine Sache um jeden Preis gut zu machen. Für die innen drin war es die Hölle. Bob hatte dreißig Jahre gebraucht, bis er als wissenschaftlicher Leiter einen Burn-out hatte. Bis Robert als ehrgeiziger Professor ausgebrannt war, dauerte es nur wenige Jahre.

Bobby beklagte sich bitterlich: »Immer nur arbeiten. Lesen, unterrichten, korrigieren.« Robert konnte bis zu vierzig Klausuren an einem Abend korrigieren und mit ausführlichen Kommentaren versehen. Kann man mir verübeln, dass ich sauer wurde? Ich stellte wieder etwas Böses an. Ich aß zu viel und wurde krank. Oft verschlang ich schon morgens ein Dutzend Doughnuts und nachmittags noch einmal. Abends aß ich ein gegrilltes Hähnchen, eine große Tüte Kartoffelchips und eine Familienpackung Eis. Manchmal erbrach ich fünf Mal am Tag.

Im Winter 1995 hatte ich keine Energie mehr, weiter als Dozent zu arbeiten. Sowohl das Williams College als auch die Columbia Universität waren mit meinen Kursen zufrieden und hatten für das Frühjahrssemester 1996 weitere Seminare unter meiner Leitung vorgesehen. Doch im Januar, kurz vor Semesterbeginn, rief ich beide Institute an und ließ mich kurzfristig von meinen Lehrverpflichtungen entbinden. Wieder einmal hatte meine multiple Persönlichkeitsstörung zu Erschöpfung und Schuldgefühlen geführt.

Dass meine Karriere als Hochschuldozent einbrach, lag zweifellos an mir allein. In dieser Zeit führten Bobby und ich mehrere Gespräche mit Dr. Smith. Wir sprachen zwar über Erschöpfung und Frustration, thematisierten aber nie, dass die Bulimie wieder aufgetreten war. Ich hielt meinen Rückfall auch vor Vishakha geheim, obwohl ich ihr von der Bulimie früherer Jahre erzählt hatte. Im Grunde log ich alle an, soweit es die Schwere meiner inneren Probleme betraf – vor allem mich selbst. Robert hatte endlich seine Chance, und ich wollte sein Leben auf keinen Fall vermasseln. Um meine Probleme würde ich mich später kümmern, sobald ich beruflich meinen Weg gefunden hatte.

Bobby wollte Dr. Smith erzählen, wie sauer er war, aber er hatte Angst: »Ich wusste, Robert wollte perfekt sein. Wenn etwas schiefgegangen wäre, hätte es bedeutet, dass ich böse war. Jeder hätte erfahren, dass ich mich wieder einmal schlecht benommen hatte. Und, was in solchen Fällen geschieht, wissen wir: Die Hexe und Tommy kommen. Deshalb habe ich nur gelächelt und Dr. Smith meine Tiergeschichten erzählt.«

Anfang der Neunzigerjahre hatte ich einen interessanten Nebenjob beim Fernsehen als Sonderkorrespondent für China. Ich moderierte eine Sendereihe und schrieb auch das Drehbuch dafür. Wir machten zehn abwechslungsreiche Sendungen von je zwölf Minuten über verschiedene Aspekte Chinas in den neunziger Jahren. Die Zuschauer gewannen Einblicke in den wirtschaftlichen Aufschwung, die ländlichen Gebiete des riesigen Reiches, die Stellung der Frau, die staatliche Familienplanung, die Volksarmee, Kunst und Kultur, die Frage der Menschenrechte und die Auswirkungen des Massakers auf dem Platz des Himmlischen Friedens.

Während der Dreharbeiten und der gesamten Produktion hatten wir mit erheblichen Schwierigkeiten zu kämpfen. Mit den chinesischen Behörden zurechtzukommen, forderte uns heraus. Ich begriff schnell, dass chinesische Beamte zwar Studenten und Lehrkräfte herzlich willkommen heißen, aber Journalisten gegenüber tiefes Misstrauen hegen. Bevor wir Aufnahmen machen durften, mussten wir eine offizielle Genehmigung einholen und unser Einverständnis geben, dass uns chinesische Beamte begleiteten. Auf dem Weg zu einem Interview mit einem dezidierten Kritiker von Chinas mangelhafter Umweltpolitik setzte man uns davon in Kenntnis, das Interview könne »gefährlich werden«. Unser Produktionsleiter verstand das als Drohung und sagte das Treffen ab. Mein Hotelzimmer wurde mehrmals von chinesischen Sicherheitsleuten durchsucht. Einmal bemerkte ich, dass sie Disketten mitgenommen hatten. Eine der gestohlenen Disketten enthielt mein privates Tagebuch mit mehreren hundert Seiten über meine Störung und meine Erfahrungen während der Therapie. Obwohl die Datei durch ein Passwort geschützt war, hatte jeder in der Burg Angst davor, dass unser Geheimnis an die Öffentlichkeit dringen könnte.

Meine Angst vor öffentlicher Bloßstellung, die Probleme im Fernsehteam und die ständige Überwachung durch die Chinesen forderten ihren Tribut. Fast jeden Abend teilte ich meine Sorgen Vishakha mit, die alles versuchte, um ihren aufgewühlten Gatten zu beruhigen und aufzuheitern.

Die Diskussionen innerhalb der Burg wurden lauter. »Ich betete darum, dass nichts Schlimmes passierte«, erzählte Bobby besorgt, »aber dann passierte es doch. Einige Leute im Fernsehteam mochten Robert nicht. Sie hielten ihn für einen Draufgänger. Und ich weiß, dass Robert der Meinung war, sie wüssten nichts über China. Es war ein regelrechter Krieg. Robert versuchte gegen sie anzukämpfen. Aber er verlor die Schlacht. Ich hätte es ihm gleich sagen können. Er saß zwischen zwei Stühlen – auf der einen Seite die Leute vom Fernsehen, auf der anderen die Chinesen. So galt er schließlich als böse. Sie wissen, was ich meine? Und deshalb wurde mir oft schlecht. Ehrlich, ich habe nichts anderes angestellt.«

Für Tommy war egal, was Bobby sagte. Für ihn war die Sache klar: »Es war Bobbys Schuld. Deshalb habe ich ihn angebrüllt. Dann habe ich ihn auf den Kopf geschlagen – mehrere Male sehr heftig. Einmal habe ich ein brennendes Streichholz an sein Bein gehalten.«

Die Hexe mischte sich ebenfalls ein: »Robert, du bist ein echtes Fernseh-Talent. So nennen sie dich. Mach nur so weiter. Sei freundlich. Egal. Du bist ein Versager. Du bist der neue Bob.«

Die Sendung *China im Wandel* wurde ein voller Erfolg. Trotzdem überraschte es mich nicht, dass ich beim Fernsehen nicht Fuß fassen konnte. Äußerlich war ich frustriert, dass die gute Arbeit, die ich als Moderator und Drehbuchautor geleistet hatte, sich nicht in einer langfristigen Tätigkeit niederschlug. Doch innerlich war ich erleichtert, dass ich den massiven Druck, der bei den Fernsehproduktionen herrschte, los war. Ich glaube nicht, dass meine innere Burg dem länger standgehalten hätte.

Schlimm war nur, dass ich allmählich selbst glaubte, Robert sei als dominierende Persönlichkeit für die Burg ein totaler Flop. Als Teilzeitberater konnte ich in der Wirtschaft und der Bankenwelt gerade so mithalten, aber ich war nicht mit vollem Herzen dabei. Im Unterricht setzte ich all mein Herzblut und meine Talente ein, doch die Subpersönlichkeiten in der Burg gingen daran zugrunde. Der Reiz einer Fernsehkarriere verblasste schnell, als ich erkannte, welch hohen Preis mein multiples System dafür zahlen musste. Ich schien demselben Muster zu folgen wie Bob: äußerer Erfolg, inneres Versagen. Was sollte ich bloß tun?

Vielleicht, sagte ich mir, sollte ich es nochmal mit einem Roman versuchen. *Cinnabar* war schließlich Bobs Roman gewesen. Konnte nicht Robert ebenfalls einen Roman schreiben? *Cinnabar* war zu einer schlimmen Zeit entstanden, als Bob zusammenbrach, noch bevor er wusste, dass er an einer dissoziativen Identitätsstörung litt. Dr. Smith hatte *Cinnabar* »den größten Roman« genannt, »der je von einer Person mit einer multiplen Persönlichkeitsstörung geschrieben wurde« – das war die beste Kritik, die ich bekommen hatte. Nun wusste ich viel mehr über mich selbst und darüber, wie man einen Roman schreibt.

So entstand *Ming*. Kein Thriller, sondern ein historischer Roman, der in den stürmischen Zeiten des 17. Jahrhunderts am Ende der Ming-Dynastie spielt, als die Manchus drohten, China einzunehmen. *Ming* war wirklich besser als mein erstes Buch. Der Leser begleitet die beiden Hauptpersonen, Longyan und Meihua, durch die weite Landschaft Chinas während des Konkurrenzkampfes zwischen Ming-Loyalisten und Manchu-Eroberern. Er taucht in das Leben der chinesischen Elite und jesuitischer Missionare ein. Longyan war ein ungewöhnlicher Held: Er wurde mit einer Lernstörung in eine Akademikerfamilie hineingeboren und von seinem Vater enterbt; später wurde er ein hervorragender General. Seine letzte Geliebte, Meihua, ist ebenfalls eher untypisch: eine insgeheim hochgebildete Frau in einer Gesellschaft, die Bildung für Frauen ablehnte.

Während ich annahm, *Ming* sei Roberts Roman, sah Bobby unser Werk mit anderen Augen: »Wer hat die Romane geschrieben? Wir alle zusammen, und an *Ming* hatte ich großen Anteil. Ich kann mich gut in andere hineinversetzen. Ich versuche so zu denken wie sie.«

Besonders fasziniert war Bobby von Meihua. Er versuchte sich vorzustellen, wie eine gebildete junge Frau in der männlich dominierten Gesellschaft eines Kaiserreichs zurechtgekommen war. Kurz nach der Veröffentlichung unseres Romans las ich ein neues wissenschaftliches Buch über Frauen in der späten Kaiserzeit, und ich war überrascht, wie richtig Bobby mit seiner Vorstellung von Meihuas Leben gelegen hatte. Es gilt als historisch erwiesen, dass viele Chinesinnen insgeheim hochgebildet waren: Sie haben sogar eine Geheimsprache erfunden, die Männer nicht verstehen konnten. Frauen spielten eine wichtige Rolle in den militärischen Auseinandersetzungen der Ming-Loyalisten, und gebildete Chinesinnen hatten tatsächlich Zugang zum Hof der späten Ming-Dynastie.

Die gute Nachricht war, dass *Ming*, anders als *Cinnabar*, keine negativen Kritiken erhielt. Die schlechte Nachricht war, dass *Ming* fast überhaupt keine Kritiken bekam.

Robert war damit der zweite erfolglose Romanautor in unserer kleinen Burg. Was hatte ich aus meinen zahlreichen gescheiterten Versuchen, eine neue berufliche Perspektive zu finden, gelernt? Ich war nicht mittellos, denn ich hielt mich mit Unternehmensberatungen über Wasser. Außerdem hatte Vishakha ihre gut bezahlte Stelle bei der Asien-Gesellschaft. Sie unterstützte mich mit unendlicher Geduld und wirkte ausgleichend auf meine Stimmungsschwankungen. Ich musste schweren Herzens begreifen, dass ich aufgrund meiner Probleme nicht mehr ganztags berufstätig sein konnte. Ich musste mir eine Teilzeitbeschäftigung suchen, bei der ich mich in einem begrenzten Rahmen einbringen konnte, und dennoch genügend Zeit hatte, innerlich zu heilen und meine Akkus aufzuladen. Diese Lektion schmerzte mich sehr. Ich war tatsächlich zu krank, um einen »echten Job« aushalten zu können.

Eines Nachmittags im Frühjahr 1995 überraschte mich der Anruf einer Mitarbeiterin eines renommierten Reisebüros: »Wir haben eine China-Reise für VVIPS organisiert und würden Sie gern als Redner engagieren.« Ich hatte im Laufe der Jahre viele Anrufe dieser Art erhalten. In der Regel buchte man mich für Vorträge und zahlte mir dafür die Reise. Doch das Letzte, was ich jetzt brauchen konnte, war eine weitere Reise nach China.

Die »VVIP« weckten meine Neugier. Ich fragte: »Wer sind die ›very very important persons‹?«

Sie antwortete: »Bill Gates und Warren Buffett.«

Die dreiwöchige China-Reise mit Gates und Buffett war eine der faszinierendsten Erfahrungen und größten Herausforderungen meines Lebens. Sie forderte gleichsam jede Ressource der Burg – ich zapfte die positive Energie von Robert und Bobby an und versuchte, die Wut von Tommy und der Hexe im Zaum zu halten. Das gelang mir nicht immer. Ich steckte meine ganze Kraft in die Vorträge: gut strukturiert, klare Aussagen, humorvoll vorgebracht, gut zu behaltende Fakten. Meine Reden wurden begeistert aufgenommen. Währenddessen beobachtete die gesamte Burg gespannt, wie die beiden reichsten Männer der Welt der ältesten Zivilisation der Welt einen Besuch abstatteten.

Aus der Sicht der Burgbewohner ist Bobbys Meinung zu dieser Reise mit Gates und Buffett besonders aufschlussreich: »Mir gefielen die Spiele am besten. Rate mal, was wir spielten? ›Wahrheit oder Lüge?‹ – nach chinesischer Art! Das ist kein Witz. Robert war ziemlich gut darin. Und ich mochte den schauspielerischen Teil. Was macht es schon, dass diese beiden so reich sind? Es sind auch nur ganz normale Leute. Nur lustiger. Einmal machte Gates einen Witz. Er nahm eine chinesische Zeitung, in der er zusammen mit dem chinesischen Staatsoberhaupt abgebildet war. Er sagte zu Robert, er wisse, was dort geschrieben stand. Robert dachte, Gates habe vielleicht Chinesisch gelernt. ›Nein‹, sagte Gates. Da steht ›Chinas Staatsoberhaupt trifft den weltweit führenden Computer-Freak.‹

Einmal sahen wir Musikern und Tänzern zu. Buffett bemerkte einen Typen mit einer großen flachen Trommel in der Hand. Er flüsterte: ›Der Typ mit dem Mülleimerdeckel spielt echt gut.‹

Manchmal ging auch etwas schief. Zum Beispiel als Robert wütend wurde, weil Gates in einer Klinik die Frage stellte, ob die Chinesen Abtreibung nutzten, um weibliche Babys loszuwerden. Irgendwie dachte ich, ich sei schuld daran. Ich war böse. An diesem Abend schlug mich Tommy mehrmals. Ich konnte nicht weinen, weil wir in einer Schiffskabine mit dünnen Wänden lagen.

Am nächsten Tag fühlte sich Robert so krank, dass er die Gruppe nicht begleiten konnte. Ihm war schwindlig, und er konnte das Gleichgewicht nicht halten. Mehrere Ärzte kamen und untersuchten ihn, konnten aber nichts finden. Er blieb den ganzen Tag im Bett.«

Obwohl ich auf dieser Reise einige Schwierigkeiten hatte, löste sie mein berufliches Dilemma. Als Vishakha und ich nach New York zurückgekehrt waren, wollten alle über diese Reise reden. Nichts schien die Leute mehr zu interessieren als: »Sind Sie nicht der Typ, der mit Gates und Buffett in China war?«

Da wurde mir klar, dass dies die Antwort auf meine Frage war. So konnte ich meine Therapie fortsetzen und gleichzeitig einen Beruf ausüben. Dies war die Lösung: Ich würde Geschäftsführer auf Bildungsreisen nach China und in andere asiatische Länder begleiten. Auch wenn kein anderer den besonderen Stil von Bill und Melinda Gates oder den Scharfsinn von Warren und Suzy Buffett besaß: Reisen dieser Art kamen meinem Wunsch entgegen, intelligente Menschen zu unterrichten, lohnenswerte kurzfristige Aufträge zu übernehmen und dafür ein angemessenes Honorar zu erhalten. Das Beste daran war, dass ich Kapital aus den Stärken meiner multiplen Persönlichkeiten schlagen und die Streitigkeiten gering halten konnte. Ohne dass sie es wussten, hatten mir Bill Gates und Warren Buffett eine geniale neue Möglichkeit für meine innere Burg eröffnet.

Bobby: »Jetzt bin ich dran. Hier kommt der Flaschenmann!«

Manchmal war es, als spielten wir LEGO in der Therapie. Nach jahrelanger Suche hatten wir endlich alle Einzelteile gefunden und begonnen, sie neu zusammenzusetzen. Robert war stabil und bestand aus sieben mehrfarbigen Blöcken. Daneben gab es den Block aus Bobby und seinen Tieren, der nur über den Schlüssel zu seiner Kerkertür mit Robert verbunden war. Die Hexe und Tommy passten allerdings nicht in mein Baukasten-System; sie lungerten um die miteinander verbundenen Blöcke herum und bedrohten die wacklige Konstruktion von Zeit zu Zeit mit ihrem Gebrüll und mit lauten Hammerschlägen. Auge tat nichts anderes, als die seltsame Szenerie mit seiner ständig eingeschalteten Videokamera aufzuzeichnen.

Insgesamt fühlte ich mich in dem halben Jahrzehnt seit Beginn meiner Therapie relativ stabil und oft sogar glücklich. Meine Ehe mit Vishakha war eine Quelle der Freude. Sie gab mir viel Energie und wir waren einander nie überdrüssig. Meine Versuche als Investmentberater, Universitätsdozent, Fernsehmoderator, Romanautor und Vortragsredner hatten mir ausreichend Einkünfte verschafft und mir geholfen, mich in der Welt besser zurechtzufinden. Die Reise mit Bill Gates und Warren Buffett hatte mir eine neue berufliche Perspektive eröffnet.

Unter der Oberfläche und in seiner Burg blieb Robert B. Oxnam aber gespalten. Gewiss, unsere Lage hatte sich deutlich verbessert seit der Bob-Ära, als wir noch keine Ahnung von unserer Multiplizität hatten, alkoholabhängig waren, plötzliche Verhaltensumschwünge das ganze System erschüttert hatten und Bobs seltsame Gedächtnislücken die Wahrheit verdeckten. Das Wissen um unsere krankhafte Störung schützte uns gleichzeitig. Wir hatten ein paar Subpersönlichkeiten integrieren können, eine innere Diskussion untereinander angestoßen und zu einem gemeinsamen Gedächtnis gefunden. Aus therapeutischer Sicht hatten wir ziemlich viel erreicht. Doch im Vergleich zu einem normal funktionierenden Menschen blieb noch viel Integrationsarbeit zu leisten.

Rückblickend muss ich zugeben, dass ich durch meinen Eifer, schnell geheilt zu werden, ein neues zerbrechliches und flüchtiges Gebilde geschaffen hatte. Anstatt meine Wut nach außen zu tragen, brodelten die Konflikte in mir. Zündstoff von außen explodierte im Innern. Wie ein Schnellkochtopf, der sich überhitzt, ließ ich immer wieder kräftig und selbstzerstörerisch Dampf ab.

Ich frage mich oft, wie ich nach außen gewirkt haben mag. Ich glaube, meine Umwelt hielt mich für launisch und wankelmütig. Kurze Phasen, in denen ich energiegeladen an einem interessanten Projekt arbeitete, wechselten mit längeren, eher kontemplativen Zeiten. Wenn ich schlechte Laune hatte und niemand in meiner Nähe war, ließ ich den Kämpfen in meiner Burg freien Lauf.

So sehr ich mich auch bemühte, ich konnte meine Stimmungsschwankungen vor Vishakha nicht verbergen. Trotz meiner Versuche, sie zurückzuhalten, zeigten sich die Hexe und Tommy gelegentlich in ihrer Gegenwart. Ich wünschte, ich könnte die wütenden und bissigen Bemerkungen, die ich in diesen schrecklichen Momenten gemacht habe, zurücknehmen. Vishakha war zum Glück stark genug, zu verzeihen und zu vergessen, und hat sogar die Rolle der Heilerin übernommen. Sie wusste genau, was los war; sie hatte enge Beziehungen zu den einzelnen Subpersönlichkeiten und konnte direkt mit ihnen kommunizieren. In der Regel gelang es ihr, das System innerhalb weniger Stunden wieder zu stabilisieren. So gesehen war sie die effektivste Therapeutin, die man sich nur wünschen kann: Vishakha war stressresistent und liebevoll. Es mag merkwürdig klingen, aber im Laufe der Jahre wirkte sich mein Kampf gegen die Störung sogar förderlich auf unsere Ehe aus. Vishakha wusste, dass nicht ich, Robert, so in Rage geriet. Wir kämpften gemeinsam gegen dieselben Dämonen.

Bis 1997 ahnten wir nicht, dass uns die größte Herausforderung noch bevorstand und dass sie nicht von Tommy oder der Hexe ausgehen würde. Im Fokus stand plötzlich der lange eingesperrte Bobby.

Bobby

1997 war ein ereignisreiches Jahr. Für mich jedenfalls. Damals ist so viel auf einmal passiert, dass ich mich nur an die Hälfte erinnere.

Es war das Jahr, in dem Prinzessin Diana starb. Ich erinnere mich daran, weil ich ein großer Fan von ihr war. An jenem Abend – der Sommer war fast vorüber – bin ich sehr spät eingeschlafen. Manchmal kann ich nicht schlafen. Ich gucke dann bis spät in die Nacht fern. Womöglich glaubst du, dass ich dumme Shows mit nackten Mädchen sehe oder Filme, in denen die Polizei Gangster jagt. Nun ja, manchmal sehe ich mir auch so etwas an. Aber ich sehe auch gute Sendungen. Sogar Nachrichten. Ehrlich. Ich bin nicht so doof, wie du vielleicht denkst.

Ich erinnere mich nicht mehr an die genaue Uhrzeit. Vielleicht war es schon früh am Morgen, so gegen sechs. Ich weiß noch, dass der Fernsehapparat eingeschaltet war. Plötzlich kamen Kurznachrichten. Die erkennt man immer sofort. Keine Musik, nur eine laute Stimme. Der Typ stand irgendwo in Paris im Freien – ich wusste sofort, dass es Paris war, weil hinter ihm dieser große berühmte Turm zu sehen war. Er sagte: »Diana, die Prinzessin von Wales, ist tot. Sie kam gestern Abend bei einem Autounfall in Paris ums Leben.«

Einige Tage lang blieb ich einfach nur vor dem Fernseher sitzen. Ich wäre gern nach London gereist. Ich hätte auch Blumen niedergelegt und auf der Straße gestanden. Ich wollte diese alte, hässliche Königin anschreien. Und ich wollte Dianas Bruder für seine Rede Beifall klatschen. Als dieser witzige Typ dieses schöne Lied sang – du weißt schon: *Candle in the Wind* – konnte ich nicht aufhören zu weinen.

Wahrscheinlich verstehst du meine Gefühle für Lady Di nicht. Du weißt wahrscheinlich gar nicht, warum ich so traurig bin. Ich glaube, sie war wie ich. In ihrem Innern dachte sie, sie sei böse. Sie übergab sich auch nach dem Essen und machte solche Sachen. Und viele sagten über sie, sie sei böse.

Aber ich weiß, dass Prinzessin Di ein guter Mensch war. Ich kann in die Herzen der meisten Menschen sehen. Sie war schüchtern, aber sie hatte ein goldenes Herz. Menschen mit einem goldenen Herzen mag ich am liebsten.

1997 war ein wichtiges Jahr für mich. Ich meine, die erste und die zweite Jahreshälfte. Dann war da noch die Mitte des Jahres. Prinzessin Diana war die Mitte. Prinzessin Diana war süß. Ich habe sie über alles geliebt. Wenn sie mich gekannt hätte, hätte sie mich vielleicht auch geliebt. Ich hätte mich um sie gekümmert, und sie hätte sich um mich gekümmert. Und wir hätten beide unser Gefängnis verlassen können. Selbstverständlich war sie nicht in einem echten Gefängnis. Aber ich glaube, ihr Leben war wie ein Gefängnis.

Als Robert das Steuer von Bob übernahm, dachte ich, er wäre vielleicht netter zu mir und würde mich häufiger herauslassen. Ich war sehr lange im Kerker. Und im Gegensatz zu Bob, der mir fremd war, kannte ich Robert wenigstens. Aber er war nicht wirklich mein Freund. Ich versuchte, gut zu sein. Aber es änderte sich nichts, als er das Sagen hatte. Ich blieb eingesperrt. Und er war zu beschäftigt, sodass er oft gar nicht an mich dachte.

1997 hatte ich eine wirklich gute Idee. Ich dachte, vielleicht könnte ich Robert helfen. Er ist sehr ernst. Manchmal sogar ein bisschen langweilig. Ich meine damit nicht, dass er doof ist. Er erzählt nur keine Witze. Er lacht auch nur selten.

Meine super Idee war, dass sich Robert nach der Reise mit Gates für weitere Reisen verpflichten und Vorträge vor Geschäftsleuten halten sollte. Es gibt eine Organisation, in deren Auftrag Robert jetzt Unternehmer nach Asien begleitet, damit sie etwas über China und andere asiatische Länder erfahren. Er hält wirklich gute Vorträge. Ich mag es, wenn er Gäste in die Verbotene Stadt begleitet. Das ist der Ort, an dem die chinesischen Kaiser und ihre Frauen gelebt haben. Robert kennt interessante Geschichten über das Sexualleben der Kaiser und Eunuchen und so. Wusstest du, dass die Eunuchen, nachdem man ihnen ihr Ding abgeschnitten hat, es in einer Flasche mit sich herumgetragen haben? Weißt du auch, warum? Weil die Chinesen glaubten, sie könnten nicht als Ahnen verehrt werden, wenn sie im Tod nicht alle Körperteile bei sich tragen. Du liebe Zeit, kannst du dir vorstellen, ein ganzes Leben lang deine Körperteile in einer Flasche mit dir herumzutragen? Wäre es nicht furchtbar, sie immer dabeizuhaben und sie ausgerechnet am Todestag zu Hause zu vergessen?

Abends trinken Geschäftsleute ziemlich viel Alkohol und erzählen sich Anekdoten. Ich trinke nicht mit. Das zeigt, dass ich mich ziemlich im Griff habe, nicht wahr? Ich trinke dafür viel Cola Light. Diese Typen bieten mir manchmal gute Zigarren an. Nachts bin ich gern mit von der Partie. Ich erzähle dann Witze und Geschichten.

Manchmal mache ich auch lustige Sachen. Einmal erklärte Robert allen, wie sie ihre Visitenkarten überreichen sollten. Die bedruckte Seite muss in Richtung des Gesprächpartners zeigen, und man soll die Karte immer mit beiden Händen halten. Robert behauptete, es symbolisiere, dass die Chinesen sich ihrem Gegenüber anvertrauen. Aber er hat nicht erklärt, dass diese Methode nur etwas für ältere Leute ist. Die jüngeren Chinesen machen das nicht mehr so. Die ganze Reisegruppe machte beim Abendessen genau, was Robert ihnen erklärt hatte. Doch die jungen Chinesen warfen die Karten über den ganzen Tisch und lachten unsere Jungs aus.

Auf der Busfahrt zum Hotel machten sich alle über Robert lustig, weil sein Rat offensichtlich falsch war. Robert schämte sich und das Gelächter verletzte ihn. Er versuchte etwas zu sagen, aber er erntete nur »Buh-Rufe«. Also nahm ich die Sache in die Hand und versuchte, wie Robert zu klingen. Ich nahm ein paar von Roberts Visitenkarten. »Bevor ich vergesse, es zu erwähnen«, sagte ich und hielt eine Hand voll Visitenkarten hoch: »Um sicher zu gehen, dass auch jeder Ihre Visitenkarte erhält, müssen Sie es so machen.« Ich warf die Karten durch den Bus. Alle lachten und konnten gar nicht mehr aufhören. Dann klatschten sie Beifall. Robert fühlte sich gleich viel besser. Und alle anderen auch.

Allmählich mochte mich Robert lieber. Er übernahm in der Regel das Reden, und wenn er einen Witz brauchte, half ich ihm. Wir spielten uns so schnell in die Hand, dass es niemandem auffiel. Und wenn der Witz beendet war, übernahm Robert wieder. Das war, so erzählte Robert später Dr. Smith, sehr hilfreich für unser »Integrationsprojekt«. Davon verstehe ich nichts. Eins ist aber sicher: Es hat Spaß gemacht.

Als wir von dieser Reise zurückgekehrt waren, ließ mich Robert häufiger heraus. Manchmal klappte es gut mit uns, manchmal nicht. Gitarre spielen funktioniert zum Beispiel überhaupt nicht. Robert wollte unbedingt Gitarre spielen, aber es klingt ätzend. Er hat einen fantastischen Lehrer, Yasha Kofman, und er hat gute Gitarren. Er übt auch viel, aber er besitzt einfach kein Rhythmusgefühl. Er denkt zuviel beim Spielen. Wirklich schrecklich. Ich darf seine Gitarren nicht berühren. Er denkt, ich sei zu klein dafür.

Einmal habe ich etwas Schlimmes angestellt. Robert probiert immer mal wieder neue Gitarrensaiten aus. Als er einmal neue Saiten aufzog, riss eine und zerkratzte seine gute spanische Gitarre. Er war ziemlich genervt. Ich überlegte, wie ich den Kratzer vielleicht beseitigen konnte. Als Robert weg war, versuchte ich es mit Lackentferner. Zuerst passierte nicht viel. Ich nahm ein bisschen mehr davon. Da löste sich der Lack an einer großen Stelle. Was nun? Ich nahm noch mehr von dem Mittel und entfernte den Lack von der gesamten Oberfläche. Dann tropfte das Mittel, und es gab eine Sauerei. Also entfernte ich den Lack auch von den Seiten und dem Rücken der Gitarre. Jetzt sah sie hübsch aus. Ich fand's jedenfalls schön. Man sah das saubere Holz der Gitarre und keinen Lack mehr.

Robert war total wütend. Der Lack ist wohl für einen guten Klang wichtig. Das wusste ich nicht. Die Reparatur kostete Robert das Honorar eines ganzen Jobs. Ungefähr achthundert Dollar für etwas, das französische Politur heißt. Okay, es war ein Fehler. Es tut mir leid. Robert war einen Monat lang sauer auf mich. Ich war wieder mal böse.

Ich konnte aber nichts dafür, was später passiert ist. Freunde hörten Robert Gitarre spielen und baten ihn, ein kleines Konzert zu geben. Er war etwas besser geworden und konnte ein paar Stücke spielen. Aber als er vor den Leuten in ihrem Wohnzimmer saß, klang es so schrecklich, dass ihm zum Weinen zumute war. Ich weiß, was in ihm vorgegangen ist. Er hat Angst bekommen und sich einfach aus dem Staub gemacht. Ich weiß nicht, wer dann weitergespielt hat. Robbey vielleicht? Aber glaub mir, das hättest du nicht miterleben wollen. Danach hat Robert nur noch für sich selbst gespielt. Plötzlich fing seine rechte Hand an, sich zu verkrampfen. Robert erklärte, man nenne das eine »fokale Distonie«. Egal, was er spielte, seine Hand machte nicht mit. Schließlich gab er auf und schenkte seine Gitarren einer Schule.

Mich hielt Robert die meiste Zeit gefangen. Doch abgesehen von der Geschichte mit dem Lack habe ich ihm wirklich sehr geholfen. Deshalb ließ er mich schließlich häufiger heraus. Ich weiß, dass Dr. Smith Robert immer wieder auf meinen Kerker angesprochen hat. Ich habe gehört, wie er einmal zu Robert gesagt hat: »Wenn Sie und Bobby ein wenig besser miteinander zurechtkämen, würde das der Integration sehr helfen.« Ich habe nicht verstanden, was das heißen sollte. Aber die Sache mit der Integration gefällt mir. Es bedeutet, dass ich häufiger raus darf.

Während des Jahres 1997 war es in der Burg ziemlich ruhig. Ich weiß nicht, warum. Haben die Hexe und Tommy einfach nur abgewartet und alles beobachtet? Robert hat dazu seine eigenen Theorien. Er glaubt zum Beispiel, dass die Hexe und Tommy nur aktiv werden, wenn unser Anführer, Bob oder Robert oder wer auch immer, etwas tut. Ich glaube, Robert denkt zu viel nach. Eigentlich ist es ganz einfach. Ich bin zwar böse, aber in *dem* Jahr habe ich nichts Schlimmes angestellt. Wenn ich nichts Böses tue, können die Hexe und Tommy auch nichts tun.

Habe ich schon von meinem Deal mit Robert erzählt? Vielleicht hat er ihn vorgeschlagen, weil ich mich anständig benommen habe. Oder vielleicht, weil ich ihm leidtat wegen Lady Di? Egal, jedenfalls hat er mir ein Geschäft angeboten: Wir konnten nicht beide gleichzeitig nach außen aktiv sein. Aber wenn Robert keine Termine hatte, keine Vorträge halten oder verreisen musste, durfte ich meinen Kerker verlassen. Und wenn ich etwas schreiben wollte, half mir Robert mit E-Mails und dergleichen.

Ende der Neunziger habe ich angefangen, meine Geschichte aufzuschreiben. Okay, ich habe sie Robert erzählt, und er hat sie für mich aufgeschrieben. Meine Geschichte heißt *Flaschenmann* und geht so:

»Hallo. Ich heiße Bobby. Du denkst vielleicht, ich sei dumm, weil ich weder schreiben noch lesen kann. Robert schreibt für mich. Aber ich bin nicht dumm. Man kann ziemlich viel lernen, wenn man nachts fernsieht. Du solltest es ausprobieren. Schau Geschichtssendungen, wenn du alte Geheimnisse wissen willst. Und Wissenssendungen, wenn du dich für Tiere, Fische, Tornados und so was interessierst. Wenn etwas Schlimmes passiert, wie Bombenattentate und Gerichtsverhandlungen, dann schau Nachrichten.

Ich kann ziemlich gut Inlinerskaten. Du solltest mir mal beim Inlinern zusehen. Ich fahre fast jeden Tag im Central Park. Nur dann nicht, wenn Robert seine blöden Besprechungen hat. Kennst du die Stellen im Park, die ›The Mall‹ und ›The Bandshell‹ heißen? Dort findest du mich nachmittags. Vor allem am Wochenende, wenn ein

DJ laute Musik auflegt. Supertoll. Hunderte gute Skater fahren zur Musik. Kinder und Erwachsene. Alle möglichen Menschen – Schwarze, Asiaten, Latinos, Weiße. Wir nennen es die ›Skaterrunde‹. Ich bin dort leicht zu finden. Ich bin der große Junge mit dem T-Shirt, den kurzen Hosen und der Baseball-Mütze. Auf meinen Inlinern sind Drachen aufgemalt. Robert hat jemanden bezahlt, damit er die Drachen von einer chinesischen Vase im Metropolitan-Museum abmalt. Aber jetzt kommt das Beste: Ich kann Inliner fahren und dabei Flaschen auf meinem Kopf balancieren. Nicht nur eine Flasche, manchmal zwei oder sogar drei Flaschen auf einmal. Ich fahre vorwärts, rückwärts, auf den Hacken, auf den Spitzen, Beine auseinander oder zusammen. Ich kann sogar Flaschen balancieren und dabei eine Slalomstrecke abfahren. Ich nehme Wasserflaschen mit einem ganz flachen Boden. Die Flaschen fallen mir fast nie herunter.

Im Park nennen sie mich den Flaschenmann! Viele Leute fotografieren mich. Einige geben mir auch ein Foto. Manchmal schreiben Reporter Zeitungsartikel über die Skater, und sie schreiben immer über den Flaschenmann. Hin und wieder kommen Leute vom Fernsehen mit ihren Kameras. Ich war schon oft im Fernsehen in New York, aber auch in Deutschland, Frankreich, England und Japan. Einmal hat man mir vierhundert Dollar für zehn Minuten Flaschenmann-Vorführung bezahlt – das Video kann man sich auf einem KLM-Flug nach New York ansehen. Einmal sind sogar Fernsehleute aus Taiwan gekommen. Sie haben viele Aufnahmen von mir gemacht. Robert hat mit ihnen Chinesisch gesprochen. Sie konnten es kaum glauben, dass der Flaschenmann Chinesisch spricht!

Robert geniert sich ein wenig wegen Flaschenmann. Manchmal sehen mich Leute, die er geschäftlich von Vorträgen oder über die Asien-Gesellschaft kennt. Am nächsten Tag fragen sie Robert: ›Waren das wirklich Sie, der gestern im Park mit Flaschen auf dem Kopf Inliner gefahren ist?‹ Er weiß nie so recht, was er antworten soll.

Ich bin sowieso der Meinung, dass seine Besprechungen doof sind. Er soll ihnen einfach antworten, dass es gut fürs Gleichgewicht ist.

Das stimmt. Irgendeine berühmte Eiskunstläuferin hat es als Erste gemacht. Habe ich jedenfalls gehört. Es ist eine super Idee, um zu lernen, wie man das Gleichgewicht hält.

Einmal blieb einem Professor von der Columbia Universität der Mund offenstehen, als er Flaschenmann erkannte. Dann lachten er und seine Frau über den verrückten Robert. Ein anderes Mal sah ein älterer Herr von der Asien-Gesellschaft den Flaschenmann und starrte ihn an. Da zwang mich Robert aufzuhören und wegzurennen. Robert sagt, er fühlt sich wie ein Affe im Zoo. Mir gefällt es, wenn der Flaschenmann auf einem New Yorker Regionalsender kommt, aber Robert hasst es.

Jedenfalls bin ich ein guter Inlineskating-Lehrer. Ich gebe kostenlos Unterricht. Viele Leute nehmen Unterricht bei mir. Am Anfang haben alle Angst. Ich bringe ihnen bei, was am wichtigsten ist. Erstens: Das Gleichgewicht halten – hier kommt die Flasche ins Spiel. Zweitens: Nicht vergessen zu lächeln. Wenn man lächelt, vergisst der Körper seine Angst.

Ich bringe den Leuten auch viele andere Sachen bei. Ich unterrichte viele Fortgeschrittene. Meine jüngste Schülerin war vier Jahre alt. Ich brachte ihr bei, dass sie ihr Gleichgewicht halten kann, wenn sie sich vorstellt, wie sie ein Tablett mit einem Krug voll Limonade auf ihrem Kopf balanciert. Manchmal fährt sie jetzt noch herum und spielt Limonade verkaufen. Meine älteste Schülerin war vierundachtzig. Sie war sehr lustig; sie sagte, im letzten Jahr habe sie das Fallschirmspringen ausprobiert, dieses Jahr wolle sie Inlineskaten. Sie fragte mich: ›Glauben Sie, meine großen Titten sind im Weg?‹

Am besten kann ich Kinder unterrichten. Ich bringe ihnen bei, wie Inlinern geht, und es macht ihnen Spaß. Sie haben keine Angst, wenn man es ihnen spielerisch beibringt. Einige merken gar nicht, dass es eigentlich schwierig ist. Viele lernen schon am ersten Tag, mit einer Flasche auf dem Kopf zu skaten. Es ist erstaunlich. Sie nehmen es wirklich ernst. Und schon bald können sie perfekt das Gleichgewicht halten.

Ich weiß nicht, ob diese Kinder mich als Erwachsenen oder als Kind sehen. Ich glaube, es ist ihnen egal. Vielleicht komme ich ihnen alt genug vor, um ihr Lehrer zu sein, aber jung genug, um mit ihnen Spaß zu haben. Ich bin mir nicht einmal sicher, für wie alt ich mich selbst halte. Ich bin groß geworden, weißt du. Ich war immer ungefähr vierzehn Jahre alt. Jetzt bin ich so, na, sagen wir mal achtzehn. Vielleicht auch weniger.

Es ärgert mich, wenn die Leute fragen, wie alt ich bin. Ich weiß, was die dann denken. Sie starren jemandem ins Gesicht, der aussieht, als sei er über fünfzig. Das ärgert mich sehr. Ich hasse es, jung zu sein und nicht jung auszusehen. Ich skate genauso gut wie die jungen Leute. Ich kann auch lange durchhalten. Einmal bin ich acht Stunden am Stück gefahren. Und ich färbe mir die Haare, damit ich jünger aussehe.

Es ist nicht fair, dass ich in einem alten Körper festsitze. Ich habe mein ganzes Leben in einem doofen Kerker verbracht. Jetzt lässt Robert mich endlich raus. Vielen Dank. Es ist zu spät. Ich weiß, dass ich jung bin. Aber das ist nicht das, was die Leute sehen. Deshalb schaue ich nie in den Spiegel.

Die Skater behandeln mich, als sei ich jünger. Die meiste Zeit jedenfalls. Wir sind wie eine Familie. Lezley, Robin, Bob – sie veranstalten den Treff und ich mag sie sehr. Sie sind auch nicht mehr ganz jung. Außerdem skate ich noch mit einer Gruppe junger Typen. Da gibt's noch einen, der Robert heißt – er ist schwarz und sehr muskulös. Er kann eine Flasche auf dem Kopf balancieren und nennt mich Clown. James ist ein supertoller Skater und der Netteste von allen. Und dann sind da noch die Diskjockeys – zum Beispiel Jay, der die meiste Zeit auflegt, aber ich mag die englische Lady am liebsten. Sie heißt Miss Behavior[1], aber ich glaube nicht, dass dies ihr richtiger Name ist. Manchmal fahre ich mit den anderen Jungs um die Wette,

---

[1] Anm. d. Übers.: Anspielung auf »misbehavior« = dt. schlechtes Benehmen, Ungezogenheit

zum Beispiel mit Egal aus Israel oder mit Richard, der ein wenig komisch skatet, aber nett ist.
Dr. Smith fragt mich manchmal, wie alt ich bin. Ich hab's ihm gesagt. Ich bin zwischen vierzehn und achtzehn Jahren alt. Kommt auf den Tag und den Ort an, wenn du weißt, was ich meine.«

Das alles habe ich damals aufgeschrieben – das heißt, ich habe es erzählt und Robert hat es für mich notiert. Doch einen Teil der Geschichte habe ich für mich behalten. Robert möchte, dass ich jetzt über Mädchen rede. Ich will aber nicht. Ich versuche einen Dackelblick zu Robert, aber er lässt nicht locker. Wenn es also sein muss ...
Ich spiele nicht nur Flaschenmann. Ich tanze auch gern auf Inlinern. Ich habe meinen eigenen Stil. Nicht wirklich Disco. Eher wie Eiskunstlauf. Ich tanze mit vielen Mädchen. Einige von ihnen skaten wirklich gut. Einigen anderen bringe ich das Tanzen bei. Ich glaube, sie tanzen gern mit mir, weil ich es anders mache. Ich glaube, Mädchen tanzen gern langsam und sanft. Das ist schön, weil es wie umarmen ist.
Robert möchte, dass ich von Bridgit erzähle. Bridgit war ungefähr fünfundzwanzig. Sie war Eiskunstläuferin in Frankreich. Es hat Spaß gemacht, mit ihr zu skaten. Und die Leute haben uns gern zugesehen. Ich habe sie näher kennen gelernt und ihr meine Geschichte erzählt. Sie ist Künstlerin und hat ein tolles Bild von Nester, der Wüstenrennmaus, gemalt.
Dann hatte Vishakha längere Zeit im Ausland zu tun. Da zog ich mit Bridgit in ihre Wohnung. Ich erzählte ihr von Robert und Vishakha und der Hochzeit. Es war ihr egal. Wir lebten ungefähr zehn Tage lang zusammen. Es war wirklich schön. Aber dann sagte sie, Vishakha sei ihr doch nicht gleichgültig. Bridgit wollte, dass wir zusammenbleiben. Ich wusste nicht, was ich tun sollte. Mir war klar, dass ich nicht mit ihr zusammenleben konnte. Damit war es vorbei. Ich war sehr traurig. Und sie auch.
Für Robert war das wirklich eine große Sache. Vishakha war in

Australien, aber sie hat es herausgefunden, weil Robert nie zu Hause war, wenn sie anrief. Robert druckste herum, dass es ihrer Ehe nicht schaden würde. Er betonte, dass es für mich, Bobby, sehr wichtig sei. Es stimmte auch, dass ich Roberts Ehe nicht kaputt machen wollte. Robert hatte gehofft, die Sache würde vorübergehen, ohne dass Vishakha es je herausfand. Aber dafür war es nun zu spät.

Es wurde ziemlich kompliziert. Als Vishakha zurückkam, redete ich sehr viel mit ihr. Robert auch. Ich wollte mich wegen Bridgit nicht schlecht fühlen. So war der alte Bobby, aber der neue Bobby wollte sich nicht schlecht fühlen. Ich sagte: »Robert und Vishakha sind doch miteinander verheiratet, nicht Bobby und Vishakha.« Ich hatte Vishakha sehr gern und freute mich für Robert. Aber ich war nicht mit Vishakha verheiratet. Sie war wie eine nette Tante für mich. Sie mochte meine Verspieltheit. Sie glaubte, ich sei genauso unmusikalisch wie Robert. Sie sagte, sie liebe beide, mich und Robert. Ich fand, sie will alles in einer Person – viel von Robert und ein bisschen von mir. Ich würde zwar nicht mit Bridgit zusammenleben. Aber ich sagte Vishakha, dass Bridgit mich wenigstens als Bobby zu lieben schien, nicht einen Teil von Bobby und einen Teil von jemand anderem.

Siehst du, ich hab's ja gesagt, es ist ein Chaos. Ich bekomme Kopfschmerzen, wenn ich nur darüber rede. Es wäre schon ohne meine multiple Persönlichkeitsstörung ein Chaos gewesen. Mit mir und Bridgit und Vishakha und Robert war alles noch viel schlimmer. Als wäre die ganze Welt beteiligt. Wenigstens war Robert klug genug, mich nicht in den Kerker zurückzuschicken. Er wusste, dass dann die Hexe und Tommy auch noch mitgemischt hätten. Ich hätte gesagt »Ich bin böse«, Tommy hätte mich geschlagen, die Hexe hätte gelacht, Robert wäre traurig gewesen und Vishakha hätte die Hexe wiedergesehen.

Eigentlich hat Bridgit das Problem durch ihr Drängen gelöst. Sie hat sich sogar mit Vishakha getroffen und ihr eröffnet, sie wolle mit mir zusammenleben. Vishakha sagte zu mir und Robert: »Wenn es das ist, was du möchtest... Ich liebe dich zu sehr, als dass ich dir im Weg stehen könnte.« Das war wirklich cool, echt stark, weißt du. Schließlich hatten wir eine Besprechung mit Dr. Smith. Dr. Smith redete mit mir wie mit einer wirklichen Person. Er erzählte mir von Single-Frauen in New York. Sie suchen Spaß, aber in Wirklichkeit wollen sie eine Beziehung. Zuerst war es Spaß, dann wurde es kompliziert.

Als Bridgit kapierte, dass ich Roberts Ehe nicht beenden wollte, machte sie sofort Schluss. Ich war eine Zeit lang traurig, aber bald war es wieder okay. Robert und Vishakha ging es auch gut. Hin und wieder fragte Vishakha, ob ich Bridgit im Park gesehen hatte. Ich sagte die Wahrheit: »Schon lange nicht mehr.«

Vishakha schien äußerlich okay. Aber ich wusste, dass sie grübelte. Sie grübelte über meine multiple Persönlichkeit: Wenn die Integration gelang, wäre ihr Partner dann ein anderer? Ich konnte ihr diese Gedanken nicht verübeln. Vishakha war klug. Es war die richtige Frage.

Ich glaube, dass die Geschichte mit Bridgit für uns beide letztlich gut ausgegangen ist. Im Laufe der Zeit bin ich vorsichtiger mit Vishakha und ihren Gefühlen geworden. Wir sind uns heute viel näher, als wir es vor Bridgit waren. Ich versuche, Wege zu finden, ihr zu helfen und sie nicht zu verletzen. Die Zeit heilt Wunden, weißt du. Wir reden fast nie über Bridgit, aber ich glaube, Vishakha ist sich jetzt sicherer, dass ich nicht weggehen werde. Sie hat Recht, aber auch deshalb, weil sie mich heute anders behandelt.

Vishakha und ich sind auf eine neue Weise miteinander verbunden. Sie bemerkt mich immer – und das ist manchmal schwer, weil sie nach mir Ausschau halten muss, selbst wenn sie gerade mit Robert spricht. Sie schafft es ziemlich gut, mich im Innern zu erkennen, wenn Robert außen ist. »Das bist du, Bobby«, sagt sie dann, »nicht wahr? Bobby, zeig dich. Ich weiß, dass du es bist.« Und dann bin ich plötzlich da und kichere, als hätte sie mich beim Versteckspielen entdeckt.

Ich kann Vishakhas Gefühle sogar erkennen, wenn sie ihr selbst nicht bewusst sind. Ich nenne sie »Nanubua« – das bedeutet Tante Nanu; so habe ich es bei ihren indischen Nichten und Neffen gehört. Manchmal muss ich sie ein wenig drängen: »Nanubua«, sage ich dann, »antworte nicht: ›Nein, ich bin nicht traurig‹, weil ich weiß, dass du traurig bist.« Fast immer lächelt sie dann und fragt: »Woher weißt du, was ich empfinde? Wie kannst du meine Gefühle kennen, wenn sie mir selbst nicht bewusst sind?« Ich neige den Kopf zur Seite, öffne meine Augen weit, und grinse sie an; es soll heißen: Ich bin's, Bobby. Ich bin Experte für Gefühle. Sie weiß, dass ihre Gefühle mir sehr am Herzen liegen.

Aber dieses neue Zusammengehörigkeitsgefühl – ob es wohl so etwas wie Liebe ist? – kam erst später. Ende 1997 war ich zu sehr mit meinem eigenen Schmerz beschäftigt. Ich war wirklich traurig. Heute sagt Robert, dass 1997 Bobbys Jahr war. Doch als es anfing zu schneien und ich meine Inliner wegräumte, fühlte es sich gar nicht wie Bobbys Jahr an. Prinzessin Diana war tot, und ich hatte den Eindruck, ebenfalls tot zu sein.

Ich, Robert, war tieftraurig und fühlte mich wegen Bridgit schuldig. Ich wusste, dass Vishakha verletzt war. Die Affäre war passiert, weil ich zu schwach gewesen war, Nein zu sagen. Genau wie ich früher Tommys Missbrauch an Bobby übersehen hatte, hatte ich vorgegeben, nicht zu wissen, dass Bobby eine Romanze hatte. Ich dachte wohl, dass eine kurze Affäre nicht entdeckt würde, solange Vishakha unterwegs war. Tagsüber versuchte ich, Vishakha in Australien anzurufen, aber abends, wenn Bobby sich herumtrieb, war ich für sie nicht erreichbar. Ich hätte Bobby einsperren können und trage die Verantwortung dafür, dass ich es nicht getan habe. Ich war nicht dazu geeignet, die Führung zu übernehmen. Ich konnte mich einfach nicht entscheiden, ob ich Bobbys Vater oder Freund sein wollte. Nachdem es passiert war, hoffte ich, der Sturm würde sich rasch legen, doch ich wusste, die Erinnerung daran würde noch lange schmerzen. Bobby und ich sind dankbar, dass Vishakha uns verziehen hat.

5   *Von der engen Burg auf eine
    sonnige Wiese*

Bobby: »Ich hab's getan! Wir sind draußen. Jetzt sind wir zu dritt.«

Die Affäre mit Bridgit hatte zwar großen Schaden angerichtet, aber sie veränderte auch einiges. Bobbys Gefühle waren schon immer intensiv gewesen und er agierte impulsiv. Er schwankte dauernd zwischen Angst und Glück – dazwischen gab es für ihn nichts. Er hatte nie viel nachgedacht. Im Winter 1997/1998 verfiel er jedoch in Grübeleien. Nach der Affäre kehrte er freiwillig in seinen Kerker zurück, wo er tagelang nur still herumsaß. Auch bei den gelegentlichen Terminen mit Dr. Smith zeigte er sich nur selten.

Bobby

Mein Zustand war irgendwie komisch. Mal war ich glücklich, mal ängstlich. Früher hatte ich immer versucht, glücklich zu sein, außer wenn mich Tommy gerade quälte. Ich hatte mit meinen Tieren gespielt, Witze gerissen, war Inliner gefahren. Ich hatte alles Mögliche gemacht.

Doch nach Bridgit war ich einfach nur traurig. Ich hatte niemandem wehtun wollen. Und doch hatte ich Vishakha und Robert sehr verletzt. Und mich selbst auch.

Ich brütete vor mich hin. Vielleicht konnte ich mir irgendetwas ausdenken, was alles besser machen würde? Nicht nur für mich, sondern für alle?

Eines Tages kam mir eine grandiose Idee!

Robert

Ich hatte angenommen, Bobby erleide seine erste Depression. Hätte ich gewusst, worüber er nachdachte, hätte ich eingegriffen. Gefährliche Gedanken schwirrten in seinem Kopf herum. Da er sein Leben insgesamt unerträglich fand, suchte er nach radikalen Lösungen.

Nie im Leben hätte ich mir vorstellen können, was bei seinen Überlegungen herauskam. Es war so gefährlich, dass es einen Krieg unter den Persönlichkeiten hätte heraufbeschwören können, und gleichzeitig war es so genial, dass es uns alle veränderte. Eines Abends im Januar 1998 führte er seinen außergewöhnlichen Plan aus. Ich ahnte nichts, bis ich am nächsten Morgen erwachte.

Wenn ich morgens aufwache, geschieht immer das Gleiche. Bevor sich meine Augen ans Tageslicht gewöhnen, liegt die Burg wie hinter einer Nebelwand. Ich zittere meist vor Kälte und fühle mich alt und schwach. Die Öllampen sind ausgegangen und die heruntergebrannten Holzscheite verbreiten einen modrigen Geruch. Wenn ich in der Burg erwache, ziehe ich gewöhnlich die Bettdecke enger an mich und wünsche mir, nie mehr aufstehen zu müssen.

Doch was war heute anders? Warum war ich sofort hellwach? Warum war es so hell?

Schlagartig wurde mir klar: Ich war gar nicht in der Burg. Die Sonne schien, der Himmel war blau und Wolken zogen dahin. Ich saß auf einer Wiese und sah auf das dunkelblaue Wasser eines Sees hinunter, das der Wind in sanften Wellen bewegte. Am anderen Ufer stand unsere Burg. Zum ersten Mal sah ich sie von außen. Die Sonne brachte die zarte Maserung der grauen Mauern ans Licht, die Türme ragten zum Himmel und die Fahnen flatterten bunt im Wind. Hinter mir befand sich ein bewaldeter Hügel, der in einen baumlosen, zerklüfteten Gebirgskamm überging.

Wie konnte es sein, dass ich mich plötzlich außerhalb der Burg befand, nachdem ich lebenslang eingesperrt gewesen war? Ich blickte nach rechts und fand die Erklärung: Bobby saß friedlich im Gras und bewunderte mit einem Lächeln auf seinem Gesicht die Aussicht.

Bobby

»Gefällt's dir? Wir sind geflohen. Wir sind nicht mehr in der Burg.«

Robert sah wirklich zum Lachen aus. Wie ein Fisch. Sein Mund öffnete und bewegte sich, aber es kam nichts heraus. »Was...? Wie...?«

Ich weiß, Lachen war jetzt nicht das Richtige. Aber ich konnte einfach nicht aufhören. Robert saß einfach nur da und machte ein dummes Gesicht. Er suchte verzweifelt nach Normalität. Vielleicht konnte er mich wegen etwas ausschimpfen. »Du meine Güte, Bobby«, sagte Robert, »was hast du getan? Was ist mit Tommy? Hat er nicht versucht, dich aufzuhalten?«

Er hatte Recht, wenn er an Tommy dachte. Ich hatte die Burg durch Tommys Zimmer verlassen müssen. Ich konnte nicht an Roberts Stuhl vorbeigehen. Er wäre aufgewacht und hätte den ganzen Plan verhindert. »Tommy?«, fragte ich lächelnd. »Tommy macht mir jetzt weniger Sorgen. Wir haben eine Abmachung. Er ist jetzt Teil von mir. Er hat diesen schrecklichen, kleinen Raum in der Burg verlassen. Und ich sehe zu, dass ich mit seiner Wut klarkomme. Er war überhaupt nicht traurig. Er war gleich einverstanden. Und als ich Tommy auf meiner Seite hatte, konnte mich niemand mehr aufhalten.«

»Niemand?! Was ist mit ›Du-weißt-schon-wer‹?«

Ich zeigte über den See. »Sieh doch.«

Robert machte wieder sein Fischgesicht mit offenem Mund und großen Augen. Er konnte unsere Burg auf dem Felsvorsprung sehen.

Ohne Nebel und ohne Wolken. Es gab keine schwarze Burg mehr. Sie war einfach verschwunden.

»Wo ist ›Du-weißt-schon-wer‹?«

Ich wies nach links und Roberts Augen folgten mir. Er erblickte eine schöne Frau mit schwarzem Haar. Ruhig saß sie da, ohne sich zu bewegen. Ihre Augen waren nur halb geöffnet und sie lächelte still vor sich hin. Sie trug eine dunkelblaue Robe mit Kapuze und sah aus, als sei sie einem Gemälde entsprungen.

»Wer ist das?«, flüsterte Robert.

»Sie heißt Wanda. Sie ist die Frau hinter der Hexe.«

»Aber wie ...?«

»Das ist der beste Teil meines Plans.« Dieser Teil machte mich wirklich froh. Ich schaukelte vor und zurück und lachte dabei: »Ich kann das Helle in den Menschen sehen. Ich sehe Licht, das aus guten Herzen strahlt. Ich hatte einen Lichtstrahl in der Hexe gesehen. Also habe ich es riskiert und mich mit ihr getroffen. Wir haben einen Deal gemacht.«

»Was für einen Deal?«

»Ich habe der Hexe gesagt, dass ich ein Leuchten in ihrem Innern sehe. Sie hat sich furchtbar geärgert und schreckliche Geräusche gemacht. Aber ich habe sie nur angesehen. Das Licht war immer noch da, es wurde sogar heller. Schließlich wurde sie zu Wanda. Auge ist ein Teil von ihr. Wanda spricht nur mit uns, nicht mit der Außenwelt. Sie hat die Macht, zu helfen, dass Dinge gut gehen. Aber wenn etwas nicht gut läuft, kann sie wieder zur Hexe werden.«

Robert sah Wanda an. Sie lächelte. Keine Sorge, nicht erotisch. Es war ein heiliges Lächeln. Dann ging sie wieder. Ich fand, sie sah aus wie Maria, weißt du, die Mutter von Jesus. Ich wusste, dass Robert sich kaum vorstellen konnte, dass sie die Hexe war.

»Hast du ihr Hündchen gesehen?«, fragte ich. »Das ist Ragamuffin. Er ist mein Liebling. Ich habe ihn Wanda geschenkt. Sie mögen sich sehr.« Ich zeigte über meine Schulter zurück. »Meine anderen Tiere sind auch frei. Sie tollen auf der Wiese herum. Sie sind so glücklich.«

»Wer ist hier oben außerhalb der Burg die dominierende Persönlichkeit?«, wollte Robert wissen.

Ich sah Robert in die Augen. »Das ist der Deal. In der Burg stand immer einer im Vordergrund. Hier oben sind wir alle gleichberechtigt.«

Zusammen und doch jeder für sich

Wenn ich nachts von unserer Bergwiese ins Tal blickte, konnte ich mir kein schöneres Bild vorstellen. Das Mondlicht erschuf Silhouetten am blauschwarzen Nachthimmel, und es wehte eine leichte Brise. Die Burg, einst das Schlachtfeld erhitzter Gemüter, ruhte friedlich auf dem massiven Felsvorsprung. Sie erinnerte an vergangene Zeiten und war zum Museum meiner früheren Geschichte geworden. Wanda, Bobby und ich saßen zusammen mit einer Reihe von Tieren, unbeweglich und still. Nur der Rhythmus unseres Atems, der sich mit dem Flüstern des Windes mischte, unterbrach die Stille.

Vielleicht hätte ich mich darüber ärgern sollen, dass Bobby so verrückt war, uns aus der Burg zu katapultieren und auf die Wiese zu setzen. Vielleicht hätte er es mir vorher sagen sollen. Doch ehrlich gesagt hatte er Recht. Ich hätte alles versucht, um seine Pläne zu durchkreuzen. Ich hätte mir nicht vorstellen können, dass Tommy und die Hexe mitmachen würden. Aber es hatte geklappt. Keine Ahnung wie und warum. Die »Große Flucht«, wie wir sie nannten, verblüffte mich nach wie vor. Wie hatte Bobby das allein bewältigt? Ohne Hilfe von außen? Keine Komplizen im Innern?

Als ich Dr. Smith befragte, war er sehr überrascht über die Flucht und die neuen Fusionen. Wie immer war er freundlich und ermutigte uns. Er empfand unser Leben auf der Wiese als einen Meilenstein auf dem Weg zur Integration aller Subpersönlichkeiten und hieß es gut. Dr. Smith betrachtete die Wiese als eine Zwischenstation zwischen der gespaltenen Burg und einem vielleicht einmal vereinten Ganzen.

Eigentlich hätte mich mein Statusverlust als dominierende Persönlichkeit entrüsten sollen. Aber anders als Bob war ich nie an einem besonderen Status interessiert, weder innerhalb noch außerhalb der Burg. Im Grunde erleichterte es mich, dass die Verantwortung für unser Handeln nicht mehr allein auf meinen Schultern lastete. Mir war nicht daran gelegen, die Nummer eins zu sein. Da wir aber erst kürzlich geflohen waren, machte ich mir Sorgen, es könne sich möglicherweise niemand zuständig fühlen. Wie konnten wir Macht und Verantwortung unter uns dreien aufteilen? Würde ein neu gestärkter Bobby ziellos in alle Richtungen agieren? Wie sollte ich einer schönen Frau vertrauen, die sich plötzlich in eine bösartige Hexe verwandeln konnte? Was sprang für mich dabei heraus? War ich für das Leben auf der Wiese völlig unwichtig geworden?

Ich hörte einen leisen, glockenhellen Ton, wie das hohe *Ping*, das man aus buddhistischen Tempeln kennt. Es ähnelte nicht der Vibration, mit der Bobby seine Nachrichten ankündigte. Jemand anders wollte eingreifen. Ich sah zu Wanda.

Wanda lächelte und blickte mich eindringlich und direkt an. »Mach dir nicht so viele Sorgen«, lautete ihre Nachricht, »atme einfach weiter. Lass deine Gedanken kommen und gehen. Sag dir einfach ›Nicht denken‹. Konzentriere dich auf deine Atmung.«

Wandas Stimme war besänftigend und gleichzeitig fordernd. Sie führte mich in eine Meditation. Wanda wusste genau, was in mir vor sich ging. Konnte ich ihr wirklich trauen? Machten wir nur vorübergehend Rast auf dieser Wiese? Was geschah um uns herum?

Ping. Wanda ermahnte mich loszulassen. Ich hatte die Grundlagen der Meditation bei einem buddhistischen Lehrer gelernt. Es tat weh, stundenlang steif dazusitzen. Zwischendurch meditierten wir im Gehen. Ich hatte das Gefühl, dass alle Subpersönlichkeiten angetreten waren.

Ping. Diesmal wurde Wanda lauter: »Hör auf zu denken. Atme einfach nur. Atme aus und lass den Geist los. Ausatmen ist wie Sterben. Einatmen ist wie Wiedergeboren werden. Nach unserem letzten Atemzug sterben wir. Wir scheiden dahin. Doch im Buddhismus ist dies nicht das Ende, sondern ein endloser Zyklus aus Geburt, Tod und Wiedergeburt, bis kein Karma mehr erzeugt wird. In unserem nächsten Leben erhalten wir das Karma des vergangenen Lebens. Eine buddhistische Allegorie vergleicht diesen Prozess mit der Flamme einer Kerze, die kurz vor dem Erlöschen die nächste Kerze anzündet.«

Bobby ärgerte sich, dass Wanda so lange mit mir sprach. Warum schenkte sie ihm nicht mehr Aufmerksamkeit? Schließlich hatte er uns alle aus der Burg geholt. Er hatte Wanda auch sein Lieblingshündchen, Ragamuffin, geschenkt.

»Sei nicht traurig, Bobby«, sagte Wandas Blick. »Ich weiß, was du denkst. Auge ist ein Teil von mir geworden. Ich kann in dich und Robert hineinsehen. Ich sehe sowohl eine Chance als auch eine Gefahr. Die Chance liegt darin, dass du mit Robert zusammenarbeitest. Kannst du dir vorstellen, was ihr alles zusammen tun könntet? Erinnerst du dich an letztes Jahr in China? War das nicht lustig? Du könntest noch viel mehr solcher Dinge tun. Die Gefahr ist, dass ihr beide verschiedene Wege geht. Vor allem du, Bobby.«

»Weil ich böse bin?«

»Du bist jetzt alt genug, um zu wissen, dass dies nicht stimmt. Ist das klar?«

»Ja, ich glaube schon.«

»Okay. Weißt du, was Verantwortung heißt?«

»Verantwortung heißt, die Wahl zu haben zwischen gut und böse und sich für das Gute zu entscheiden.«

»Genau. Ich möchte, dass du Verantwortung zeigst und Gutes tust. Es bedeutet nicht, dass du keinen Spaß haben darfst. Es heißt auch nicht, dass du tun sollst, was Robert dir sagt. Es heißt, dass du und Robert mehr zusammenarbeiten müsst.«

Wandas Gegenwart auf der Wiese wirkte sich sowohl auf Bobby als auch auf mich aus. Ich war erstaunt, dass sie so friedfertig und verständnisvoll sein konnte, obwohl sie aus einer Furcht erregenden Hexe hervorgegangen war. Bobby fühlte sich bedrängt, weil Wanda versuchte ihn Selbstdisziplin zu lehren. Wanda stabilisierte uns beide – sie war unser drittes Standbein.

Da wir nur noch zu dritt waren, alle im Freien auf der Wiese und nicht mehr hinter Burgmauern versteckt, konnten wir leichter miteinander kommunizieren. Menschen, die nicht an einer multiplen Persönlichkeitsstörung leiden, ist das kaum begreiflich zu machen. Selbstverständlich haben wir uns nicht wirklich angesehen. Wir haben uns eher Nachrichten übermittelt. Aber unsere Kommunikation war nun ausgefeilter, wir konnten einander eine breite Palette menschlicher Gefühle mitteilen. Unsere Gespräche auf der Wiese hatten viele Facetten. Stellen Sie sich unsere Kommunikation so vor, als sprächen drei reale Personen miteinander. Wenn ich zum Beispiel sage »Wanda sah mich so intensiv an, dass ich keine andere Wahl hatte, als zuzuhören«, stand sie zwar nicht wirklich neben mir, aber so habe ich es empfunden.

Gegen Ende der Neunzigerjahre hatten wir uns alle drei weiterentwickelt. Wanda war das Gegenteil der Hexe. Dass die Hexe ein Teil von Wanda geworden war, erinnerte uns an vergangene schreckliche Zeiten und warnte uns vor möglichen künftigen Krisen. Wanda mahnte uns zu vergeben, aber nicht zu vergessen. Bobby schien trotz seines jugendlichen Leichtsinns ein wenig älter und reifer geworden zu sein. Ich war dank Wandas und Bobbys Einfluss wesentlich offener geworden. Mir standen viel mehr Gefühlsnuancen zur Verfügung als früher. Mein Wortschatz erweiterte sich. Anstatt »ich denke«, sagte ich nun öfter »ich fühle« oder »ich spüre«. Bei meinen Vorträgen spürte ich tatsächlich die Verbindung zwischen mir und meinem Publikum und nahm wahr, wie unterschiedlich einzelne Zuhörer auf meine Worte reagierten.

Gegen Ende des vergangenen Jahrtausends unternahmen wir

manches tatsächlich gemeinsam. Gelegentlich schien es sogar richtig, von »uns« zu sprechen: »*wir* haben beschlossen« oder »*wir* sind uns einig«. Doch dies waren nur kurze Momente einer Teil-Integration. Meistens gingen wir eigene, oft einander entgegengesetzte Wege. Wir litten immer noch an der multiplen Persönlichkeitsstörung. Aber die grüne Wiese war eine viel bessere Umgebung, um die ausstehende Integration zu bewältigen, als die alte Burg mit ihren feuchten Mauern.

1998 wurde ich, Robert, Mitglied im Stiftungsvorstand des Rockefeller Brothers Fund. Als mich die übrigen Vorstandsmitglieder begrüßten und wie immer »Bob« nannten, wussten sie selbstverständlich nicht, dass Wanda und Bobby ebenfalls mit von der Partie waren.

Ich fand es großartig, dass sowohl akademisches Denken als auch praktische Erfahrung im Stiftungsvorstand willkommen waren. Es war mein bester, wenn auch unbezahlter Job als Berater. Ich konnte mich auf spezielle Themen konzentrieren, ausführliche Abhandlungen schreiben und hatte gleichzeitig genügend Zeit, um mich mit meiner Störung auseinanderzusetzen. Ich informierte die Stiftung nicht nur über Asien, sondern konnte Perspektiven aufzeigen, wenn sich unterschiedliche Werte oder konkrete Konzepte in die Quere kamen. Der Päsident der Stiftung, Stephen Heintz, mit dem ich mich gut verstand, ermutigte mich, ihm meine Geschichte zu erzählen. Er war nett und gleichzeitig pragmatisch veranlagt, daher reagierte er erstaunlich verständnisvoll. Er und seine Frau sind heute enge Freunde von Vishakha und mir.

Wanda meldete sich nie zu Wort, suchte aber stets nach jenem Feuer in den Menschen, das Bobby »Licht« nannte. Jeder weiß, dass die Rockefellers reich sind, doch viele Mitglieder der Rockefeller-Familie, die im Vorstand sitzen, sind gleichzeitig große Philanthropen. Wanda freute sich, dass ihnen ernsthaft daran gelegen war, ihr Geld für einen guten Zweck auszugeben: für den Umweltschutz, für Lehrer ethnischer Minderheiten, für Sicherheit, zur Stärkung der Demokratie, für Südafrika, den Balkan, Südchina und New York City.

Wanda hörte genau zu und beobachtete exakt. Dann drängte sie mich, mich mit denjenigen zu unterhalten, bei denen sie das »Licht« entdeckt hatte. Ich ging daher vermehrt auf Leute zu, die offen für die Gefühle anderer Menschen und konsensfähig waren. Wanda schätzte Steven Rockefeller sehr, den Buddhisten und Professor für Theologie.

Wie ging es Bobby in dieser Zeit? Lassen wir ihn selbst sprechen: »Ich brachte Robert dazu, Witze zu erzählen und die Leute zum Lachen zu bringen. Die Leute waren manchmal sehr ernst. Blah, blah, blah. Einmal habe ich Robert angestiftet, Kritik zu äußern. Wie könne eine einzelne Organisation wie die Rockefeller-Stiftung an das Wohl aller denken, wie sie behauptete? Oh je! Das zu fragen, war ein Fehler. Es stellte sich heraus, dass es ein Zitat des alten Rockefeller war. Einige starrten mich an, als hätte ich nicht alle Tassen im Schrank. Also versuchte ich die Sache herunterzuspielen und einen Witz zu reißen. Robert sagte: ›Wenn wir in Japan wären, müsste ich nach so einem Satz Harakiri begehen.‹ Alle lachten. Wenn die Leute lachen, können sie sich nicht ärgern, glaube ich.«

1999 beteiligte ich mich an einem Projekt für Grundschulkinder in Ost-Harlem. Dort leben hauptsächlich Schwarze und Latinos. Eine engagierte Lehrerin wollte den Kindern beibringen, ein Saiteninstrument zu spielen. Sie musste viele Hürden nehmen, um ihr Geigen-Projekt nicht einstellen zu müssen. Als ihr 1990 das Geld ausging, gelang es einer befreundeten Fotografin, berühmte Musiker wie Isaac Stern und Itzhak Perlman für ein Benefiz-Konzert in der Carnegie Hall zu gewinnen. Das »Fiedelfest« war ein Riesenerfolg. Es kam genügend Geld zusammen, um das Gehalt der Lehrerin zu sichern und im großen Stil für das Projekt zu werben. Die Geschichte der mutigen Lehrerin wurde in dem Dokumentarfilm *Small Wonders* und dem Spielfilm *Music of the Heart* mit Meryl Streep verfilmt.

Bobby liebte das Projekt: »Diese Kinder waren großartig. Als ich den Film sah, musste ich heulen. Keine Tränen der Trauer, sondern Kinotränen.« Wanda war ebenfalls begeistert.

Ich, Robert, war allerdings frustriert. Denn nachdem sich die Aufregung um den Film gelegt hatte, wurde es schwerer, das Modellprojekt auch in anderen Städten einzuführen. Woher sollten wir die Millionen nehmen, um überall in den USA Stadtkindern das Geigenspielen beizubringen? Persönlich profitierte ich ungemein, weil ich neue Freunde gewann.

»Weißt du, welche Stelle mir in dem Film mit Meryl Streep am meisten gefällt?«, plapperte Bobby dazwischen: »Kurz bevor die Kinder auf die Bühne gehen, sind sie schrecklich nervös, weil sie in der Carnegie Hall spielen. Meryl Streep sagt zu ihnen: ›Euer Spiel muss von hier kommen.‹ Und sie zeigt auf ihr Herz. Das ist ein rührender Augenblick.«

Musik auf der grünen Wiese

Man könnte meinen, wir hätten auf unserer Wiese friedlich zusammengearbeitet. Aber Spaltung und Kampf gehörten nach wie vor zu unserem Leben. Zwischen Robert und Bobby kam es wieder wegen Musik zum Streit. 1998 ersetzte er die Gitarre, die 1997 so abrupt aus unserem Leben verschwunden war, durch ein Cello.

Der Klang eines Cellos hat mir schon immer gefallen, und ich bin ein großer Fan von Yo-Yo Ma. Ich besaß ein gutes Cello und einen guten Bogen, hatte einen ausgezeichneten Lehrer, eine wundervolle Duett-Partnerin, und ich spielte in einem Violin-Flöte-Cello-Trio. Begeistert frönte ich meiner neuen Leidenschaft.

Das Gute war, dass ein Cello, das mit dem Bogen und selten gezupft gespielt wird, meine behinderte rechte Hand nicht belastete. Mit großem Eifer und Idealismus erarbeitete ich mir die Grundlagen – Tonleitern, Arpeggien, Übungen – und versuchte, mich technisch nicht zu schnell voranzutreiben. Im ersten Jahr hatte ich das Gefühl, gute Fortschritte zu machen. Ich kämpfte mich durch die ersten drei Cello-Suiten von Bach und bewältigte auch einige Stücke von Vivaldi, Saint-Saëns und Schumann. Ich versuchte die Seele des Cellos zu erfassen. Bei meinem täglichen Spiel fühlte ich mich in eine andere Zeit versetzt – in die Konzertsäle früherer Jahrhunderte, als bei Öllampe und Kerzenlicht musiziert wurde. Im Gegensatz zur

Gitarre schien das Cello besser zu meinem Körper zu passen. Ich stellte mir vor, mit Leichtigkeit gut zu spielen und das Instrument im Arm zu halten, während sein schöner Klang den Raum erfüllte. Weniger gut war, dass ich in meiner Fantasie wieder einmal viel besser spielte als in der Realität. Der größte Unterschied zwischen meinem Gitarre- und Cellospiel lag darin, dass ich Bobby nun einbeziehen wollte. Dies schien mir eine prima Idee zu sein. Ich glaubte, Bobby würde die Kreativität der Jugend beim Musizieren einbringen. Und ich hatte den Eindruck, es könne eine gute Möglichkeit sein miteinander etwas zu unternehmen, nun, da keiner von uns dominierte.

Tatsächlich jedoch war das Bobby-Robert-Duett auf dem Cello ein einziger Albtraum. Auf der Wiese waren wir zwar gleichberechtigt, aber um Cello zu spielen, waren wir nicht »integriert« genug. Es wäre leichter gewesen, wenn ich, Robert, mit der linken Hand die Griffe übernommen und Bobby mit der rechten den Bogen gespielt hätte. Stattdessen stritten zwei Anfänger darum, wer das Instrument bedienen durfte. Wir hatten unterschiedliche Stärken und Schwächen. Und schlimmer noch: Jeder von uns dachte, er sei besser als der andere. Hätten wir wie reale Menschen miteinander gestritten, anstatt innerlich nonverbal zu kommunizieren, hätten wir uns gegenseitig angebrüllt.

»Warum kannst du nicht lustig sein, wenn du Cello spielst?«, fragte Bobby abfällig. »Mach's doch wie beim Inlinerfahren. Sei mal locker, entspann dich und lächle.«

»Ich habe nichts dagegen, lustig zu sein«, entgegnete ich mit elterlicher Verzweiflung. »Aber du kannst dir beim Spielen nicht einfach deinen eigenen Rhythmus ausdenken. Du kannst auch nicht so tun, als ob du immer die richtigen Töne treffen würdest.«

»Bei dir stimmt der Rhythmus auch nicht. Du zählst dauernd im Kopf mit. Und dann weißt du nicht mehr, wo wir gerade sind.«

»Bobby, du kannst nicht einmal Noten lesen. Du versuchst nur, dir die Melodie zu merken. Und dann spielst du falsch.«

»Na und? Wenigstens ziehe ich keine so doofen Grimassen. Robert versucht mal wieder, dass alles gut klingt. Du glaubst wahrscheinlich, du siehst aus wie Yo-Yo Ma, wenn er Cello spielt. Du siehst eher aus wie Yo-Yo Ma, wenn er auf dem Klo hockt!«

Nachdem damals sein Versuch, den Kratzer auf meiner Gitarre zu beheben, gescheitert war, ging Bobby nun vorsichtiger mit dem Cello und dem Bogen um. Er besuchte Instrumentenbauer, sah wie ein Lehrling den Meistern zu und lernte enorm viel über Saiteninstrumente. Bald konnte er sich mit Profi-Musikern über die Ausrichtung des Stegs, die Balance des Bogens und verschiedene Arten von Pferdehaar unterhalten. Bobby entwickelte zahlreiche Pläne, wie man Cello spielen lernen sollte. Er machte unsere Duettpartnerin Lynne verrückt, wenn er wieder einmal versuchte, ihr seine neuesten Ideen aufzudrängen. Wenn sie nicht auf ihn hören wollte, bekam er einen Wutanfall, weil seine Tommy-Seite sich beleidigt fühlte. Im Nachhinein bin ich beeindruckt, wie verständnisvoll Lynne auf unsere musikalischen Patzer und gelegentlichen emotionalen Ausraster reagiert hat.

Die Lehre, die wir daraus ziehen mussten, war klar: Gut zu musizieren erfordert Integration. Alles muss gleichzeitig und rechtzeitig geschehen. Der Rhythmus ist die Basis der Musik. Isaac Stern hat das so ausgedrückt: »Wir alle haben Rhythmus im Blut. Man muss nur auf die Regelmäßigkeit des Herzschlags hören.« Bobby konnte im Rhythmus verschiedener Musikrichtungen, von Klassik bis Rock, Inliner fahren. Doch sein angeborenes Rhythmusgefühl deckte sich nie mit meiner Art, die Noten zu lesen. Wenn wir versuchten, mit anderen Kammermusik zu machen, löste sich unsere mühsam erreichte Verbindung auf: Robert war Robert, und Bobby war Bobby, und wenn es ums Musizieren ging, kamen wir einfach nicht auf einen Nenner.

Inlineskaten war nach wie vor Bobbys liebstes Hobby. Während der

Woche fuhr er mindestens zwei Stunden pro Tag; am Wochenende vier Stunden oder länger. Er fuhr immer noch gern mit Frauen, doch nach der Geschichte mit Bridgit war er vorsichtiger geworden. Er hörte allerdings nicht auf, sich wie ein junger Single zu geben. Mir, Robert, war Bobbys Flaschentrick nicht mehr ganz so peinlich. Die meisten Leute sahen darin wohl eine Laune eines älteren, etwas verrückten, unkonventionellen Herrn. Wenn Leute, die ich beruflich kannte, vorbeikamen, nahm Bobby die Flaschen vom Kopf und verschwand, sodass ich mich entspannt unterhalten konnte. Ich befolgte Bobbys Vorschlag und erzählte, das Flaschenbalancieren sei von einer berühmten Eiskunstläuferin erfunden worden. Es sei eine ausgezeichnete Übung und mache außerdem Spaß.

Bobby wehrte sich weiterhin gegen den zunehmenden Druck, mit mir zu fusionieren. Vishakha und Dr. Smith plädierten nachdrücklich für die Integration.

»Bobby«, fragte Dr. Smith, »warum siehst du nicht ein, dass das Leben noch schöner wird, wenn du zusammen mit Robert eine Person bildest?«

»Klar. Viel besser. Robert kriegt meine Energie und meinen Witz. Und ich werde älter, Ende fünfzig. Vierzig Jahre älter an einem einzigen Tag!«

»Aber andererseits«, konterte Dr. Smith, »streitet ihr euch oft, und keiner gewinnt.«

»Okay«, antwortete Bobby: »Wir fusionieren! Aber nur, wenn Robert sich in mich integriert. Wir heißen dann Bobby und sind Anfang zwanzig. Das ist cool. Ich bekomme die Fähigkeiten eines alten Mannes. Erfahrung, Lesen und Schreiben können und so weiter. Frag Robert, ob er damit einverstanden ist.«

»Sehen Sie«, sagte ich zu Dr. Smith, »mit Bobby ist es hoffnungslos. Er weiß, dass wir das äußere Alter nicht ändern können, aber er gibt einfach nicht nach. Er wird jeden Tag sturer.«

»Ich mag alles an Bobby«, entgegnete Dr. Smith. »Aber ich weiß auch, dass die Integration der richtige Weg ist. Sie wäre für alle Be-

troffenen gut. Ohne Integration werden Sie beide ständig frustriert sein. Aber ich bin mir nicht sicher, wie wir weiter vorgehen sollen.«
»Zur Zeit«, sagte ich, »ist das eine Sackgasse. Bobby will lieber für sich und gleichberechtigt sein. Wir sind nicht völlig getrennt. Es ist wohl eine ›kollaborative Multiplizität‹. Bobby würde nicht einen Millimeter nachgeben. Er ist nur zur Zusammenarbeit bereit, wenn es ihm passt. Sonst hält er sich fern.«
»Wie immer Sie es bezeichnen wollen«, sagte Dr. Smith ernst, »es ist immer noch eine multiple Persönlichkeitsstörung.«

Im März 2000 begleitete ich Vishakha auf ihrer vierwöchigen Auslandsreise mit der Rockefeller-Stiftung nach Bellagio an den Comer See. Die Villa Serbelloni, in der die Stiftung ihren Sitz hat, ist im zwölften Jahrhundert erbaut worden, und ihre Gärten und Wege erstrecken sich über mehrere Quadratkilometer hinauf bis zu einem felsigen Hügel. Wenn man auf dem Grundstück spazieren geht und durch die engen, kopfsteingepflasterten Gassen der Stadt streift, kann man fast noch die Höflinge und Hofdamen, die Mönche und Soldaten hören. Bellagio war ein Ort der Kunst und Musik, politischer Debatten und Intrigen und heftiger Kämpfe. Und direkt gegenüber, auf der anderen Seite des Sees, liegt das Städtchen Mezzegra, in dem Mussolini ermordet worden ist. Darauf weisen alle Reiseführer hin.

Für Robert, Bobby und Wanda hatte Bellagio besondere Bedeutung. Wir trauten unseren Augen nicht, als wir vor der Villa ankamen und die Aussicht sahen. Bellagio ist ein Abbild unserer gespaltenen Persönlichkeitsstruktur. Die Villa Serbelloni ähnelt einer mittelalterlichen Burg, die auf einem Felsvorsprung thront. Am Fuße des Hügels liegt ein tiefblauer See, dessen Wasser im Wind leichte Wellen schlägt. Dahinter erhebt sich eine steile Wand, die zu einer größeren Gebirgskette gehört. Auf dem bewaldeten Hügel gegenüber der Villa Serbelloni liegt eine große Wiese. Tagsüber erstrahlen die Berge, die Wiese, der See und die Burg im Sonnenlicht. Nachts im

Mondlicht wirft die Gebirgslandschaft dunkelblaue oder tiefschwarze Schatten.

Die Magie von Bellagio war fast unheimlich und berührte uns alle mit ihrem Zauber. Sie machte unsere unterschiedlichen Charaktere deutlich und zeigte Wege auf, wie wir uns die Hand reichen konnten. Wanda glaubte, in einem früheren Leben als Nonne in Italien gelebt zu haben. Dass die Glocken der Kathedrale von Bellagio stündlich läuteten, kam ihr bekannt vor – als habe sie diesen Klang vor sehr langer Zeit oft gehört und als läuteten die Glocken nicht die Stunden, sondern die Jahre ein. Sie erinnerte sich an ihre Sehnsucht nach einem Leben in Frieden, weil sie in einer kriegerischen Zeit gelebt hatte. Damals hatte sie ihren Glauben verloren.

Ich, Robert, war froh, dass ich in Bellagio »der Ehegatte« war und nicht Mitglied der Rockefeller-Gruppe, wie ursprünglich geplant. Für mich war es ein perfekter Urlaub mit kulturellem Rahmenprogramm. Tagsüber übte ich Cello in meinem *estudio*, einem Pförtnerhäuschen aus dem fünfzehnten Jahrhundert mit einer wunderbaren Akustik. Wenn Vishakha nicht an ihrem Buch arbeitete, gingen wir in den mittelalterlichen Gassen von Bellagio spazieren, machten Einkäufe in Como oder tranken Cappuccino am See. Abends aßen wir Pasta, unterhielten uns mit unseren Mitreisenden oder hörten Vorträge. Zum Kulturprogramm gehörte auch das lyrische Klavierspiel einer jungen Serbin – Aleksandra. Bobby fühlte sich sehr zu Aleksandra hingezogen; sie war Komponistin und mit neunundzwanzig Jahren die Jüngste in unserer Gruppe.

»Hingezogen?«, platzte Bobby dazwischen. »Ich habe mich in sie verliebt. Aleksandra sah aus wie Meryl Streep. Sie komponierte wundervolle Musik. Ich mochte einige ihrer Stücke sehr. Aber über die, die ich mochte, hat sie gesagt, sie seien ›zu leicht zugänglich‹. Das habe ich nicht verstanden. Ich glaube, sie meinte damit ›zu einfach, um sie zu mögen‹. Sie hat auch ein Stück für Cello und Klavier komponiert. Es war nicht schwer zu spielen, aber ich hab es vermasselt. Aleksandra war mir nicht böse. Sie sprach sogar wie Meryl Streep.

Wie in *Sophies Entscheidung*. Sie hat mir auch ihr Arbeitszimmer gezeigt, in dem sie komponierte. Sie hat wunderschön gelächelt und trotzdem immer traurig gewirkt. Ich durfte sie Sascha nennen.«

Ja, es stimmt. Bobby hatte sich auf den ersten Blick in Aleksandra verliebt. Aber auch zwischen Vishakha und Aleksandra entwickelte sich eine schöne Freundschaft. Zwischen Bobby und Aleksandra hatte es richtig gefunkt, doch beide waren vorsichtig genug, es bei einer platonischen Beziehung bewenden zu lassen. Ich konnte Bobbys Leben nicht bestimmen und muss ihm zugutehalten, dass er nichts unternommen hat, um Aleksandra körperlich näherzukommen. Dennoch berührten wir damit ein Thema, das immer noch ungeklärt war. Als Vishakhas Ehemann war ich, Robert, mit nach Bellagio gekommen, doch Bobbys Herz ging wieder einmal eigene Wege. Bobby war derjenige von uns, der für spontane Gefühle zuständig war.

Bobby hatte Recht, wenn er über mich sagte, ich sei sowohl in der Musik als auch im Leben ein Kopfmensch. Vishakha und ich hatten vieles gemeinsam: Wertvorstellungen und Ansichten, einen ähnlichen Stil, ähnliche Ideen, Erfahrungen und Gefühle, doch wir kannten beide nicht diese Art von Leidenschaft, die Bobby auslebte. Es war meine Schuld, nicht Vishakhas. Aber ich wusste nicht, wie ich damit umgehen sollte. Und auch nicht, was ich mit Bobby machen sollte.

»Ich war ziemlich traurig, als wir Bellagio verließen«, erzählte Bobby niedergeschlagen. »Im Auto auf dem Weg zum Flughafen habe ich geweint. In Bellagio war ich so glücklich. Dann dachte ich, ich hätte eine gute Idee: Da Vishakha und Sascha Freundinnen geworden waren, konnte Sascha vielleicht mit uns zusammenleben und alle wären glücklich? Aber Sascha fand, ich sei verrückt. Außerdem, sagte sie, gebe es diesen beträchtlichen Altersunterschied zwischen uns. Komischerweise schätzte ich Sascha viel älter ein als mich.«

Wanda, die alles beobachtete, sich aber niemals einmischte, lernte viel von Bobby: Sie war fasziniert davon, wie er die innere Leuchtkraft mancher Menschen erkannte. Schließlich hat er auch Wanda hinter der Hexe entdeckt. Auch bei Aleksandra hatte er gesehen, dass sie mit einer übernatürlichen kreativen Kraft verbunden war. Nach vielen Meditationen stellte Wanda fest, dass sie ebenfalls Auren erkennen konnte. In Vishakha sah Wanda eine Leuchtturmwärterin, die mit ihrem Feuer vielen Menschen helfen konnte, der es aber oft schwerfiel, die Kerze in ihrem Inneren nicht erlöschen zu lassen.

Während des vierzehntägigen Aufenthalts in Bellagio hat sich viel für uns geklärt. Es waren genau zehn Jahre vergangen, seitdem Tommy sich zum ersten Mal in Dr. Smiths Büro gezeigt hatte. In der Therapie war viel ans Licht gekommen – elf Persönlichkeiten, zwei Burgen, schreckliche Kindheitstraumata. Die Therapie war erfolgreich, denn es kam zu sieben inneren Fusionen. Wir haben die Burg verlassen, und es gibt nur noch drei Persönlichkeiten, von denen jede die Fähigkeiten und Erinnerungen verschiedener früherer Subpersönlichkeiten integriert hat. Die Mauern um das Gedächtnis der jeweiligen Persönlichkeiten sind durchlässiger geworden, sodass alle drei wissen, was die anderen tun, aber nicht immer, was sie denken – mit Ausnahme von Wanda, die über alles Bescheid weiß. Wir haben alle drei festgestellt, dass es beruflich klüger ist, vorsichtig zusammenzuarbeiten, als ständig getrennte Wege zu gehen.

Wir haben das Traumresultat eines jeden Psychiaters erzielt. Wir haben unsere Vergangenheit erforscht, uns schlimmen Traumata gestellt, verschiedene Verhaltensmuster aufgelöst und uns von Abhängigkeiten befreit. Wir haben unser multiples Selbst und unsere Rollen in der Außenwelt erkannt und Möglichkeiten für eine produktive Zusammenarbeit gefunden. Wird nicht genau das von jedem persönlichkeitsgestörten Patienten verlangt?

Wir sind zwar noch nicht zu einer einzigen Persönlichkeit verschmolzen, aber wir ziehen auch beträchtliche Vorteile aus unserer gegenwärtigen Situation. Die Therapie hat uns einen einzigartigen Einblick in unsere Seele ermöglicht. Im Gegensatz zu vielen normalen Leuten wissen wir sehr genau, was in unserem Innern, sei es in der Burg oder auf der Wiese, vor sich geht. Unsere Subpersönlichkeiten können sich darauf konzentrieren, unabhängig voneinander neue Fähigkeiten zu erwerben und neue Einsichten zu gewinnen. Vielleicht beneiden uns normale Menschen sogar um die Arbeitsteilung, die innerhalb unseres Systems herrscht. Ich, Robert, kann mich, ohne abgelenkt zu werden, darauf konzentrieren, zu lesen, zu analysieren, Reden zu halten und zu schreiben. Bobby steht grenzenlose Energie für seinen Sport, für seinen Witz und seine Fantasie und für das Unterrichten zur Verfügung. Wanda kann sich spannenden spirituellen Herausforderungen widmen. Sie meditiert, um eine höhere Bewusstseinsstufe zu erreichen, vermittelt zwischen uns, um Bobby und mich gemeinsam nach außen agieren zu lassen, oder erforscht die Herzen anderer Menschen. Solange einer von uns die Außenwelt bedient, können sich die anderen unabhängig um ihr Innenleben kümmern. Als wir in Bellagio waren, hatten wir unsere besondere Welt bereits als normal akzeptiert.

Integrierte Menschen mag es überraschen, dass wir alle drei gute Gründe gegen eine vollständige Integration haben. Bobby wollte selbstverständlich unbedingt seine Jugend, seine Energie und seine persönliche Freiheit behalten. Wanda machte sich Sorgen, dass eine totale Integration ihre innere Klarheit und ihr Einfühlungsvermögen in der Außenwelt untergraben könnte. Und um ehrlich zu sein, auch ich hatte Angst, dass eine Fusion den Schwung bremsen würde, mit dem meine Beratungstätigkeit voranschritt. Kurz gesagt, wir alle fürchteten, diesen kreativen Funken zu verlieren, der die einzelnen Subpersönlichkeiten charakterisierte. Und wir alle glaubten, dass wir uns nach der Integration schrecklich langweilen würden. Denn eine multiple Persönlichkeitsstörung ist alles andere als langweilig!

Allerdings mussten wir uns auch eingestehen, dass eine Teilintegration abschreckende Seiten hat. Bellagio hat deutlich das Dilemma gezeigt, das entstehen kann, wenn drei Subpersönlichkeiten sich einen Körper teilen, aber nur gelegentlich zusammenarbeiten und nicht integriert sind.»Wir« und »ich« sind nicht immer dieselbe Person. Doch für zwischenmenschliche Beziehungen ist Beständigkeit so wichtig wie der Rhythmus in der Musik. Wer nicht beständig ist, kann kein guter Freund, Vater oder Partner sein und wird auch im Beruf keinen Erfolg haben.

Vishakha sagte oft: »Ich liebe euch alle.« Doch sie sehnte sich auch nach allen, um integrierte Harmonie zu finden, selbst wenn sie zu bedenken gab, ich könnte als integrierte Person vielleicht eine andere Lebensform wählen. Leider ist es keinem von uns gelungen, diese Liebe so voll und ganz zu erwidern.

Wir hatten gehofft durch die Musik zur Liebe zu finden. Wir hatten versucht unsere Energie auf ein Instrument oder einen einzigen Komponisten zu konzentrieren. Doch schnell war klar geworden, dass jeder für sich das Cello liebte, wir aber nicht gemeinsam darauf spielen konnten. Wir hatten zwar gelernt, uns gegenseitig anzunehmen, und waren damit in der Außenwelt auch erfolgreich, aber wir hatten nicht gelernt, einander so zu lieben, dass wir inneren Zusammenhalt und Beständigkeit erreicht hatten. Ohne Integration blieb uns nur die Sehnsucht nach Liebe, ebenso wie die Sehnsucht blieb, Musik zu machen; die Liebe und Musik selbst waren jedoch nach wie vor unerreichbar.

Gegen Ende der Neunzigerjahre hatte sich unser Umfeld positiv verändert. Dennoch waren wir auf halber Höhe stehen geblieben. Wir konnten und wollten uns nicht die Hand reichen und uns selbst weiter hochziehen. Wir wussten, dass wir in der realen Welt gute Arbeit leisteten, aber wir zweifelten daran, dass wir jemals lernen konnten, ein ganz normaler Mensch zu sein.

6   *Jenseits von Burgen und Wiesen*

Mühsam finden wir zusammen

Ich glaube, wir – Wanda, Bobby und ich – wollten alle drei ein neues Kapitel aufschlagen. Es war genug. Wir hatten ausreichend Gründe, einiges ändern zu wollen. Ein wenig Zufriedenheit fanden wir immerhin in unserem Leben auf der Wiese mit seinen Hochs und Tiefs.

Die ersten Jahre des neuen Jahrtausends brachten mehr Leid als Glück. Es klingt melodramatisch, aber es schien, als hätte sich der Teufel vorgenommen, uns zu testen. »Ha«, sagte er. »Ihr habt also Frieden in eurem Innern gefunden. Großartige Leistung. Wartet und seht, was ich für euch habe.« Bobby und ich wussten zum Glück nicht, was uns bevorstand, doch Wanda, unsere Buddhistin, hatte düstere Vorahnungen.

Wanda ist überzeugt, dass der Buddhismus darauf basiert, Schmerzen als unvermeidbaren Bestandteil des Lebens zu akzeptieren. Schmerz, so sagt sie, ist unser bester Lehrmeister. Wanda hat mir gezeigt, dass sich unser Ego an der Frage reibt, wer wir wirklich sind. Das ist der Kern des Problems. Das Ego strebt nach Anerkennung, will Schmerz vermeiden und Kontrolle ausüben. Meditation bedeutet, sich zu konzentrieren. Wir lassen unseren Gedanken, Bildern und Gefühlen ihren Lauf und halten sie nicht fest. Buddhisten sehen in der Meditation eine gute Möglichkeit, sich von der Knechtschaft des Egos zu befreien. Durch Meditation werden wir besser mit körperlichen und seelischen Schmerzen fertig. Sie können sich gewiss vorstellen, um wie viel schwieriger die Befreiung vom Ego ist, wenn es elf davon gibt. Auch wenn wir nur noch drei sind, ist es immer noch schwer, beim Meditieren nicht zu denken.

Obwohl Bobby höchst sprunghaft veranlagt ist, hörte er Wanda erstaunlicherweise aufmerksam zu und zappelte nicht wie sonst hin und her. »Ich höre Wanda gern zu, auch wenn ich nicht verstehe, was sie sagt«, meinte er. »Sie ist sehr klug und hat ein gutes Herz. Manchmal verstehe ich Tage später plötzlich, was sie mir sagen wollte.«

Ich, Robert, hatte geglaubt, das wirkliche Leben sei ein Rosenbeet ohne Dornen. Nach und nach lernte ich, realistischer zu werden und durchzuhalten. Ich hörte auf, den perfekten Job zu suchen, und hin und wieder kam ich bereits damit zurecht, dass Enttäuschungen zum Leben gehören. Zu Beginn des neuen Jahrtausends fanden wir tatsächlich Bereiche, in denen sich unsere drei Egos überschnitten.

Freunde ermutigten mich, meine Geschichte zu erzählen. Ich begann, flankiert von Bobby und Wanda, ein Buch zu schreiben, doch die ersten Entwürfe waren irgendwie gestelzt und körperlos. Heute weiß ich, dass es hauptsächlich an mir, Robert, lag: Ich bin ein dominanter Erzähler, der häufig die Stimmen der anderen Persönlichkeiten unterdrückt hat. Ich war ziemlich enttäuscht, als ich erkennen musste, dass wir zwar in unserer Therapie Fortschritte gemacht hatten, aber noch nicht genügend zusammenhielten, um unsere Geschichte mit der richtigen Stimme zu erzählen. Deshalb haben wir beschlossen, sie nicht zu veröffentlichen.

Dann geschah etwas, was mich völlig unvorbereitet traf und wie eine Bombe einschlug: Entgegen seinem Versprechen, meine Erzählung vertraulich zu behandeln, klaute jemand mein Buchprojekt. Eine Online-Zeitschrift veröffentlichte meine Geschichte. Sie nannte meinen Namen und beschrieb meine Störung in genügend Einzelheiten, um in Erinnerung zu bleiben.

Das Schlimmste, was passieren konnte, war eingetreten. Unsere geheime Geschichte war bekannt geworden. Und kein Buch erschien gleichzeitig, das alles hätte erklären können. Das Gerücht verbreitete sich schnell von Mund zu Mund, über das Internet und durch eine Kurzmitteilung in der New Yorker Regenbogenpresse. Erstaunlicherweise riefen danach nur drei Leute an, aber ich weiß, dass Hunderte meiner Kollegen nun Bescheid wussten. Ich konnte nirgendwohin gehen, ohne mich zu fragen, wem der Klatsch schon zu Ohren gekommen war. So erzählte ich die Geschichte schnell den Leitern der wichtigsten Einrichtungen, für die ich arbeitete, einschließlich der Asien-Gesellschaft und der Rockefeller-Stiftung. Alle reagierten verständnisvoll.

Einige Tage nachdem meine Geschichte ungewollt bekannt geworden war, musste ich zu einem Empfang. Als ich mich einer Gruppe von Gästen vorstellte, sagte ein junger Mann: »Sie sind Robert Oxnam! Sie sind der Mann mit den multiplen Persönlichkeiten.« Von da an wusste ich, mein Leben wäre von einem nicht aufgeklärten Gerücht überschattet und würde zur Hölle verkommen. Ich hätte mir ebenso gut ein Schild umhängen können: »Hallo, ich habe eine Persönlichkeitsstörung«.

Die Entscheidung, kein Buch zu schreiben, und der Klatsch in der Presse machten uns zu Einsiedlern. Ich verbrachte zahllose Stunden zurückgezogen in der Wohnung und ging nur zu wenigen beruflich unumgänglichen Besprechungen. Bobby fuhr weiterhin Inliner, aber er war längst nicht mehr so eifrig bei der Sache wie früher. Wanda schwieg. Sie schien Tag und Nacht zu meditieren. Obwohl Vishakha versuchte, mir zu helfen, zog ich mich auch von ihr zurück. Alles, was mit dem Buch zusammenhing, packte ich weit weg. Mein Computer verstaubte, und ich sah nur hin und wieder nach meinen E-Mails.

Ein guter buddhistischer Freund war einer der wenigen, die in dieser schweren Zeit Kontakt zu mir hielten. Später erzählte er mir, er habe ernsthaft befürchtet, ich werde es nicht schaffen. Er habe gespürt, dass ich mich fast aufgegeben hatte.

Zur Weihnachtszeit kam es noch schlimmer: Man teilte mir mit, meine multiple Persönlichkeitsstörung sei zu einem ernsten Problem für meine Beratertätigkeit bei einem Geschäftsführerverband geworden. Zwanzig Jahre lang war ich, um es mit den Worten eines Verbandsleiters auszudrücken, der »Superstar-Redner« ihres internationalen Bildungsprogramms für Führungskräfte in der Wirtschaft gewesen. Ich hatte ihre viel gepriesenen Asienreisen betreut und stets beste Noten auf den Beurteilungsbögen der Teilnehmer erzielt. Für mich zählten diese Bildungsreisen nach Asien zu den besten beruflichen Erfahrungen meines Lebens. Die Reisen waren für alle drei Subpersönlichkeiten – Robert, Bobby und Wanda – von größter Bedeutung, denn dabei arbeiteten wir intensiv zusammen.

Ausgelöst durch eine einzige Beschwerde, ich könne für den Verband womöglich gefährlich werden, änderte sich die Stimmung plötzlich drastisch. Einige Mitarbeiter in Leitungsfunktion versuchten misstrauisch in Schach zu halten, was sie als »das Problem« erkannt hatten. Ich verbrachte immer mehr Zeit damit, mich zu verteidigen, und hatte immer weniger Energie, um meiner Arbeit nachzugehen.

Diese Erfahrung verletzte mich zutiefst und ich wollte meine Zusammenarbeit mit dem Verband, der so wichtig für mich gewesen war, schon aufkündigen. Kurz bevor ich meine Entscheidung schriftlich bekannt geben wollte, machte ich einen Spaziergang im Central Park. Plötzlich kamen mir Zweifel, und ich beschloss, mich zu wehren. Ich informierte die Führungsspitze, ich ließe mich juristisch beraten und erwäge, einen Prozess wegen Diffamierung anzustreben. Die umgehende Reaktion war erstaunlich: In einem versöhnlichen Schreiben stimmte der Verband allen meinen Bedingungen zu.

Dr. Smith war begeistert. »Ich bin sehr stolz auf Sie«, sagte er. »Sie haben genau das Richtige getan. Ich wünschte, ich hätte Ihren Mumm.«

Wessen Mumm war es gewesen? Wer hatte die Entscheidung getroffen, die Organisation mit einem kompromisslosen Vorschlag zu konfrontieren? Wer hatte aus einer Niederlage einen siegreichen Angriff gemacht?

Da wurde mir klar: Wir hatten keine Zeit für eine Entscheidungsfindung zu dritt gehabt. Dennoch hatte nicht nur einer von uns reagiert – weder Robert noch Bobby noch Wanda hatten diese Entscheidung getroffen. Auch »wir« hatten sie nicht getroffen. Wie war das möglich? Es war eine »Ich«-Entscheidung! Es war die erste integrierte Entscheidung unseres Lebens.

Wir waren alle drei überrascht. Dies war der größte Fortschritt in unserer Therapie, seit wir vor drei Jahren aus der Burg geflohen waren. Zwar verfielen wir nicht der Illusion, nun vollständig integriert zu sein. Aber wir wussten, dass unter den passenden Bedingungen eine zeitweilige Integration möglich war und zu erstaunlichen Ergebnissen führen konnte. Ich prägte einen neuen Begriff: »situationsgebundene Integration«.

Innerhalb kurzer Zeit verbesserte sich meine Beziehung zum Geschäftsführerverband wieder – wir versöhnten uns wie ein Liebespaar, das sich gestritten hat. Wir drei triumphierten: Wir konnten also gleichzeitig zusammenhalten und uns respektieren! Diese Erfahrung entsprach Wandas Beobachtung, Schmerz sei der beste Lehrmeister. Ich, der ich für die Verhandlungen in der Außenwelt zuständig war, fühlte mich bestens, weil ich Führungsqualitäten bewiesen hatte. Zumindest hatte ich bewiesen, dass ich den Teufelskreis zwischen Utopie und Enttäuschung unterbrechen und mit unangenehmen Situationen in der Realität umgehen konnte.

»Wovon redest du?« Bobby schickte eine wütende Nachricht. »Willst du Anerkennung für die Entscheidung, nicht klein beizugeben? Das war *meine* Idee! Ich wollte diesen Leuten mit Worten kommen, die du noch nie von mir gehört hast. Aber Wanda sagte, ich solle mich beruhigen. Sie sagte, das sei ›unserer nicht würdig‹. Ich fand, dass sie eins auf die Nase bekommen mussten. Deshalb habe ich dich vorgeschickt: ›Sag ihnen, dass wir uns nicht gefallen lassen, wie man mit uns umgeht. Erzähl ihnen von dem Rechtsanwalt.‹ Und das hat gewirkt. Sie haben nur ihr Maul aufgerissen. Dabei waren sie bloß kleine Schoßhündchen.«

Bobbys Bemerkung kränkte mich. Ich suchte Unterstützung bei Wanda. Ping! »Bobby hat Recht«, sagte sie. »Es war seine Idee. Die Anerkennung steht ihm zu. Pass auf, Robert, dein Hochmut ist dein schlimmster Feind.«

Die Episode zeigt, dass Gedächtnisbarrieren, sei es dass sie von meinem Hochmut oder von meiner multiplen Persönlichkeitsstörung herrührten, immer noch meine Erinnerung an bestimmte Ereignisse verhinderten. Was war zum Beispiel bei der Großen Flucht von 1998 wirklich passiert? Die Frage zermürbte mich. Ich, Robert, habe die Geschichte so erzählt, wie ich sie in Erinnerung hatte. Die Flucht aus der Burg schien mir allerdings viel zu einfach gewesen zu sein. Sie ging viel zu glatt. Doch wie sehr ich mich auch bemühte, ich war nicht in der Lage, mich an weitere Einzelheiten zu erinnern.

Erst Jahre später konnte ich das Rätsel lösen. Das verdanke ich einer Italienerin, die besondere Begabungen hat. Agnese Barolo berät Organisationen und Einzelpersonen. Sie beschäftigt sich mit indischer Chakrenarbeit, begleitet Menschen auf Rückführungen in frühere Leben und leitet Meditationen. Im Gegensatz zu Psychiatern, die sich vorrangig mit der Gegenwart und der Vergangenheit befassen, orientiert sie sich an der Gegenwart und der Zukunft.

Als ich Agnese zum ersten Mal Ende der Neunzigerjahre bei der Asien-Gesellschaft traf, begegnete ich ihr mit gemischten Gefühlen. Einerseits erkannte ich sofort, dass sie die ungewöhnliche Gabe hatte, in mich hineinzusehen und künftige Schwierigkeiten und Chancen vorherzusagen. Auf einer Cocktailparty beschrieb sie mir eines Abends in einer abgeschiedenen Ecke die Kräfte, die in mir gegeneinander kämpften. Viele meiner Subpersönlichkeiten konnte sie genau erkennen. Ich war so fasziniert von ihrer ruhigen Stimme, dass ich zwei Stunden lang die anderen Gäste um uns herum gar nicht mehr wahrnahm und ihr lauschte, wie sie meine Zukunft als »zunächst dunkel, dann hell« beschrieb. Bobby war absolut fasziniert von ihr.

Andererseits kam sie den Bob- und Robbey-Anteilen in mir ein wenig suspekt vor. Keiner von uns wunderte sich über ihre Fähigkeit, tief in die Seele anderer Menschen blicken zu können – in unserer Burg und bei unserer Therapie hatten wir viele seltsame Erfahrungen gemacht. Aber Agneses Arbeit schien so unkonventionell, dass ich Angst bekam. Sie hatte eine komische Art, andere vor den Kopf zu stoßen. Ich werde nie vergessen, wie sie auf einer Party ein Gespräch zum Erliegen brachte, indem sie sagte: »Die meisten Probleme im Leben entstehen durch zu stark angespannte Schließmuskeln. Amerikaner haben einen besonders verkrampften Anus.«

Vielleicht weil ich selbst verkrampft war, ging ich zunächst nicht auf ihren Vorschlag ein, sie in ihrer Praxis aufzusuchen. Ich fragte mich auch, was Dr. Smith davon hielte. Würde er sich Sorgen machen, dass Agnese in einem sensiblen Moment an meiner seelischen Störung herumpfuschte? Doch nachdem einige Freunde begeistert von Agneses Kompetenz erzählt hatten, wagte ich es und besuchte sie, ohne es Dr. Smith zu sagen. Ich dachte mir: Dr. Smith ist mein Psychotherapeut, Agnese bietet mir zusätzliche Erkenntnisse. Als ich Smith später gestand, dass ich sie aufgesucht hatte, war er keineswegs beunruhigt. Auch Agnese ihrerseits sagte, als ich ihr von Dr. Smith erzählte: »Es hört sich so an, als würden Sie gut betreut.« Beides freute mich.

Meine fünfzehn Besuche bei Agnese beseitigten alle Bedenken. Sie war warmherzig, kompetent und hat mir sehr geholfen. Sie hat mich geeignete Körperhaltungen und Atemtechniken gelehrt, mich durch Meditationen begleitet, durch innere Wälder und zu tiefen Sümpfen reisen lassen, mir Mut gemacht, mich an vergangene Erfahrungen zu erinnern und dabei ungewöhnliche, aber glaubwürdige Resultate zutage gefördert. Nach den Sitzungen bei ihr, die sie genau nach Plan abhielt, fuhr ich gestärkt und hoffnungsvoll nach Hause. Sie ergänzten meine gelegentlichen Besuche bei Dr. Smith wunderbar. Allerdings bekam ich oft starke, dumpfe Kopfschmerzen nach einer Sitzung bei Agnese – ähnlich wie damals, als ich mit meiner Therapie begonnen hatte. Damals hatte es bedeutet, dass unbekannte Subpersönlichkeiten in mir aktiv waren.

Agnese verließ New York für sechs Jahre; sie ging nach Indien und später nach Boston, und wir hatten fast keinen Kontakt. Als sie schließlich zurückkehrte und ihre Praxis wiedereröffnete, machten wir eine große Feier am Thanksgiving-Wochenende Ende November. Agnese freute sich, dass ich meine Geschichte veröffentlichen würde, wunderte sich aber, dass ich mich noch immer nicht an die Einzelheiten der Flucht aus der Burg erinnern konnte.

Sie nahm mich ein wenig zur Seite: »Erinnerst du dich nicht daran«, fragte sie, »dass ich in deiner Burg den anderen begegnet bin – der Hexe, Bobby und Tommy? Erinnerst du dich nicht an die langen Gespräche, die ich mit Bobby darüber geführt habe, wie er Tommy die Hand reichen könnte? Und weißt du nicht mehr, dass Bobby, als ich der Hexe begegnet bin, das Bild einer madonnenhaften Frau in einem Kleid aus weichem Stoff vor sich sah?«

Ich sah sie sprachlos an. An nichts davon konnte ich mich erinnern, außer schemenhaft an die madonnenhafte Frau. Agneses überraschende Bemerkung bereitete mir wieder starke Kopfschmerzen. Zum Zeitpunkt des Geschehens waren Agneses Gespräche mit meinen inneren Persönlichkeiten nicht in mein Gedächtnis gedrungen, und Bobby hatte auch nichts davon verraten, als ich dieses Buch schrieb. Einzelheiten blieben im Dunkeln.

In anklagendem Tonfall zog ich Bobby später zur Rechenschaft. Bobby erwiderte: »Du hast die Sache mit Agnese vor Dr. Smith verheimlicht. Warum soll es dann falsch gewesen sein, dass wir unsere Gespräche mit Agnese vor *dir* verheimlicht haben?« Da ich darauf keine Antwort wusste, blieb ich nur still sitzen und hörte zu.

»Okay, ich erzähle dir, was passiert ist«, fuhr Bobby fort. »Ich mochte Agnese schon immer gern, und ich glaube, sie hat mir vertraut. Kannst du dich daran erinnern, wie du und Bob erst gegeneinander gekämpft und dann später zusammengearbeitet habt? Agnese hat mich soweit gebracht einzusehen, dass Tommy vielleicht nicht so schlecht ist, wie ich dachte. Sie hat mich gedrängt, Tommy eher als Freund anstatt als Feind zu sehen. Das setzte voraus, dass die Hexe aufhören musste, Tommy anzustacheln, mich zu verletzen.

Agnese hat etwas Erstaunliches getan. Sie hat direkt mit der Hexe gesprochen. Mit fester Stimme, aber sehr freundlich. Sie hat der Hexe keinen Anlass gegeben, böse zu werden. Tommy und ich durften zuhören. Wir konnten beide kaum glauben, was geschah. Die Hexe hörte Agnese ruhig zu. Als ich die Hexe ansah, entdeckte ich ein großes, helles Licht, und plötzlich war das Bild einer hübschen Frau auf einem Hügel in meinem Kopf. Ich habe mir so sehr gewünscht, dass dieser Traum Wirklichkeit wird.«

Ich war überrascht und schüttelte bewundernd den Kopf. Überschrift der Burg-Nachrichten: Konspiratives Team bereitet Große Flucht vor.

Bobby hatte sich sehr vernünftig verhalten, jedenfalls aus Sicht einer multiplen Persönlichkeit. Seine Aktion war sowohl kreativ als auch seelisch gesund. Es war gut, dass er sich mit Tommy verbündet und die Verwandlung der Hexe in Wanda vorangetrieben hatte. Bobbys Idee, auf eine Wiese zu fliehen, war einfach genial. Er hatte sich eine neue Architektur für eine neue Ära ausgedacht, eine schöne Landschaft unter freiem Himmel, ein Ort ohne Mauern, von dem aus wir die alte Burg immer im Blick hatten.

Agnese war es gelungen, unsere Integration auf eine neue Stufe zu stellen. Indem sie sanft auf uns eingegangen ist, hat sie uns einen Entwicklungsschritt ermöglicht, den ich mir nicht hatte vorstellen können. Sie hat uns den Weg geebnet für einen kreativen psychischen Coup d'État und damit ein neues Kapitel in der Geschichte unserer multiplen Persönlichkeitsstörung eröffnet. Ich habe ein Bild von Agnese vor Augen, wie sie im 18. Jahrhundert in Norditalien umherwandert – eine berühmte Wahrsagerin und Heilerin.

An welche Werte glauben wir?

Dr. Smith hat oft gesagt: »Wenn die Subpersönlichkeiten ineinander aufgehen, ›stirbt‹ niemand, unabhängig davon, ob es sich um eine Teil- oder eine Gesamtintegration handelt. Die Eigenschaften der einzelnen Persönlichkeiten werden Teil einer neuen Identität. Dies gilt allerdings nicht für unterschiedliche Wertvorstellungen. Bevor eine Fusion stattfinden kann, müssen die Werte verschmelzen, sonst ist die Integration zum Scheitern verurteilt.«

Seit der schockierenden Entdeckung meiner Störung mit elf Subpersönlichkeiten bis zur nahezu harmonischen Dreier-Kooperation habe ich Smiths Aussagen große Bedeutung beigemessen, aber wenn Werte verschmelzen, wirft das zwei Fragen auf: Konnten wir eine Schnittmenge gemeinsamer Werte finden, die unsere Gefühle und Handlungen leiteten? Und: Sollten wir Smiths Rat überhaupt befolgen und auf eine vollständige Integration hinarbeiten – also Robert, Bobby und Wanda fusionieren lassen?

Am Anfang des neuen Jahrtausends haben wir viel über diese Fragen diskutiert, vor allem, als wir überlegten, ob wir doch ein Buch schreiben sollten. Je schlechter es uns psychisch ging, desto intensiver waren die Diskussionen. Sie fanden zwischen meinen Vorträgen und Consulting-Terminen statt oder in ruhigen Momenten im Flugzeug, spätabends, wenn wir nicht einschlafen konnten, oder auf dem Nachhauseweg, nachdem Bobby »Flaschenmann« gespielt hatte. Manchmal dachte einer von uns laut vor sich hin und die beiden anderen hörten zu. Manchmal unterhielten sich zwei von uns, während der andere die Ohren spitzte. Mit der Zeit machten wir Fortschritte. Wir feilten an unseren Ansichten und suchten nach Antworten, die zu uns allen passten.

Während wir uns um gemeinsame Werte bemühten, spürten wir, wie sich in uns etwas grundlegend veränderte. Unsere Überlegungen waren strukturierter, weil wir nur über ein einziges Thema sprachen und eine passende Lösung suchten. Das ist erstaunlich für ein System, das bisher immer fragmentiert und widerspenstig war. Außerdem gingen unsere Sprachstile allmählich ineinander über: Bobby schien ein wenig älter und weiser geworden zu sein; Wanda hatte sich besser im Griff und verhielt sich weniger herrisch, und Robert war zwar selbstbewusst, aber weniger belehrend. Konnten wir wirklich davon ausgehen, dass wir das Potenzial hatten, zu einer einzigen Person zu verschmelzen?

»Was diesen Werte-Kram betrifft«, platzte Bobby eines Tages heraus, »ich mag das Wort nicht. Klingt, als ob Robert uns mit Unterricht nervt. Warum fragen wir uns nicht, woran wir glauben? Das ist doch viel besser.«

Bobby wartete unsere Antworten nicht ab, sondern schickte eine Nachricht nach der anderen. »Das Problem ist nicht, an was drei Subpersönlichkeiten glauben. Die Frage ist: Woran glauben *wir*?« Bobby erklärte uns: »Ganz gleich was Wanda sagt, damit ich mich gut fühle, tief in mir glaube ich, dass ich ein böser Mensch bin. Ich nehme an, dass ich mich immer so fühlen werde. Was ist überhaupt ›gut‹?«

Bobby fuhr fort: »Ich glaube, dass kleine Kinder und Tiere manchmal klüger sind als Erwachsene. Wisst ihr, warum? Sie können sofort ein gutes Herz von einem schlechten unterscheiden. Gute Menschen schenken Liebe und Unterstützung. Schlechte Menschen schlagen und verletzen. Gut sein heißt, sich um andere zu kümmern und darum zu kämpfen, dass das eigene Feuer bestehen bleibt. Es heißt, sich gemeinsam mit anderen für seine Überzeugungen einzusetzen.« Wanda und ich starrten Bobby verblüfft an und schwiegen. Wanda strahlte mütterlich bewundernd, fast wie eine Lehrerin, deren Schüler sie gerade mit seinem Wissen überholte. »Bobby, ich bin stolz auf dich. Das ist es! Das ist die richtige Denkweise.«

In diesem Moment spürte ich eine elektrisierende Energie zwischen Wanda und Bobby. Sie war viel stärker, als beide sie einzeln besitzen. Als der Energiefluss nachließ, wurde Wanda nachdenklich. »Was ist mit uns dreien? Wir scheinen ziemlich zufrieden damit zu sein, unser Feuer gegeneinander auszuspielen. Wir machen uns Sorgen, dass eine Integration das Feuer schwächer werden lassen könnte und wir ein langweiligeres Leben hätten. Uns ist aber auch klar, dass wir einiges verlieren, wenn wir getrennt bleiben. Ich hätte ein bescheideneres Ziel: Können wir uns nicht stärker annähern, ohne unsere jeweilige Identität aufzugeben?«

Wanda erklärte, sie glaube an den praktisch gelebten Buddhismus. Niemand solle ein diszipliniertes, meditatives Leben um seiner selbst willen anstreben, sondern um in der Außenwelt etwas zu bewirken. »Genau das sagt Bobby, wenn er von Feuer spricht – das Beste in uns selbst erkennen und versuchen, es mit dem Besten in anderen Menschen zu verbinden.«

Was hätte ich Bobbys und Wandas Worten hinzufügen können? Ich muss zugeben, ich bin wählerisch, was Werte angeht. Ich bin kein engstirniger Prinzipienreiter. Im Gegenteil, ich bin gegen jede Art von Fundamentalismus. Ich bin eher für eine Mischung aus buddhistischen Werten nach Wandas Auffassung und christlich-sozialem Engagement.

»Wenn es darum geht, nach Werten zu handeln«, versicherte ich, »sollten wir keinem Ausverkauf zustimmen.« Trotz meiner Störung und trotz meiner Nörgeleien hatte ich auf der Grundlage von bestimmten Wertvorstellungen gehandelt, auch zu Bobs Zeiten. Ich musste zugeben, dass Bob aus der Asien-Gesellschaft eine wichtige Brücke zwischen Amerikanern und Asiaten hatte werden lassen. Was war im letzten Jahrzehnt geschehen, seitdem ich nach außen dominierte? Und in den vergangenen Jahren, seit wir uns die Macht teilten? Bei allem, was wir taten, ging es immer um Werte – Vorträge über die Beziehungen zwischen den USA und Asien, Romane über China, Fernsehauftritte und Bildungsreisen, Musikunterricht in der City.

»Werte haben wir«, überlegte ich. »Das Problem besteht darin, wie und wo wir sie anwenden.«

Wir waren in einer Experimentierphase, versuchten innerlich, die Integration unserer Subpersönlichkeiten voranzubringen, und suchten in der Außenwelt nach neuen Betätigungsfeldern, um unseren integrierten Werten gerecht zu werden. Ich war regelrecht davon besessen, einen neuen Karriereweg vor dem Hintergrund stabiler Werte zu finden. Seit meinem sechzigsten Geburtstag war ich reifer geworden. Ich erzählte allen, ich sei nicht mehr so ehrgeizig und hätte nur noch an Projekten Interesse, die für mein Herz und nicht für meine Karriere wichtig seien.

Ich stimmte Wanda zu. Wir waren auf einem guten Weg. Wir befanden uns außerhalb der Burg und lebten auf der Wiese fast wie eine Familie. Wanda kam mir immer mehr wie eine weise Schwester vor und Bobby wie ein schnell heranwachsender Sohn. An guten Tagen trafen wir eine Reihe von Entscheidungen, wichtige und weniger wichtige, ohne uns zu streiten. An schlechten Tagen waren wir uneins, gefangen in unseren jeweiligen Gedanken und Stimmungen.

Der nachhaltigste Versuch einer Zusammenarbeit fiel in die Jahre 2003 und 2004, als wir im Frühjahr Studenten des Abschlusssemesters an der Beida, der Universität von Peking, unterrichteten. Wir hielten ein Seminar über die Beziehungen zwischen den USA und Asien. Anfangs war es wirklich schwer, aber im Laufe der zwei Jahre erwies sich diese Tätigkeit als eine der lohnendsten Aufgaben meines

Lebens. Ich glaube, es lag daran, dass ich zuerst gedacht hatte, es sei allein Roberts Job, der sich dann jedoch zu einem Job für Wanda, Bobby und Robert entwickelte.

Unsere gemeinsame Kraft zeigte sich am besten in der Zeit, als wir uns alle drei am Aufbau des neuen Seminars beteiligten. Wir organisierten Gruppendiskussionen, Kurzreferate und Beiträge von Gastrednern. Die Fakultät arrangierte wichtige Meetings und Vorträge und tat alles, um mich bei der Vorbereitung für mein geplantes Buch über die Zukunft von Amerika und China zu unterstützen.

Doch auch außerhalb des Unterrichts veränderten wir uns in den beiden Jahren, die wir an der Beida verbrachten: Bobby tat sich mit konstruktiven Vorschlägen hervor, blieb dabei aber seinem schelmischen Charakter treu. Ich war selbstbewusst genug, Chinesisch zu sprechen, doch meine Lehrveranstaltungen hielt ich generell auf Englisch. Plötzlich, 2004, schockierte Bobby die Studenten, die Fakultät und auch die Diplomanden damit, dass er ständig Chinesisch sprach. Er selbst erzählt das so: »2003 hat Robert viel zu viele Vorträge gehalten. Er hat zu selten mit uns diskutiert und versucht, alles allein zu regeln. Es war langweilig. 2004 habe ich einfach mitgemacht. Ich habe auf Chinesisch losgelegt und die Worte direkt durch Robert fließen lassen. Ich spreche ziemlich gut Chinesisch. Und wenn ich ein Wort nicht wusste, hatte ich ja Robert, der es im Wörterbuch nachschlagen konnte. Mehr als zwei Monate lang sprach ich den ganzen Tag Chinesisch. Ich dachte mir sogar einen Trick aus. Wenn ich auf Robert sauer war, weil er zum Beispiel zu lange gearbeitet hatte und ich nicht zum Spielen gekommen war, machte ich einfach den Chinesisch-Schalter aus. Wenn er wieder netter wurde und unbedingt Chinesisch sprechen wollte, schaltete ich wieder ein.«

Bobby hielt noch andere Überraschungen parat. 2003 hatte ich wieder begonnen, Gitarre zu üben, und nahm Unterricht bei einem wundervollen Lehrer. Er wandte eine ziemlich radikale Methode an, um meinen Muskelkrampf in der Hand in den Griff zu bekommen. Bobby verlor die Geduld, weil wir nur sehr langsam Fortschritte machten – wir versuchten gewissenhaft, immer den Daumen und drei Finger einzusetzen. Bobby kürzte die Sache ab und spielte klassische Stücke nur mit Daumen und Zeigefinger. Während unserer Zeit an der Beida steigerte er sich musikalisch enorm – ebenso wie er sein Chinesisch verbesserte.

»Ich nahm eine lustige klassische Gitarre, die man nur über Kopfhörer oder Lautsprecher hören konnte, kaufte mir ein paar billige Lautsprecherboxen und fing an, vor dem Pavillon, in dem wir untergebracht waren, zu spielen. An den Wochenenden flanierten Hunderte Touristen vorbei. Anfangs spielte ich so leise, dass es fast nicht zu hören war. Später spielte ich lauter. Viele Leute blieben stehen und klatschten Beifall. Es machte mir riesigen Spaß. Zwischendurch machte ich eine Pause und unterhielt mich mit den Leuten auf Chinesisch. Ich erzählte ihnen etwas über die Stücke und fing an, Kindern das Spielen beizubringen – auch die ganz Kleinen konnten mit der rechten Hand den Rhythmus spielen, während ich mit der linken die Akkorde griff. Bald wollten alle ein Foto von mir und ihren Kindern oder Freunden machen.

Es war ein richtiges Happening. Es war nicht so wichtig, korrekt zu spielen, sondern es ging vielmehr darum, sich über die Musik auszudrücken. Die Leute wollten alles Mögliche über Musikunterricht für Kinder wissen. Ich gewann viele musikbegeisterte Freunde, sogar einige professionelle Musiker, die mit mir spielten oder sangen. Es war wirklich toll.

Als wir im Mai 2004 Peking verließen, weinte ich. Ich hatte mich so gut gefühlt, zum ersten Mal in meinem Leben richtig lebendig. Eine Studentin, die ich nicht einmal kannte, schrieb mir ein paar Zeilen zum Abschied. Mein Gitarrenspiel erinnerte sie an ihre Familie und ihren Freund, die weit weg waren.«

Was mich, Robert, betrifft, so war die Unterrichtserfahrung, die ich 2004 am Seminar der Beida machte, die beste meines Lebens. Vom ersten Tag an konnten wir drei die Studenten mit unserem gemeinsamen Feuer begeistern. Die Studenten erbrachten mündlich und schriftlich hervorragende Leistungen und machten bemerkenswerte Fortschritte in ihrem Wissen über China, Amerika und das übrige Asien. Wir verbrachten viel Zeit miteinander – wir aßen in kleinen Gruppen zusammen, besprachen manches unter vier Augen, unternahmen Ausflüge zu verschiedenen Schreinen und wanderten im Umland von Peking. Wir entsprachen vielmehr einer Familie als einer Seminargruppe. Das unterschied uns von den hierarchischen Lehrer-Schüler-Beziehungen nach konfuzianischem Muster und – aber darüber sprach ich nicht öffentlich – war auch für mich eine neue Erfahrung im Vergleich zu meiner bisher streng gespaltenen Persönlichkeit.

Es mag merkwürdig klingen, aber mir wurde klar, dass unsere innere Struktur für mich als Dozent einen Vorteil hatte. Wenn multiple Subpersönlichkeiten innerlich zusammenarbeiten, können sie in einem multikulturellen Kontext besser agieren. Während einer von uns sprach, hörten die beiden anderen zu und beobachteten. Das machte es leichter, sich in andere einzufühlen. Überrascht stellte ich fest, dass ich instinktiv sowohl die Reaktionen der Amerikaner als auch der Chinesen verstehen konnte, wenn wir über internationale Themen diskutierten.

So lernte der alte Professor mehr von seinen Studenten als sie von ihm. Und da der Professor multiple Persönlichkeiten in sich trug, bemerkte er, dass Bobby und Wanda oft einfühlsamer als er mit chinesischen kulturellen Eigenheiten umgingen. Die wunderbarsten Momente an der Universität von Peking sind entstanden, weil meine Multiplizität und meine Liebe zu Asien zusammengetroffen sind.

Ich erfuhr nicht nur akademische Anerkennung, sondern auch persönliche. Einige meiner begabtesten Studenten nennen mich ihren »amerikanischer Vater«. Zu meiner Assistentin Cheng Jing an der Universität von Peking entwickelte ich tatsächlich eine Vater-Tochter-Beziehung. Ich habe ihr von meiner Erkrankung erzählt, und sie hat sehr verständnisvoll reagiert – es war das erste Mal, dass ich mich jemandem aus China anvertraut habe. Cheng Jing träumte davon in den USA zu studieren und später in China Professorin für internationale Beziehungen zu werden – zur Zeit promoviert sie an der Universität Princeton. Ich schmelze dahin, wenn sie sich am Telefon mit dem chinesischen Wort für »Vater« verabschiedet: »Zaijian, baba – tschüss, Papa«, sagt sie dann.

Anfang Mai 2004 hat mich Vishakha für zwei Wochen in China besucht. Es war ihre erste Auslandsreise als neu gewählte Präsidentin der Asien-Gesellschaft. Meine Studenten und ich dachten uns einen chinesischen Namen für sie aus: *Ding Wenjia*. Er setzt sich aus einem vornehmen Nachnamen und einem dazu passenden Vornamen zusammen und bedeutet »Kultur und Freude«. Vishakhas Seminar über Indien und die amerikanisch-asiatischen Beziehungen lief prima. An ihrem Geburtstag, dem 1. Mai, organisierten die Studenten eine Überraschungsparty für sie in unserer Wohnung. Überraschungspartys sind keine chinesische Tradition, aber die jungen Leute machten sich mit Eifer an die Vorbereitungen, bestellten einen leckeren Kuchen und einen riesengroßen Blumenstrauß. Sie überreichten ihr Geschenke von der Fakultät und eigene Kleinigkeiten. Vishakha hat sich sehr gefreut.

Und Wanda? An der Universität war Wanda unser spirituelles Zentrum. Sie machte sich bemerkbar, wenn ich mich zu sehr von meinen Unterrichtsverpflichtungen gefangen nehmen ließ oder zu kritisch mit mir selbst war, weil nicht alles so verlief, wie ich es erwartet hatte. Wanda war stolz auf Bobby, der Chinesisch sprach und Gitarre spielte, und versuchte gleichzeitig, seine übertriebene Ausgelassenheit und überzogenen Ansprüche zu zügeln.

Das Verhältnis zu unseren indischen Familienangehörigen änderte sich ebenfalls. Jeder von uns hatte die Familie Desai ins Herz geschlossen, und zwar sowohl die Verwandten, die in Indien lebten, als auch jene in den USA. Dennoch hatten wir unsere Vorlieben: Robert sprach lieber mit den älteren Leuten, Wanda verstand sich sehr gut mit Ben und führte mit ihr spirituelle Gespräche, Bobby verbrachte fröhliche Stunden mit den Kindern. Ohne groß darüber nachzudenken, nahmen wir nun alle gleichermaßen am Familienleben teil. Dadurch entwickelten sich neue Beziehungen zu den jungen Erwachsenen des Desai-Clans, die in den USA studierten und arbeiteten. Wir waren eng miteinander verbunden und gaben uns gegenseitig Ratschläge, lernten voneinander, freuten uns miteinander und ärgerten uns auch übereinander. Dies erforderte den aktiven Input aller drei Subpersönlichkeiten.

Die Interaktion zwischen Robert, Wanda und Bobby ist mittlerweile einfach und natürlich geworden. Wenn Sie unsere Familientreffen auf Video sähen, könnten Sie den fließenden Übergang erkennen, sobald eine andere Subpersönlichkeit nach außen die Führung übernimmt. Wir sind aber mit Kinobesuchen und interessanten Tischgesprächen viel zu beschäftigt, um unsere Zeit mit psychologischen Analysen zu verbringen.

Wir sind dabei, uns auch mental zu verändern. Ich nehme an, dass wir dadurch entspannter und gleichzeitig produktiver sind. Die Offenheit macht uns für die Außenwelt empfänglicher.

Angesichts von so viel Hoffnung und Veränderung vergessen wir manchmal, dass wir an einer multiplen Persönlichkeitsstörung leiden. Im Frühsommer 2004 ist unsere Störung wieder wie ein Blitz aus heiterem Himmel zum Vorschein gekommen und hat uns gezeigt, dass sie nach wie vor verheerende Folgen haben kann:

Nach seinen glücklichen Erlebnissen an der Pekinger Universität kehrte Bobby niedergeschlagen nach New York zurück. Nun, da er an der Beida so bekannt geworden war, fand er die gelegentlichen Skating-Runden im Central Park wenig reizvoll. Planlos lief er in der Wohnung auf und ab, brabbelte irgendetwas auf Chinesisch und wünschte sich zurück nach China. Manchmal brüllte er: »Ich will nach Hause. Die Beida war mein Zuhause. Es war die einzige Zeit meines Lebens, in der ich wirklich glücklich war. Am liebsten wäre ich dort glücklich gestorben.«

Es gelang mir nicht, Bobby zu trösten, und so konzentrierte ich mich auf Recherche-Arbeiten zu meinem neuen Buch über China. Dann erfuhr ich, dass meine Mutter einen Schlaganfall erlitten hatte und in einem Krankenhaus in Connecticut gestorben war. Obwohl ihre Gesundheit sich in den letzten Jahren verschlechtert hatte, kam ihr Tod für uns alle unerwartet. Wir waren wie gelähmt. Ich kümmerte mich um die Vorbereitungen für ihre Beerdigung. Der Tod meiner Mutter – die letzte Verbindung zu unserer Kindheit – hat unser multiples System erschüttert. Ich habe eifrig, aber leider vergeblich versucht zu verhindern, dass wir vor lauter Stress auseinanderbrechen.

Bobby fehlten seine Aktivitäten und die Aufmerksamkeit von außen. Er wurde immer depressiver. Alkohol war tabu, stattdessen trank er Unmengen Kaffee und Cola Light. Manchmal hielt sein Koffein-Konsum ihn, Wanda und mich die halbe Nacht wach. In den frühen Morgenstunden sah Bobby dann fern oder spielte Gitarre; er mochte unsere Schlaflosigkeit, mich dagegen erschöpfte sie.

Eines Abends fragte Vishakha beim Essen: »Möchtest du wirklich noch ein Glas Cola Light? Du wirst wieder nicht einschlafen können.« Sie sagte es in einem Ton mütterlicher Sorge, weil sie mir helfen wollte. Es war nie ihre Absicht, eine Bombe hochgehen zu lassen.

Doch plötzlich war ich, Robert, verschwunden und Bobby war da. »Das geht dich nichts an!« schrie er. »Solange ich in Peking war, hat mir auch niemand gesagt, was ich zu tun habe.« Bobby verschwand, und zum ersten Mal seit Jahren zeigte sich Tommy. Wütend zischte er vor sich hin und verkrampfte seine Fäuste zu Klauen. Er packte die Flasche Cola Light und schmiss sie gegen ein Fenster unserer Wohnung; die Scheibe zerbrach und Flüssigkeit spritzte durch den Raum. Tommy fing an, Bobby zu schlagen. Mit den Fäusten prügelte er auf Bobbys Kopf ein. Schließlich warf er Vishakha einen Furcht erregenden Blick zu und verschwand.

»Oh nein, Nanubua«, wimmerte Bobby, den Tommys Wutausbruch mehr verletzte als die Scherben. »Ich war böse, aber ich habe nicht gedacht, dass Tommy das nochmal tun würde. Ich habe versucht, es zu verhindern, aber Tommy kam einfach so aus dem Nichts. Es tut mir so leid, Nanubua. Ich bin böse! Ich wäre lieber in Peking gestorben. Es ist meine Schuld.«

Vishakha tat ihr Bestes, um Haltung zu bewahren. Sie kam näher, um Bobby zu trösten. In diesem Moment verwandelte sich Bobbys Gesicht in eine verzerrte, wütende Grimasse mit einem stechenden Blick. »Genau, was ich wollte«, schnatterte die Hexe. »Bobby ist wieder böse. Er muss bestraft werden ...«

Zwei Stimmen brüllten gleichzeitig im Befehlston: »Nein! Das darf nicht passieren!« Die eine Stimme, scharf und deutlich vernehmbar, gehörte Vishakha. Die andere, ebenfalls kräftige Stimme, innerlich laut, aber unhörbar für Vishakha, kam von Wanda. Die Hexe kniff die Augen zusammen, ihr Blick wurde starr, und sie verschwand ebenso schnell wie Tommy. Der Sturm war so plötzlich vorüber, wie er gekommen war. Nur Bobbys Wimmern war noch zu hören. »Ich wollte das nicht. Wirklich nicht. Es tut mir leid. Ich bin böse.« Dann zog sich auch Bobby zurück.

Was blieb, waren eine zerbrochene Fensterscheibe, ein fürchterliches Chaos in der Küche und die Ruhe, die auf den Sturm folgte. Vishakha und ich umarmten uns, und ich suchte nach Worten der Entschuldigung. Sie schüttelte den Kopf, als wolle sie mir sagen, sie kenne die Ursache des Schadens. Beide wussten wir, was dieses Ereignis zu bedeuten hatte: Gleichgültig, wie lange wir in Therapie waren und wie weit die Integration vorangeschritten war – meine multiple Persönlichkeitsstörung würde weiterhin wie ein Damoklesschwert über unseren Köpfen schweben. Der einzige Trost war, dass sich vier Personen für uns eingesetzt hatten: Bobby, Wanda, Robert und Vishakha.

Heilungsprozesse brauchen Zeit. Vishakha erholte sich am schnellsten von dem Schock. Es war noch keine Stunde vergangen, als sie zu mir, Robert, sagte: »Es ist passiert. Vergessen wir's.« Doch ich wusste, dass es Tage, vielleicht sogar Wochen dauern würde, bis der Nachschock vorüber war. Es war ein schrecklicher Rückschlag, eine völlige Spaltung, wie wir sie seit Langem nicht mehr erlebt hatten.

Wanda und ich zogen uns in die Stille unserer Gedankenwelt zurück. Keiner von uns kümmerte sich um Bobby, der in der Wohnung auf und ab lief und unablässig auf Chinesisch vor sich hin murmelte: »Ich bin böse.« Niemand bemerkte, wie er eines Nachmittags eine Packung Schlaftabletten öffnete und ein Dutzend davon schluckte. Offensichtlich tat es ihm sofort leid, denn er versuchte, seinen Magen auf altbewährte bulimische Weise zu leeren, doch er war nur zum Teil erfolgreich. Erst fünf Stunden später, nachdem Vishakha mehrmals vergeblich versucht hatte, mich telefonisch von ihrem Büro aus zu erreichen, eilte sie nach Hause und fand mich bewusstlos auf dem Boden liegend. Das Erste, woran ich mich erinnere, ist, dass ich Vishakha sah und eine Schwester, die in der psychiatrischen Klinik mit mir sprach. Irgendwie waren wir noch einmal davongekommen.

Am nächsten Morgen war ich noch immer benebelt, doch es ging mir schon wieder besser. Ich versuchte, mich bei Vishakha für mein dummes Verhalten zu entschuldigen. Es war der erste Selbstmordversuch, seitdem wir vor fünfzehn Jahren mit der Therapie begonnen hatten. Ich war schockiert und fühlte mich verantwortlich, denn ich war zu sehr mit mir selbst beschäftigt gewesen und hatte nicht wahrgenommen, wie rasch sich Bobbys Zustand verschlechtert hatte. Ich hätte Verbindung zu Bobby aufnehmen und einen Termin bei Dr. Smith vereinbaren müssen. Und ich hätte Vishakha vor der drohenden Gefahr warnen müssen. Ich fühlte mich nicht nur schuldig, sondern auch ungemein selbstsüchtig.

Nun tat ich, was ich schon Wochen zuvor hätte tun müssen: Ich ging zu einer Notsitzung zu Dr. Smith. Er verstand die Situation und tröstete mich. Wir alle – Robert, Bobby und Wanda – schworen uns, dass wir aus dieser Erfahrung lernen würden, künftig auf Warnsignale zu achten und einzugreifen, bevor es zu spät war.

Wir rechneten damit, dass Dr. Smith uns zurechtweisen würde und hätten es, so fanden wir, auch verdient. Doch stattdessen überraschte er uns mit den Worten: »Ich weiß, dass Sie es nicht wieder tun werden – keiner von Ihnen«, sagte er ruhig. »Es steht zu viel auf dem Spiel. Nicht nur Ihr eigenes Leben, sondern auch Vishakhas. Machen Sie sich klar, was es für Vishakha bedeutet hätte, wenn sie Sie verloren hätte. Wir alle hätten Sie verloren, und das nach den großartigen Fortschritten in China. Sie sind dabei, ein neues Kapitel Ihres Lebens aufzuschlagen. Ihre harte Arbeit wäre mit einem Schlag zunichte gewesen.«

Dr. Smith hielt inne, als fürchte er, die Fassung zu verlieren: »So schlecht das Gestern auch gewesen sein mag, es war vielleicht notwendig. Jetzt wissen Sie, was Sie nicht mehr tun werden. Nun können Sie sich überlegen, was Sie machen wollen. Sie mögen überrascht sein, aber ich bin stolz auf Sie. Sie alle drei haben eine große Hürde genommen.«

Erstaunt bemerkte ich, wie mein professioneller Therapeut zu weinen begann. Er setzte seine Brille ab und griff nach dem Papiertaschentuch, das ich ihm entgegenstreckte. Nein, wir werden es nicht noch einmal tun. Das sind wir uns selbst, Vishakha, Dr. Smith und allen, die wir gern haben, schuldig.

Wanda und ich beobachteten Bobby nach seinem Selbstmordversuch genau. Wochenlang war er ruhig und mürrisch. Erst im vergangenen Sommer besserte sich seine Laune. Er spielte wieder Gitarre und fuhr Inliner. Eines Abends schickte er uns eine Nachricht: »Es tut mir leid. Mir war nicht klar, was ich tat. Wenn ich mich umgebracht hätte, wären wir alle gestorben. Ich mach es nicht nochmal. Ich bin dem Tod begegnet und habe daraus gelernt. Das Leben ist schwer, aber interessant. Der Tod ist einfach und wahrscheinlich langweilig.«

Wanda und ich atmeten erleichtert auf. Wir hatten Bobby wieder, und die schlimme Erfahrung hatte ihn einsichtiger werden lassen. Als in der Außenwelt der Herbst begann, brach für uns endlich die helle Sommersonne durch die Wolken über der Wiese. Jenseits des Sees ruhte die Burg auf der Bergspitze und erinnerte uns an eine Vergangenheit, deren Fesseln wir abgestreift hatten. Hoch über unserem Kopf war die Spitze eines Felsens zu sehen und ein langer Pfad wies nach oben, der uns aber nicht mehr ängstigte. Wir waren nicht mehr elf, aber auch nicht eine einzige Person. Wir waren drei, und wir lernten uns zu lieben als die, die wir waren – jeder sich selbst und alle einander.

Der Winter brach herein und Weihnachten rückte näher. Was tun Sie an Heiligabend in New York, wenn Sie kein Christ sind, sondern mit einer Buddhistin – Wanda – feiern, einem Humanisten – Robert – , einem Anhänger des Lichts – Bobby –, einer Hinduistin – das war Vishakha jedenfalls ursprünglich – und einer Dschainistin wie unserer Nichte Reema?

Vishakha wusste eine Lösung. Sie entschied sich für die All Souls Unitarian-Kirche, die »Kirche für alle Seelen«, weil dort ein Bach-Oratorium gegeben wurde. Es war ein kalter, klarer Abend. Die weiß getünchte Kirche wirkte mit ihren eleganten Konturen und dem hohen Turm sehr altertümlich. Das Bach-Oratorium war fantastisch, sowohl die Sänger als auch die Instrumentalisten – genau, wie wir es uns gewünscht hatten. Bei einem Blick ins Programm stellte ich zu meiner Bestürzung fest, dass uns ein richtiger Heiligabendgottesdienst erwartete. Doch der Prediger mit seinem grauweißen Bart und seinem karmesinroten Gewand beeindruckte mich mit dem, was er sagte. Er lehne jegliche Art von Fundamentalismus ab, sei er christlicher oder islamischer Prägung, predigte er. Er befürworte keine Glaubensrichtung, die Menschen ausgrenze, anstatt alle zu umfassen. Die institutionalisierten Religionen verursachten mehr Böses in dieser Welt als jede andere Macht der Vergangenheit. Er lud die Anwesenden ein, die Kirche wieder einmal zu besuchen, betonte aber, dass die Bibel niemanden zu etwas zwinge.

Am folgenden Tag schrieb ich dem Reverend – er heißt Forrest Church – eine E-Mail, erzählte ihm ein wenig von meiner Arbeit und bat um ein Treffen. Im Laufe der Zeit freundeten wir uns an und trafen uns auch zu viert mit unseren Ehefrauen. Wir vertrauten uns persönliche Dinge an und so fand ich schließlich den Mut, ihm meine Geschichte zu erzählen. Es war Forrest, der beharrlich die Meinung vertrat, mein Buch solle veröffentlicht werden. Er war derjenige, der nicht eine psychologische Autobiografie vorschlug, sondern eine Autobiografie aller meiner Persönlichkeitsanteile. Forrest Church hat nicht nur mich akzeptiert, sondern alle Persönlichkeiten, die jemals in den beiden Burgen gewohnt haben. Mich, Robert, hat er sanft gedrängt, zur Seite zu treten und auch den anderen ihren Platz und ihre Stimme zu lassen.

Ich erinnere mich an eine besondere Nacht auf der Wiese. Es war Neumond, die Sterne leuchteten am Himmel und wir sahen die Milchstraße. Wir drei schmiegten uns aneinander und erkannten, wie eng wir verbunden waren – nicht nur miteinander, sondern auch mit dem Leben selbst. Wir würden getrennte Persönlichkeiten bleiben, aber wir waren durch eine gemeinsame Seele vereint.

»In jener Nacht«, erinnerte ich Vishakha, »haben wir beschlossen, das Buch zu schreiben. In jener Nacht haben wir drei – Wanda, Bobby und ich – uns eingestanden, dass wir uns lieben. Und wir waren uns außerdem einig: Jeder von uns liebt dich inniglich.«

»Ich bin stolz auf euch«, sagte Vishakha mit Tränen in den Augen. »Ihr alle macht einen großen Schritt nach vorn. Dabei geht es um Wahrheit, Licht und Liebe. Ich liebe euch. Euch alle.«

Danksagung

Dieses Buch befasst sich hauptsächlich mit meiner inneren Entwicklung. Ich möchte mich bei allen von Herzen bedanken, die mich bisher begleitet, mein unruhiges Leben mitgestaltet und sogar gerettet haben. Sie alle waren auf die ein oder andere Weise wichtig für mich – manche bewusst, andere ohne es zu wissen, aber alle haben mir liebevoll ihre Zuneigung gezeigt.

Allen, die das Manuskript gelesen und Vorschläge gemacht haben, danke ich besonders. Ich bedanke mich auch bei einigen, die es nicht gelesen haben – sogar bei einigen, die nichts von meiner Störung gewusst haben. Doch sie hatten über Jahre einen positiven Einfluss auf mich, sodass ich hoffe, sie werden nichts dagegen haben, dass ich sie hier erwähne.

Selbstverständlich ist niemand anders für den Inhalt des Buches und das Leben, das es beschreibt, verantwortlich als ich und die verbleibenden Anteile meiner Persönlichkeit.

Mein Psychiater Dr. Jeffrey Smith hat sich wunderbar um uns alle innen drin gekümmert, sodass wir heute besser in der Außenwelt zurechtkommen.

Agnese Barolo, meine »spirituelle Geburtshelferin«, hat auf ihre ganz besondere Weise einen multiplen Freund in Not unterstützt. Ich danke außerdem ihrem Mann Gowher Rizvi für seine Inspiration.

Ohne meinen Mitstreiter Forrest Church hätte ich mir dieses Buch und mein ganzes restliches Leben nicht vorstellen können. Carolyn Luce Buck danke ich für ihre Großherzigkeit.

Meine Agentin und Lektorin Wendy Strothman hat entscheidend zur Vollendung und Veröffentlichung dieses Buches beigetragen. Dan O'Connell danke ich für seine freundliche Hartnäckigkeit und sein Gutachten, Will Schwalbe, Leslie Wells und dem gesamten Hyperion Verlag für die Aufmerksamkeit, die sie mir und meiner Geschichte entgegengebracht haben, und für ihre große Professionalität.

Ich danke allen Musikern und Musikliebhabern, die an uns geglaubt haben: Yasha Kofman, David Leisner, Ralph Jackson, Dorothea von Haeften, Arnold Steinhardt, Ted Mook, Lynne Rutkin, Aleksandra Vrebalov, Allesandro Benetello, Jenn Lee, Yo-Yo Ma, Yvonne Hicks, Nancy Garniez und Joan Faber.

Außerdem danke ich meiner großen indischen Familie, besonders allen, die kreative Kommentare zu diesem Buch abgegeben haben: Ben, Papa, Falgun, Shruti, Anokhi, Antara, Mauli, Chitra, Vishrut, Reema, Anuradha, Abhijit, Julie, Preeya, Aloke, Sahil, Saptarshi, Parul, Maansi, Viren, Amita, Swati, Anaar, Josh, Nimish und Parul und den beiden anderen »Gringos« Gary und Michael.

Ich danke meinen »adoptierten« chinesischen Familienmitgliedern: Gao Chun, Edith Wang, Cheng Jing, Liu Hua und Yao Yuan.

Viel Spaß hatte ich mit meiner lebhaften Skaterfamilie aus dem New Yorker Central Park, besonders James, Tommy, Egal, Janice, Beth, Meredith, Agata, Lezley, Robin, Robert, Claude, Richard und Eleanor.

Ich danke besonders lieben Menschen aus meinen China- und Asien-Zusammenhängen, aus buddhistischen Kreisen und von der Rockefeller-Stiftung, die mir beigestanden haben: Doug Murray und Peggy Blumenthal, Terry und Ellen Lautz, Jan Berris, Richard und Marty Bush, Harry und Roca Harding, Robert Kapp, John Major,

David Lampton, Daisy Kwoh, Irv Drasnin und Zhao Xiaoyan, Jonathan Spence und Chin Annping, Bill McKeever, Berkley McKeever, Marty und Pamela Krasney, Yifa, Trish Rohrer, Karen Tse, Anna Shen, Cynthia und Lee Polsky, Dee Sherwood, Yuan Ming, Marty Garbus und Serena Tang, Patricia Lloyd, Colin Campbell, Stephen Heintz und Lise Stone, Steven und Barbara Rockefeller, Abby und George O'Neill, Priscilla Lewis, Michael Northrup, Bill McCalpin, Elizabeth McCormack, Russell Phillips, George Papamichael, Elaine Hutchinson, Roy Huffington, John Whitehead, Nick und Sheila Platt, Peter Stern und Margaret Johns, Phil und Mildred Talbot, Allen und Sallly Wardwell, Marshall Bouton, Peter und Erika Aaron, Gerald Hatherly, Gerald Curtis, Hugh Patrick, Carol Gluck, Peter Frost, Lynn Gumpert, Alan Helms, Linda Sweet, Barbara Haeger und Kelly Allen sowie Jane Pauley.

Folgende Personen haben meinen Weg erleuchtet: Ralph und Audrey Mosher, Fred Mueller, Geoffrey Willoughby, Richard und Joan Barickman, Kathy Payne, Bill Sharp, Randy Nuckolls, Bill Starnes, Sevgin Eroglu, Sid und Marry Harris, Elizabeth Byerly, Dave Forquer, Fenwick Hus, Jan Hall, Michael O'Neill, Ronald Spencer, Theodore Lockwood, Helen und Leo Malonis und Richard Rosan.

Schließlich gilt mein unendlicher Dank meiner geliebten Frau Vishakha N. Desai, deren Kraft, Weisheit, Mut und Herzensgüte mich – und uns alle – so viele Jahre lang unterstützt und aufgebaut haben.

Weiterhin danke ich geliebten Menschen, die an dieser Stelle bewusst nicht genannt sind. Ein chinesisches Sprichwort besagt: »Ich gab dir Steine und du schenktest mir Jade.« Ich bitte euch um Verzeihung für meine Fehler und Vergehen, und ich danke euch für eure Vergebung, eure Liebe und euer Verständnis.

Titel der amerikanischen Originalausgabe:
Robert B. Oxnam, *A Fractured Mind. My Life with Multiple Personality Disorder*
Hyperion. New York 2005.
Für die amerikanische Originalausgabe:
Copyright © 2005 Robert B. Oxnam

Bibliografische Information der Deutschen Nationalbibliothek

Die Deutsche Nationalbibliothek verzeichnet diese Publikation
in der Deutschen Nationalbibliografie; detaillierte bibliografische Daten
sind im Internet über http://dnb.d-nb.de abrufbar.

© der deutschen Übersetzung
2008 Patmos Verlag GmbH & Co. KG, Düsseldorf
Alle Rechte vorbehalten
Umschlagmotiv: Rosemary Cooper, Trevillion Images
Umschlaggestaltung: init . Büro für Gestaltung, Bielefeld
Printed in Germany
ISBN 978-3-491-42115-8
www.patmos.de